알기쉬운 우리말

화엄경 독송

여천 무비 감수 | 현 석 역주

우리출판사

고통 바다
살고 있는 나와 가족과 이웃과 중생과
살다 가신 인연있는 영가들을 위해
〈화엄경〉을 독송합니다.

세간의 일들이
모두 다 환상과 같으니
만일 이와 같이 잘 알고 나면
그 마음에 동요됨이 없으리.

바라건대 보현 보살 수승한 행의
끝없이 뛰어난 공덕 다 회향하여
미혹에 빠진 모든 중생들
아미타불 극락 세계로 어서 가지이다.

무수한 부처님 처소에서
일 겁 동안 시중 들어도
〈화엄경〉을 잘 수지 독송한 복이
최고 낫네.

알기쉬운 우리말

화엄경 독송

서 문

1980년대 민간에 성행하던 것으로 '마인드 컨트롤'에 거울 요법이 있었습니다. 나쁜 생각은 머리에 이미지로 떠올린 검은 거울 속에 집어넣어 한 순간에 망치로 깨어 버리고, 반대로 희망적인 생각들은 하얀 거울 속에 넣고 그립니다. 그리고 나서 그대로 믿어 버립니다.

이러한 방법은 시시때때로 밀어닥치는 좋고 나쁜 사고의 물결을 정리 할 수 있는 방편이라고 생각됩니다. 그런데 이와 같은 내용은 〈화엄경〉에서 수도 없이 되풀이 됩니다.

그 중에 예를 들면 여래수호광명공덕품에서, "도솔천에 '대단히 사랑스러움'이란 하늘 북이 소리를 내어 '여기 '잘 비침'이란 유리 거울이 있는데 끝없는 국토의 온갖 산천과 중생 · 지옥 · 축생 · 아귀들의 영상이 그 속에 나타날 때, 저 영상들이 거울 속에 드나든다고 말하겠는가?

온갖 업도 마찬가지로 비록 과보를 낸다 하더라도 오고 감이 없다. 마치 마술사가 사람들의 눈을 속이듯 업도 마찬가지다. 만약 이렇게 알면 이것은 진실한 참회라. 모든 죄악이 한꺼번에 청정해질 것이다'라고 말한 법을 듣고 도솔천자들은 생사 없는 법의 지혜를 얻었다"고 하였습니다.

이는 구태여 아웅다웅하면서 매달릴 것이 없다는 얘기겠지요. 경에서는 온갖 현상이 모두 이슬, 환상, 메아리 같이 허상이라는 얘기들이 많이 나오는데 이는 그만큼 세상사에 집착을 여의어야 한다는 것입니다.

〈화엄경〉은 우리 민족의 가슴 속에 살아 숨쉬면서 면면히 이어온 얼이라고 자부할 정도로 많은 삶의 지침이 되어 왔는데, 옛날 쌀을 이고 절에 다니며 정성스레 불공을 드리던 우리 할머니들이 이웃에 전하고 손주들에게 얘기 삼아 들려주던 재담거리를 담고 있습니다. 그래서 자기도 모르게 부처님 경을 펴는 포교사가 되고, 좋은 인연을 맺어주는 선우가 된 것입니다. 그만큼 〈화엄경〉은 우리 민간에 깊숙히 스며들어 있습니다.

〈화엄경〉에는 다른 경에서 볼 수 없는 좋은 내용들이 많지만 그 양이 너무나 방대하여 옛날 책으로 80권이나 되니 한번 읽으려 해도 일반인으로는 엄두를 내지 못하고 소장용으로만 간직하고 있는 실정입니다. 그런데 실상사에서부터 줄곧 화엄을 공부하다가 은해사에 와서도 놓을 줄 모르던 현석 스님이 이번에 요긴한 내용을 간추려 독송용으로 내어놓게 되어 무척 다행한 일이라고 생각합니다.

현수품에 이르기를, "무수한 부처님 처소에서 억 겁 동안 시중 들어도, 이를 잘 수지 독송하는 복이 최고 낫네"라고 하였습니다.

아무쪼록 여러 사람들이 이를 손쉽게 접하여 화엄의 무한한 부처님 세계에 젖어들 수 있는 좋은 기회로 삼기를 바라며 책이 나오기까지 후원해 주신 분들의 노고를 치하합니다. 아울러 앞으로 더 좋은 결실들이 나오기를 바라마지 않습니다.

佛紀 2544年 僧伽大學院 初代 院長

如天 無比 識

차 례

무한하고 무수한 겁 동안 / 이 법은 아주 만나기 어려우니
만약 누군가 듣는다면 / 마땅히 본래의 원력인 줄 알라.

〈화엄경〉은 '대방광불화엄경' 의 약칭으로 대승 불교 초기의 중요한 경전입니다. 한역본은 동진 때에 불타발타라가 번역한 60권 구역과 주(周) 측천무후 때에 실차난타가 번역한 80권 신역이 있으며 입법계품에 해당하는 반야 역의 40권 본도 있는데 이 독송집은 80권 신역을 초역(抄譯)한 것입니다.

〈화엄경〉은 처음부터 현재의 형태로 결집된 것이 아니고 각 장이 독립된 경전으로 유통되다가 후에 완성되었는데, 중앙아시아에서 4세기경 집대성된 것으로 알려지고 있습니다. 그러나 이전의 1~2세기경에 이미 십지품이 성립되어 입법계품과 함께 산스크리트 원전이 남아 있습니다.

〈화엄경〉은 형식상 크게 서분·정종분·유통분으로 나누거나, 내용상 믿음과 이해·수행·증득으로 나누어 '화엄경 약찬게' 와 같이 병행하면 전체의 구도를 이해하는데 많은 도움이 됩니다. 설법은 부처님께서 깨치신 보리수 아래에서 결가부좌하신 채 한 발도 움직이지 않고 보리장·보광명전·급고독원의 지상과 도리천·야마천·도솔천·타화자재천의 천상으로 옮기면서 총 9회에 걸쳐 설하시는데 모두 시공을 초월한 해인삼매의 불가사의한 힘에서 나온 것입니다.

이 경은 부처님께서 처음 깨치신 21일 간의 정신 세계에 초점을 맞춘 것으로, 첫 주 7일 간은 스스로 법락을 즐기시고 미세한 먼지 속에 삼천세계 분량의 경전이 있듯 중생들도 깨달음의 큰 지혜를 갖추고 있음을 관하여 보셨습니다. 그러나 부사의한 해탈 경계가 너무나 난해하여 설법하기를 주저하시다가 범천의 권청으로 비로소 법문을 여셨다고 합니다. 마치 이글거리는 해가 떠올라 고산을 비추듯이 희열과 열정으로 중생도 부처님과 다름이 없음을 보게 하고자 많은 보살과 하늘의 사신까지 동원하여 만물이 봄의 교향곡을 연주하

듯 중중무진한 화엄법계의 이치를 설하셨습니다. 그래서 〈화엄경〉에는 '말로 할 수 없이 말로 할 수 없는' 이라든가 '국토를 갈아서 미세한 먼지로 만든 수' 등의 수 단위가 자주 등장합니다. 이는 부처님께서 깨치신 경계를 그야말로 유감없이 다 표현을 해 보려고 시도하신 것이지요. 그렇게 애를 써도 큰 바다의 한 방울 물에 못 미치는 양이지만….

〈화엄경〉은 부처님께서 중생들의 근기를 생각지 않고 설하셨다고 하나 다른 경이나 논서에 비해 훨씬 쉽고 내용도 많이 구전되어 정겹고 친밀합니다. 또 단막에서는 도저히 느낄 수 없는 대작만의 장쾌한 스케일을 접할 수가 있습니다.

여래출현품 같은 데서는 가슴에 스머드는 구수한 얘깃거리가 많고 입법계품의 법보계 장자나 미륵 보살 선지식 등에서는 상상을 초월한 다양한 사이버 세계를 설정하여 한껏 가르침을 펼쳐 보이십니다.

십지품 같은 경우에는 바로 법을 설하지 않으시고 애간장을 녹이기도 하시는데 법주인 금강장 보살께 해탈월 보살이 세 번이나 법을 청하고 대중들이 이구동성으로 간청해도 모자라 부처님께서 광명을 통해 청하시자 그제야 설하십니다. 이는 깊고 어려운 법에 의혹을 내어 괴로움을 받을 것에 대한 노파심도 있겠지만 법문을 듣고자 하는 대중들의 의욕을 배가시키는 효과도 있습니다.

그러면 부처님 당신은 〈화엄경〉을 통해서 뭘 말씀하시려는 걸까요? 바로 누구나 삼천대천 세계의 일을 죄다 기록해도 모자라지 않고 수미산을 집어넣어도 비좁지 않는 양의 말로 할 수 없이 말로 할 수 없는 넓은 마음이 있음을 깨우쳐서 많은 중생들이 이롭도록 하셨습니다. 그래서 경문에서도 계속 한정된 법문이나 삼매·선지식 등에 집착하지 말고 무한한 마음을 쓰도록 강조하신 것입니다.

부처님은 깨달음의 세계를 아승지품이나 여래수호광명공덕품 같이 보살의 경지로 표현하기 어려운 부분에는 직접 설하셨으나 대부분 여러 보살들에게 가피를 주어 설하게 하시는데, 설하는 이는 따로 있어도 다 감수를 하시는 것이지요. 보살문명품에서는 문수 보살과 나머지 아홉 보살이 번갈아 다듬질하듯 각기 법을 물어 밝히고, 입법계품에 가서는 외도와 동남 동녀까지도 법을 설하는 주체가 되니 화엄의 바다에는 살아있는 모두가 다 〈화엄경〉의 법주요, 불성을 갖춘 미래의 부처님이십니다.

■ 화엄경의 이름 : 대방광불화엄경

대방광불화엄경은 크고 바르며 두루한 묘각을 깨치신 부처님의 꽃으로 장엄한 영원의
본보기이다.

대는 마음의 바탕이 허공처럼 끝이 없이 넓어서 항상하며 밖이 없이 모든 성현·범부와
  미물까지 다 포함한다.

방은 마음의 모습이 법계와 같아서 반듯하고, 정법으로써 자성을 지녀 삿되지 않으며 평
  등하여 옮겨지거나 움직이지 않는다.

광은 마음씀이 바탕에 걸맞게 하늘처럼 두루하고 너그러이 용납하는데 장애될 것이 없다.

불은 심오하고 미묘한 마음, 곧 화엄법계의 이치를 깨친 분이시다.

화는 깨달음의 불과를 맺는 온갖 수행 공덕을 꽃에 비유한 것이다.

엄은 법을 장엄하여 사람의 마음을 이루니 꽃의 인행으로써 불과를 장엄하되 마음도 잊
  고 비춤도 없어서 장엄도 장엄 아님도 없다.

경은 마르지 않고 솟아나는 샘에서 흐르고, 오묘한 뜻을 꿰었으며, 끝없이 바다같은 대
  중을 거두고, 영구히 변하지 않는 마음의 본보기를 지은 것이다.

■ 경문 구성과 요지

제1 보리장회 : 6품

- 법 사 : 보현 보살
- 법 문 : 여래의 의보[1]와 정보[2]
- 삼 매 : 비로자나여래장신 삼매
- 광 명 : 입안의 치아 광명과 미간백호 광명

제1장 가르침이 일어난 인연 부분 〈세주묘엄품: 1품〉

1. 세주묘엄품〈서분〉

제2장 불과(佛果)를 들어 쾌히 믿기를 권하는 부분
〈여래현상품~비로자나품: 5품〉

2. 여래현상품 : 지혜의 경계를 나타낸다.〈정종분: 여래현상품~입법계품(본회)〉

3. 보현삼매품 : 행의 경계를 나타낸다.

4. 세계성취품 : 전체적으로 부처님과 중생의 국토를 밝힌다.

5. 화장세계품 : 별도로 본사 비로자나불의 장엄을 밝힌다.

6. 비로자나품 : 인행을 밝힌다.

제3장 인행(因行)을 닦아 불과를 맺는 이해를 내는 부분
〈여래명호품~여래출현품: 31품〉

제2 보광명전회 : 믿고 덕을 이룸 - 6품

① 이름 풀이

보는 덕이 두루한 것이다.

광명은 지혜의 광명인데 '광명이 두루함' 이라고도 할 수 있다.

　　법에 의하면 '신행회' 라고 할 것인데, 장소에 의해 '보광명전회' 라 했다.

전각이 보배로 이루어져 빛이 널리 비추기 때문이고, 부처님께서 전각 가운데서 널리 설

　　법하시어 지혜의 광명이 세간을 비추기 때문이다.

② 설하는 까닭

이해를 내는 것에는 믿음이 으뜸이 되니 앞서 정토를 들어 믿음의 경계로 삼았고, 차례로 믿는 마음을 밝힌다.

③ 주제와 취지

멀리 비교하면 믿음과 이해 · 수행 · 덕의 지위를 거둠으로 주제를 삼고, 불과를 이룸에 통하는 것으로 취지를 삼으니, 믿으면 반드시 여래의 지위에 이르기 때문이다. 가까이 비교하면 오직 믿음으로써 주제를 삼고, 지위를 이룸으로써 취지를 삼는다.

- 법 사 : 문수 보살과 구수(九首) 보살
- 법 문 : 십신
- 삼 매 : 십신은 지위에 들지 못하기 때문에 입정하지 않는다.
- 광 명 : 두 발바닥의 바퀴무늬 광명

7. 여래명호품 : 몸과 이름의 차별을 밝힌다.
8. 사성제품 : 가르침이 두루 미침을 밝힌다.
9. 광명각품 : 부처님의 광명이 비침을 밝힌다.
10. 보살문명품 : 바른 이해로 이치를 관찰함을 밝힌다.
11. 정행품 : 연을 따르는 원행(願行)을 밝힌다.
12. 현수품 : 덕용으로 다 거둠을 밝힌다.

제3 도리천궁회 : 세 현인 중 초현(初賢) 십주 – 6품

① 이름 풀이
장소에 의해 ‘도리천궁회’라고 한 것이다. 사람에 의하면 ‘법혜 보살회’라 하고, 법에 의한다면 ‘십주회’라 할 것이다.

문 : 무엇 때문에 도리천·야마천·도솔천·타화자재천의 천상 설법은 하늘에서 설하시는가?

답 : 덕행의 지위가 이루어져 장애를 없앤 청정함이 빼어나기에 하늘에서 설하신 것이다.

② 설하는 까닭
앞서 믿음과 지금의 이해가 뜻의 순서이고, 또 십주의 물음에 대한 답이다. 모두 두 단이 있으니 앞의 믿음은 ‘십주’의 방편이요, 이는 정식 지위를 밝힌 것이다.

③ 주제와 취지
십주의 수행에 의한 덕으로써 주제를 삼고, 지위를 거두어 불과를 얻음으로 취지를 삼는다.

- 법 사 : 법혜 보살
- 법 문 : 십주
- 삼 매 : 보살의 무한한 방편인 삼매

• 광　명 : 발가락 방광 (발가락으로 안주하기 때문이다.)

13. 승수미산정품 : 교화주께서 중생의 근기에 맞추어 설법하신다.

14. 수미산정게찬품 : 교화를 돕고 부처님을 찬탄한다.

15. 십주품 : 십주의 지위를 밝힌다.

16. 범행품 : 십주의 행을 밝힌다.

17. 초발심공덕품 : 십주의 덕을 밝힌다.

18. 명법품 : 십주에서 전도의 십행을 향하는 부분이다.

제4 야마천궁회 : 세 현인 중 중현(中賢) 십행(十行) − 4품

① 이름 풀이

야마는 범어이고 이쪽 말로 '시분(時分)' 인데 공중에 있는 제일 처음 하늘이다. (사천왕
　　천은 수미산 중턱에, 도리천은 정상에 있다.)

　　여기서는 십행이 사람들의 존재방식에 응하여 대중을 교화함에 마땅히 때를 맞춤을
　　나타낸다. 사람에 의하면 '공덕림 보살회' 라 하고, 법에 의하면 '십행회' 라 할 것이
　　다. 야마천은 광명이 저절로 비추어 해와 달이 없다. 연꽃이 피면 낮이요, 다물면 밤
　　이니 다만 연꽃이 피고 다뭄을 보아서 낮과 밤을 판단한다.

② 설하는 까닭

제4 야마천궁은 중현 십행회로 앞의 십행의 물음에 답이다. 알기가 어렵지 않고, 단지
행하기가 어려운 것인데 앞의 이해와 지금의 행이 기름과 횃불이 서로 의지하며, 눈과
발이 서로 도우는 것과 같다.

• 법　사 : 공덕림 보살

• 법　문 : 십행

• 삼　매 : 보살의 잘 사유함에 들어가는 삼매

• 광　명 : 발등 방광 (발등은 행에 의지하는 때문이다.)

19. 승야마천궁품 : 교화주께서 중생의 소질에 맞춰 설법하신다.

20. 야마궁중게찬품 : 교화를 돕고 부처님을 찬탄한다.

21. 십행품 : 십행 지위의 행을 이룸을 밝힌다.

22. 십무진장품 : 십행의 지위에서 전도의 십회향을 향하는 부분이다.

제5 도솔천궁회 : 세 현인 중 상현(上賢) 십회향(十廻向) – 3품

① 이름 풀이
장소에 의해 **도솔천궁회**라고 했는데 설법주에 의하면 '금강당 보살회' 라 하고, 법에 의하면 '십회향회' 라고 할 것이다.

② 설하는 까닭
정식으로 앞의 십회향의 물음에 답한다. 앞의 이해와 행을 돌이켜 참된 깨달음을 향해서 자타를 널리 이롭게 하고 두루 행하지 않음이 없기 때문이다. 〈보살대승장경〉에 "적은 선근으로써 무한한 불과를 이끈다"고 한 것이 회향심을 말하니 회향이 큰 이익이 된다. 그러므로 행 뒤에 밝힌 것이다.

③ 주제와 취지
십회향의 대원으로써 주제를 삼고, 십지를 얻음으로 취지를 삼는다. 또 대원으로 회향하는 다함없는 행으로써 이 회의 주제를 삼는다.

- 법 사 : 금강당 보살
- 법 문 : 십회향
- 삼 매 : 보살 지혜의 광명에 들어가는 삼매
- 광 명 : 무릎의 바퀴무늬 방광 (무릎을 굽히고 펴는 것 같이 회향하기 때문이다.)

23. 승도솔천궁품 : 교화주께서 중생의 소질에 맞춰 설법하신다.

24. 도솔궁중게찬품 : 교화를 돕고 부처님을 찬탄한다.

25. 십회향품 : 도솔천궁회의 정식 설법이다.

제6 타화자재천궁회 : 성인의 지위 십지분 – 1품

① 이름 풀이
사람에 의하면 '금강장 보살회'라고 하고, 법에 의하면 '십지회'라고 할 것인데 품명과 같다. 장소에 의해 '타화자재천궁회'라고 하니 다른 이가 만든 생필품을 자재하게 수용함을 이른다.

② 설하는 까닭
여래명호품 중 십지의 물음에 답이다. 앞엔 십주〔解〕가 십행과 십회향〔願〕을 인도하여 현인 지위의 인행이 마침을 밝혔고, 지금엔 지혜가 진여에 그윽히 부합하여 성인 지위의 불과가 세워짐을 밝힌다.

- 법 사 : 금강장 보살
- 법 문 : 십지
- 삼 매 : 보살의 대지혜 광명에 들어가는 삼매
- 광 명 : 미간 백호 광명 (십지의 미간은 증득한 십여가 중도를 갖춘 때문이다.)

26. 십지품 : 십주·십행·십회향의 현인 지위를 마친 뒤에 지혜로 진여에 그윽히 부합하여 성인 지위가 시작된다.

제7 중회보광명전회 : 인(因)과 과(果)가 원만함, 등각·묘각지 – 11품

① 이름 풀이
법에 의하면 '설보법회'라 하고, 장소에 의해 **중회 보광명전회**라고 한다. 제2회에 이미 일찍이 여기에 모인 것을 말미암아 중회라고 했다.

② 설하는 까닭
순서에 의하면 앞은 십지를 밝혔고, 지금은 등·묘각의 두 깨달음을 나타냈다. 지극한 과가 첫 믿음에 말미암기 때문에 보광명전에 다시 거듭 모인 것이다.

③ 주제와 취지
보현 인과의 뛰어난 작용이 원만히 갖추어짐으로 주제를 삼고, 중생들이 깨달아 들게 함으로 취지를 삼는다.

- 법 사 : 보현 보살(십정품·십통품·십인품·여래십신상해품·보현행품·여래출현품)
      부처님(아승지품·여래수호광명공덕), 심왕 보살(여래수량품·보살주처품)
      청련화장 보살(불부사의법품)
- 법 문 : 등각·묘각
- 삼 매 : 여래께서 스스로 찰나제에 머무시는 삼매
- 광 명 : 처음에 방광치 않고 여래출현품에 두 가지 방광을 하니 미간에서 방광하여 묘
      한 덕을 보태고, 또한 입에서 광명을 놓아 보현에게 가피하신다.
      (양 눈썹 사이에서 출현함은 중도가 생사와 열반의 두 끝에 머물지 않음을 표한
      다. 입에서 광명을 놓음은 부처님의 입으로부터 남이 참된 장자임을 나타낸다.)

27. 십정품 : 여기서부터 보살주처품까지는 등각지(等覺地)인데 선정에 나아가 작용을
      밝힌다.
28. 십통품 : 신통에 나아가 작용을 밝힌다.
29. 십인품 : 지혜의 심오함을 밝힌다.
30. 아승지품 : 전체적으로 심오하고 위대함을 나타내고 수승하고 무수한 불·보살의 덕
      을 드러낸다.
31. 여래수량품 : 정식으로 부처님의 덕과 보살을 밝힌다.
32. 보살주처품 : 온갖 곳에 두루하는 보살의 덕을 밝힌다.
33. 불부사의법품 : 여기서부터 여래수호광명공덕품까지는 묘각지인데 전체적으로 부
      처님 덕의 본체와 작용을 나타낸다.
34. 여래십신상해품 : 크게 나타나는 풍채를 드러낸다.
35. 여래수호광명공덕품 : 미세한 풍채를 드러낸다.
36. 보현행품 : 불과라 칭하는 인행 혹은 인행이 불과를 모두 모은다.
37. 여래출현품 : 인행과 같은 불과 또는 불과가 인행의 근원을 거둔다.

제8 삼중 보광명전회 : 보현대행분(普賢大行分) − 1품

① 이름 풀이

장소에 의해 '삼중 보광명전회'라 이름했다. 제7중회가 마침에 처음으로 돌아가기 때문에 비록 네 하늘을 초월했으나 같이 이해를 내는 모임이었고, 지금 또 다시 모임은 전체적으로 저 부분(分)의 처음과 끝을 대하여 이해에 의해 행을 이루기 때문에 세 번째로 보광에 모인 것이다.

② 설하는 까닭

앞의 제7중 보광명전회는 인·과가 원만함으로 이해를 내어 마쳤다. 제8삼중 보광명전회는 정식 행이니 세간에 처하여도 물들지 않는다.

- 법 사 : 보현 보살
- 법 문 : 2,000행문
- 삼 매 : 보현 보살이 불화엄에 들어가는 삼매
- 광 명 : 전체적으로 방광하지 않는다.(행이 이해에 의하여 광명을 내는 때문이다.)
- 200문을 해당 회에 답하고 행을 다하여 장애가 없는 6위(십신·십주·십행·십회향·십지·불위)를 닦아 몰록 이룬다.

38. 이세간품 : 이해를 원만히 하고 난 뒤의 정식 행이니 세간에 처하여도 물들지 않는다.

제5장 선지식에 의지해 깨달아 덕을 이루는 부분 〈입법계품: 1품〉

제9 급고독³⁾원회 : 서다림회 - 1품

① 이름 풀이
정원을 **급고독**이라고 함은 자비가 두터움을 표한 것이다.

- 법 사 : 여래와 선지식들
- 법 문 : 전체적으로 과법계를 설하고, 개별적으로 인법계를 밝힌다.
- 삼 매 : 부처님께서 스스로 사자가 기운 뻗는 삼매에 들어가신다.
- 광 명 : 양미간에서 백호 광명을 놓으신다.(양 미간은 법계의 중도를 다 깨친 때문이다.)

39. 입법계품
(1) 본회: 문수 사리 동자를 중심으로 대중들이 운집하고 문수가 모인 대중 가운데서 선
　　　　재 동자의 내력을 살펴보는 부분이다.

(2) 말회 - 선재 동자가 남쪽으로 순례하면서 선지식을 탐방하는 내용이다.
　　　　　　　〈유통분: 입법계품(말회)〉
　　1) 지위에 이르러 수행하는 모습
　　　　① 십신 지위에 이른 문수 보살 1인
　　　　② 십주 지위에 이른 덕운 비구 이하 10인
　　　　③ 십행 지위에 이른 선견 비구 이하 10인
　　　　④ 십회향 지위에 이른 육향 장자 이하 10인
　　　　⑤ 십지 지위에 이른 바산바연 주야신 이하 10인
　　2) 연을 모아 실상에 들어가는 모습, 마야 부인 이하 11인
　　3) 덕을 거두어 인행을 이루는 모습, 자씨 보살 1인
　　4) 지혜로 비추어 둘이 없는 모습, 다시 문수 보살을 친견한다.
　　5) 인의 광대함을 나타내는 모습

40. 보현행원품〈별행본〉

　'대방광불화엄경 입부사의해탈경계 보현행원품'의 약칭이다. '부사의해탈경계'는 들어가지는 곳이요, '보현행원'은 능동적으로 들어가는 것이며, '입'은 둘 다에 통한다. 말과 생각을 초월했기에 '부사의'라고 하니 바로 해탈경계를 말한다. **보현**의 **행**과 **원**은 새의 두 날개와 같으니 둘 다 갖추어야 비로소 허공을 날듯이 부사의한 해탈의 경계로 들 수 있는 것이다.

송경의식(誦經儀式)

정구업진언(淨口業眞言)

수리수리 마하수리 수수리 사바하 (3번)

오방내외안위제신진언(五方內外安慰諸神眞言)

나무 사만다 못다남 옴 도로도로 지미 사바하 (3번)

개경게(開經偈)

무상심심미묘법　　백천만겁난조우
無上甚深微妙法　　百千萬劫難遭遇

아금문견득수지　　원해여래진실의
我今聞見得受持　　願解如來眞實意

개법장진언(開法藏眞言)

옴 아라남 아라다 (3번)

대방광불화엄경 용수보살 약찬게
大方廣佛華嚴經 龍樹菩薩 略纂偈

＊괄호 안은 독송하지 않습니다.

나무 화장세계해 비로자나 진법신·현재설법 노사나·석가모니 제여래
南無 華藏世界海 毘盧遮那 眞法身·現在說法 盧舍那·釋迦牟尼 諸如來

과거 현재 미래세 시방 일체 제대성 근본화엄전법륜 해인삼매 세력고
過去 現在 未來世 十方 一切 諸大聖 根本華嚴轉法輪 海印三昧 勢力故

(세주묘엄품世主妙嚴品)
보현보살 제대중 집금강신 신중신 족행신중 도량신 주성신중 주지신
普賢菩薩 諸大衆 執金剛神 身衆神 足行神衆 道場神 主城神衆 主地神

주산신중 주림신 주약신중 주가신 주하신중 주해신 주수신중 주화신
主山神衆 主林神 主藥神衆 主稼身 主河神衆 主海神 主水神衆 主火神

주풍신중 주공신 주방신중 주야신 주주신중
主風神中 主空神 主方神衆 主夜神 主晝神衆 (20)

(천룡팔부天龍八部)
아수라 가루라왕 긴나라 마후라가 야차왕 제대용왕 구반다 건달바왕
阿修羅 迦樓羅王 緊那羅 摩睺羅伽 夜叉王 諸大龍王 鳩槃茶 乾達婆王

월천자 일천자중 도리천 야마천왕 도솔천 화락천왕 타화천 대범천왕
月天子 日天子衆 兜利天 夜摩天王 兜率天 化樂天王 他化天 大梵天王

광음천 변정천왕 광과천 대자재왕 불가설
光音天 遍淨天王 廣果天 大自在王 不可說

보현 문수 대보살 법혜 공덕 금강당 금강장 급 금강혜 광염당 급 수미당
普賢 文殊 大菩薩 法慧 功德 金剛幢 金剛藏 及 金剛慧 光焰幢 及 須彌幢

대덕 성문 사리자 급여 비구 해각 등 우바새장 우바이 선재동자 동남녀
大德 聲聞 舍利子 及與 比丘 海覺 等 優婆塞長 優婆夷 善財童子 童男女

기수 무량 불가설
其數 無量 不可說

(입법계품入法界品)
선재동자 선지식
善財童子 善知識

문수사리 최제일 (공)덕운 해운 선주승 미가(양의) 해탈(장자) 여 해당(비구)
文殊舍利 最第一 (功)德雲 海雲 善住僧 彌伽(良醫) 解脫(長者) 與 海幢(比丘)

휴사(우바이) 비목구사선(인) 승열바라(문) 자행(동)녀 선견(비구)
休舍(優婆夷) 毘目瞿沙仙(人) 勝熱婆羅(門) 慈行(童)女 善見(比丘)

자재주동자 구족우바(이) 명지(거)사 법보계장(자) 여 보안(장자) 무염족왕
自在主童子 具足優婆(夷) 明智(居)士 法寶髻長(者) 與 普眼(長者) 無厭足王

대광왕 부동우바(이) 변행외(도) 우바라화장자인 바시라선 무상승(장자)
大光王 不動優婆(夷) 遍行外(道) 優婆羅華長者人 婆施羅船 無上勝(長者)

사자빈신(비구니) 바수밀(다녀) 비실지라거사인 관자재존 여 정취(보살)
獅子嚬伸(比丘尼) 婆須密(多女) 毘瑟祇羅居士人 觀自在尊 與 正趣(菩薩)

(천)대천
(天)大天　　　(30)

안주 주지신(도량신) / (여) ~ 바산바연주야신 보덕정광주야신 희목관찰
安住 主地神(道場神) / (女) ~ 婆珊婆演主夜神 普德淨光主夜神 喜目觀察

중생신 보구중생묘덕신 적정음해주야신 수호일체주야신 개부수화주야신
衆生神 普救衆生妙德神 寂靜音海主夜神 守護一切主夜神 開敷樹華主夜神

대원정진력구호 묘덕원만 ~ (여)
大願精進力救護 妙德圓滿 ~ (女)

구바녀(석가족) 마야부인 천주광(왕녀) 변우동자(사) 중예각(동자) 현승(녀)
瞿婆女(釋迦族) 摩耶夫人 天主光(王女) 遍友童子(師) 衆藝覺(童子) 賢勝(女)

견고해탈장(자) 묘월장자 무승군(장자) 최적정바라문자
堅固解脫長(者) 妙月長者 無勝軍(長者) 最寂靜婆羅門者 (50)

덕생동자 유덕(동)녀 미륵보살 문수 등 보현보살 미진중
德生童子 有德(童)女 彌勒菩薩 文殊 等 普賢菩薩 微塵衆

어차법회 운집래 상수 비로자나불 어련화장세계해 조화장엄대법륜
於此法會 雲集來 常隨 毘盧遮那佛 於蓮華藏世界海 造化莊嚴大法輪

시방 허공 제 세계 역부 여시 상 설법
十方 虛空 諸 世界 亦復 如是 常 說法

육·육·육·사급여삼 일·십일·일 역부 일
六·六·六·四 及與三 一·十一·一 亦復 一

(제 1 보리장설 菩提場說) :
세주묘엄 여래(현)상 보현삼매 세계성(취) 화장세계 (비)노사나
世主妙嚴 如來(現)相 普賢三昧 世界成(就) 華藏世界 (毘)盧舍那

(제 2 보광명전설 普光明殿說) :
여래명호 사성제 광명각품 (보살)문명품 정행 현수
如來名號 四聖諦 光明覺品 (菩薩)問明品 淨行 賢首

(제 3 도리천궁설 忉利天宮說) :
수미정 수미정상게찬품 보살십주 범행품 (초)발심공덕 명법품
須彌頂 須彌頂上偈讚品 菩薩十住 梵行品 (初)發心功德 明法品

(제 4 야마천궁설 夜摩天宮說) :
불승야마천궁품 야마천궁게찬품 십행품 여 (십)무진장
佛昇夜摩天宮品 夜摩天宮偈讚品 十行品 與 (十)無盡藏

(제 5 도솔천궁설 兜率天宮說) :
불승도솔천궁품 도솔천궁게찬품 십회향 급
佛昇兜率天宮品 兜率天宮偈讚品 十廻向 及

(제 6 타화자재천궁설 他化自在天宮說) :
십지품
十地品

(제 7 중 보광명전설 重 普光明殿說) :
십정 십통 십인품 (문)아승지품 여 수량 보살주처 불부사(의)
十定 十通 十忍品 (問)阿僧祇品 與 壽量 菩薩住處 佛不思(議)

여래십신상해품 여래수호(광명)공덕품 보현행 급 여래출(현)
如來十身相海品 如來隨好(光明)功德品 普賢行 及 如來出(現)

(제 8 삼중 보광명전설 三重 普光明殿說) :
이세간품
離世間品

(제 9 급고독원설 給孤獨園說) :
입법계
入法界

시위 십만 게송 경 삼십구품 원만교 풍송 차경 신 수지 초발심시 변정각
是爲 十萬 偈頌 經 三十九品 圓滿教 諷誦 此經 信 受持 初發心時 便正覺

안좌 여시 국토해 시명 비로자나불
安坐 如是 國土海 是名 毘盧遮那佛

나무 대방광불화엄경 칠처구회 제불 제존 보살마하살
南無 大方廣佛華嚴經 七處九會 諸佛 諸尊 菩薩摩訶薩

1. 세주묘엄품

① 이름 풀이

세는 때이니 삼 세간이 있다. 교화처인 기세간, 피교화자인 중생세간, 교화주인 지정각세간이다.

주는 주도자이니 오직 둘로, 국왕이나 부처님(법왕)께서 국토와 중생을 주도하시는 것이다.

묘는 법문의 본체와 작용이 깊고 넓어 생각하기 어려운 것이다.

엄은 장엄을 말한다. 첫째는 기세간 장엄으로 땅이 견고한 등이요, 둘째는 중생세간 장엄이니 대중들이 각기 법문의 위덕을 갖춘 것이다. 셋째는 지정각세간 장엄이니 온갖 법에 최정각을 이루어서 삼업이 널리 두루하여 법문이 다함없는 것이다.

품은 가르침을 고르게 분류한 뜻이다.

② 설하는 까닭

유정세간인 용왕 · 천자 등과 기세간인 산신 · 수신 등이 구름처럼 몰려와 부처님의 삼업 작용을 찬탄하면서 삼종 세간이 중중무진하게 서로서로 장엄되어 화엄의 큰 가르침을 펼칠 준비를 갖추었다.

③ 주제와 취지

삼종세간의 중중무진한 장엄을 나타내어 화엄의 큰 가르침을 펼친다.

이와 같이 내게 들려 주셨네. 한 때 부처님께서는 마갈타 국의 아란야[4] 법 보리장[5]에 계시면서 비로소 정각을 이루셨으니 그 보리수는 높고 훌륭하여 유리로써 줄기를 삼고 온갖 미묘한 보배로 가지가 되어 있었다.

부처님께서 머무신 궁전과 누각은 넓고 화려하며 갖가지 색의 마니로써 이루어졌는데, 부처님께서는 사자좌에 앉으셔서 온갖 법 가운데 최상의 깨달음[6]을 이루셨으니, 항상 모든 도량에 앉아 계신 몸은 보살 대중 가운데 위엄이 빛나 마치 해가 떠올라 세계를 비추는 것 같았고, 삼세[7]에 행하신 온갖 복덕은 다 청정하시며 설법하시되 마치 큰 구름을 일으키는 듯하며 몸이 시방에 두루하면서도 아무런 오고 감이 없으셨다.

이 보리장에는 부처님의 가르침을 따르면서 교화를 돕는 상수 보살들과 불법을 지키는 대중들이 수없이 모여들었는데 이들은 옛날 비로자나불과 함께 선근[8]을 모아서 보살행을 닦았으니 다 부처님의 선근에서 출생한 이들이요, 또 한없는 금강역사와 신중신과 족행신과 도량신 등이 상수가 되어 그 수가 무한하니, 모두 심성의 때를 여의어서 인자하게 중생을 도와 선근을 키웠다.

이 때 부처님의 도량에 많은 대중들이 운집하여 제각기 온 방위를 따라서 일심으로 우러렀으니 이들은 온갖 번뇌와 마음의 때를 일찍이 여의었으며 무거운 업장[9]의 산을 무너뜨려 부처님 친견에 아무런 장애가 없었다.

부처님의 몸 모든 회상에 두루 계시고
법계에 충만하여 다함이 없으시며
적멸하여 자성이 취함이 없건만
세간을 구하기 위해 출현하셨네.

여래의 청정하고 묘한 몸
시방에 두루 해도 짝할 이 없고
몸은 자성도 없고 의지처도 없나니
선사유천왕이 관찰한 것이로다.

여래는 과거에
끝없는 부처님께 시중드셨는데
이 때문에 사람들이 물결처럼 모여와
다들 세존께 공양하도다.

사자좌에 있는 온갖 보배 장엄구에서 한없는 보살
들이 나와 제각기 갖가지 공양 구름을 일으키고는

세존의 오른쪽으로 백 천 번을 돌고 멀지 않은 곳에 갖가지 보배로 된 연꽃 사자좌를 만들고 각각 그 위에 결가부좌[10]하였다.

화장장엄 세계[11]가 부처님의 신력으로 여섯 가지 열 여덟 모양으로 진동하고, 모든 세간주들은 낱낱이 다 부사의한 공양 구름을 나타내어 부처님의 도량에 비가 내리는 듯 했는데 낱낱 세간주들이 기쁜 마음으로 공양하듯이 화장장엄 세계에 있는 모든 세간주들도 다 이 같이 하였다. 그 모든 세계에 다 부처님께서 도량에 앉으셨고 세간주들은 저마다의 믿고 이해함과 인연으로 제각기 부처님의 해탈 경계에 들어갔으니 이 화장장엄 세계에서와 같이 시방 세계에서도 다 이와 같았다.

2. 여래현상품

① 이름 풀이
여래는 나타내는 사람이다. 최고의 진리가 '여' 요, 바른 깨달음이 '래' 니, 바르게 최고의 진리를 깨치신 분을 '여래' 라고 한다.

현은 나타내는 것과 나타나는 것에 통한다.

상은 나타나는 법이다.

② 설하는 까닭
앞부분의 세간주 등이 마음으로 물어 온 37가지 질문에 대해 광명을 놓아 대중을 모으고 온갖 법의 본성을 보여서 답하기 위함이다.

③ 주제와 취지
광명의 모습으로 나타내 보임을 주제로 삼고, 지혜가 뛰어난 이로 하여금 그윽이 깨치게 함을 취지로 삼는다.

이 때 많은 보살과 세간주들이 이런 생각으로 법을 청하길, "어떤 것이 모든 부처님의 지위며 부처님의 경계·가지·행·힘·두려움 없음·삼매·신통·자재함이고 포섭해 취할 수 없는 것입니까? 또한 어떤 것이 모든 부처님의 눈이며 부처님의 귀와 코·혀·몸·뜻·몸의 빛·광명·음성과 지혜입니까? 오직 원하옵나니 저희들을 불쌍히 여겨 연설하여 주소서.

또 시방 세계 바다의 모든 부처님들께서 다 보살

들을 위하여 세계와 중생·법계 안립·부처님·부처님의 바라밀·부처님의 해탈·부처님의 변화·부처님의 연설·부처님의 명호와 부처님의 수명과 모든 보살의 서원과 발심하여 나감과 도를 도움·승(乘)·행·벗어남·신통·바라밀·지위와 지혜를 설하시니 부처님께서도 저희들을 위하여 이와 같이 설해 주소서."

부처님께서 많은 보살들의 생각을 아시고는 입안의 치아 사이에서 광명을 놓아 시방의 한없는 세계를 비추자, 저 세계의 보살들이 광명 속에서 각기 이 화장장엄 세계를 볼 수 있었다.

그 때 시방 세계의 대중들이 부처님의 광명으로 깨우치고 나서 각각 비로자나불의 거처에 와서 친견하고 공양을 하였는데 모든 보살들이 다 온갖 법계가 안립한 먼지 속에 두루 들어갔으니, 그 낱낱 먼지 속에 한없이 광대한 세계가 있고, 낱낱 세계 속에 삼세의 부처님들께서 생각 속에서 꿈에 자재하게 나타나 보이는 법문으로 세계의 한없는 중생들을 깨우치셨다.

세존께서 보살들에게 부처님의 끝없는 경계와 신력을 얻게 하기 위하여 미간에서 광명을 놓으시니, 광명의 이름은 '모든 보살의 지혜 광명으로 시방을 널리 비추는 광'이며, 그 모양은 마치 보배 빛 나는 등불 구름과 같아서, 시방의 모든 불국토를 두루 비추고는 그 가운데 국토와 중생들을 다 나타나게 하셨다.

그 때 부처님 전에 큰 연꽃이 홀연히 출현하였으니 열 가지 장엄을 갖추고 있어서 다른 연꽃들은 미칠 수 없었는데, 이 연꽃이 난 뒤에 부처님의 미간 백호상[12]에서 '온갖 법의 뛰어난 소리' 보살이 세계의 한없는 보살들과 한꺼번에 나와서 예를 하고는 깊이 법계를 깨치고 크게 기뻐했다.

부처님 몸 법계에 충만하시어
모든 중생 앞에 널리 나타나시니
인연 따라 두루 응하시지만
항상 이 보리좌에 계시네.

3. 보현삼매품

① **이름 풀이**

보는 진리와 일치한 지혜[13]가 끝없는 것이다.

현은 지혜로 중생을 따라 이롭게 하는 것이다.

삼은 바른 것이다.

매는 선정을 말한다.

② **설하는 까닭**

대중이 이미 모였기에 광명으로 법주를 보여 설법하시고자 한다.

③ **주제와 취지**

선정에 든 뒤 부처님께서 가피하심으로 주제를 삼고, 대중이 법계의 덕을 이루게 함으로써 취지를 삼는다.

낱낱 보현 보살의 앞에 시방의 부처님들께서 나타나시어, 같은 소리로 찬탄하셨으니 "훌륭하구나. 선남자여, 그대가 이 모든 부처님의 비로자나 여래장신 삼매에 잘 들어갔도다. 이것은 시방의 모든 부처님들께서 함께 그대에게 가피하심이니 비로자나불의 본원력[14]인 까닭이요, 또한 그대가 모든 부처님의 행과 원을 닦은 까닭이며, 부처님의 가르침을 잘 지니기 때문이다."

보현 보살께서 곧 삼매로부터 나오시니, 시방 세계가 부처님의 신력과 보현 보살의 삼매력으로 다 가만히 흔들렸다.

4. 세계성취품

① 이름 풀이
세는 삼세니, 과거 · 현재 · 미래에 이어지기 때문이다.
계는 구역이니 이곳 저곳이 있기 때문이다.
성취는 이루는 연이니, 열 가지 연으로 능동과 수동을 같이 지목한다.

② 설하는 까닭
앞의 여래현상품과 보현삼매품에서 연을 설하여 이미 갖추었고, 이 다음의 세계성취품과 화장세계품, 비로자나품에서 정식 설을 펼치기 위함이다. 또 앞서 세간주의 37가지 물음 중 앞은 부처님의 광명과 신력의 답이지만, 이 품은 부처님의 행과 육근 · 바라밀 · 법계에 두루함 · 중생들이 지은 행위를 보이기 위함이다.

③ 주제와 취지
끝없이 수승한 덕을 표해 나열하고 알려진 세계를 자세히 풀이함으로 주제를 삼는다. 또 보살들이 크게 믿고 이해하여 깨달아 들게 함으로 취지를 삼는다.

보현 보살께서 부처님의 신력으로 중생들의 업과 욕망 · 부처님의 원력과 신통 변화 등을 두루 관찰하고 말씀하시길 "간략히 말하면 열 가지 인연으로 온갖 세계가 이미 이루어졌고 지금 이루어지고 앞으로도 이루어질 것이니, 부처님의 신력과 법이 마땅히 그러한 때문이요, 중생들의 행과 업인 때문이다. 또 보살들이 온갖 것을 아는 지혜를 이루어 얻음과 중생과 보살들이 함께 선근을 모은 때문이요, 보살들이 국토를 엄정히 하려는 원력과 물러가지 않는 행원을 이뤘기 때문이며, 보살들의 청정하고 훌륭히 앎이 자재함과 부처님의 선근에서 흘러나온 것과 성도하실 때의 자재하신 힘과 보현 보살의 자재한 원력이기 때문이다.

이것이 간략히 말한 열 가지 인연이나 만약 덧붙이면 무수하게 많이 있다" 라고 하셨다.

5. 화장세계품

① **이름 풀이**

화장은 부처님 경계의 과보로 얻은 국토인데 연꽃이 유지하며 온갖 깨끗하고 더러운 경계를 다 감추고 있다.

② **설하는 까닭**

앞의 세계성취품은 모든 불국토를 통틀어 밝혔고, 지금은 별도로 본사 석가모니불의 장엄한 세계를 밝힌다.

③ **주제와 취지**

따로 본사 석가모니불의 세계를 나타내고 삼 세간을 갖추어 다함없이 융섭함으로 주제를 삼고, 보살들이 믿음과 이해를 내어 행원을 이루게 함으로 취지를 삼는다.

보현 보살께서 다시 대중에게 말씀하셨다.

"화장장엄 세계는 비로자나불께서 지난 옛적 수많은 겁 동안 보살행을 닦으실 때에 무수한 부처님을 친견하고 대원을 청정하게 닦아서 장엄하신 것으로, 저 수미산의 수많은 풍륜의 가장 위에 향수 바다[15]가 있고, 거기에 큰 연꽃이 있으니 이름을 '다양한 빛과 꽃향기의 깃발[16]' 이라고 한다. 화장장엄 세계가 그 가운데 있는데 사방이 골고루 평탄하고 깨끗하며 견고하고 금강륜산이 두루 에워쌌으며 땅과 바다와 온갖 나무들이 각기 구별되어 있다.

또한 이 화장장엄 세계에 대철위산이 '햇빛 구슬

왕’ 연꽃 위에 머물러 있는데, 전단마니로 바탕이 되었고 위엄 있는 보배로 봉우리를 삼아 온갖 향수가 그 사이에 흐르며 보배 숲에 절묘한 꽃들이 피었고 향기로운 풀들이 땅에 널려 있었다.

이 세계의 대철위산에 있는 땅은 모두 다 금강으로 되었고, 보배 가루를 흩어 연꽃을 펴놓았으며, 삼세의 불국토에 있는 장엄으로 아름답게 꾸몄다.

또한 대지에는 한없는 향수 바다가 있으니 묘한 보배로 그 바닥을 장엄하고, 전단향의 미세한 가루가 밑에 깔렸으며, 온갖 장엄이 다 나타났으니 낱낱 향수 바다에는 각각 사천하의 한없는 향수강이 있어 오른쪽으로 돌면서 에워쌌는데 낱낱 향수강에는 각각 한없는 장엄이 있다.

또한 모든 불국토의 장엄이 불가사의함은 이 화장장엄 세계의 온갖 경계가 낱낱이 다 세계의 한없이 청정한 공덕으로 장엄했기 때문이니, 이 가운데 어떠한 세계가 머무는 지를 말하면, 열 곱이나 말로 할 수 없이 많은 세계종이 안주해 있고 낱낱 세계종에는 또 열 곱이나 말로 할 수 없는 무수한 세계가 있다.”

6. 비로자나품

① 이름 풀이
비는 갖가지요, 두루함이다.

로자나는 광명으로 비춤이니, '광명이 두루 비춤'을 이른다. 곧 법신의 자비와 지혜로써 갖가지
가르침과 수행의 광명을 베풀어 중생의 어두운 업을 깨뜨림을 말한다.

② **설하는 까닭**

앞서는 불과를 밝혔고 지금은 과거의 인행을 말한다.

③ **주제와 취지**

인행이 광대함을 밝힘으로 주제를 삼고, 앞의 불과를 깨달아 이룸으로 취지를 삼는다.

그 때 보현 보살께서 다시 대중에게 설하시길 "지
나간 옛적에 한없는 겁을 지나고 다시 그 곱을 지나
서 '뛰어난 소리' 세계가 있었으니, 반듯하게 둥글
고 땅에는 무한한 장엄이 갖추어졌으며 온갖 보배
구름이 덮이고 청정한 광명이 비치었다. 성읍과 궁
전은 수미산 같고 옷과 음식은 마음대로 이르니 '갖
가지 장엄' 겁[17]이라고 한다.

저 세계의 최초 겁에 한없는 부처님께서 출현하셨
는데 그 처음 부처님 명호는 '모든 공덕산 수미의
빼어난 구름'으로, 저 부처님께서 출현하시기 백 년
전에 '마니 꽃가지 바퀴 숲'의 온갖 장엄이 널리 청

정하여, 부사의한 보배 불꽃 구름을 내고 부처님 공덕을 찬탄하는 소리를 내었다. 이와 같은 장엄을 나타내어 부처님께서 장차 세상에 출현하실 것을 보이니, 많은 왕들의 선근이 익어서 부처님을 친견하려고 도량으로 모여들었다. 그 중 '기쁘게 보는 선한 지혜' 왕의 대위광 태자가 부처님의 광명을 보고 예전에 닦은 선근력으로 법문을 얻고 부처님의 신력을 받아 찬탄하니 그 소리가 '수승한 음성' 세계에 널리 퍼졌다.

   그 때 저 부처님은 삼세 부처님들의 자재법을 두루 모은 수다라[18]로 중생들의 마음을 따라 모두가 다 이익을 얻게 하였으니 대위광 보살은 이 법을 듣고 즉시에 '모든 공덕산인 수미의 빼어난 구름' 부처님께서 지난 세상에 모으신 법의 바다 광명을 얻었다. 그 부처님께서 열반하신 뒤에 '바라밀의 선한 눈으로 장엄하신 왕' 부처님께서 출현하시어, 역시 저 마니꽃 가지 바퀴 큰 숲 속에서 정각을 이루셨다. 그 때 대위광 동자는 그 부처님께서 최상의 깨달음을 이루어 신력을 나타내심을 보고 염불 삼매를 얻었으니 '끝없는 바다로 갈무리한 문' 이며, 다라니를 얻었으니 '큰 지혜 힘인 법의 못' 이고, 저 때에 부처님께서 '법계 체성의 깨끗이 장엄함' 수다라를 말씀하셨는데 많은 대중들이 이 경을 듣고 청정한 지혜를 얻었으니 '온갖 청정한 방편에 들어감' 이다. '바라밀의 선한 눈으로 장엄하신 왕' 부처님께서 열반하시고는, 희견선혜왕이 이어 또한 세상을 버리시니 대위광 동자가 전륜왕위를 이으셨다.

저 마니꽃 가지 바퀴 큰 숲에서 세 번째 '최고 수승한 공덕의 바다' 부처님께서 세상에 출현하시니, 대위광 전륜성왕이 여러 사람과 같이 온갖 향마니로 장엄한 큰 누각을 부처님께 바쳤다. 그 때 저 부처님께서 숲 속에서 '보살의 널리 관하는 광명행' 수다라를 말씀하셨는데 대위광 보살이 이 법을 듣고 '큰 복덕으로 두루하는 광명' 삼매를 얻었으니, 이 삼매를 얻고는 모든 보살과 중생들의 과거·현재·미래의 복과 복 아님을 다 잘 깨쳐 알았다.

저 마니꽃 가지 바퀴 큰 숲에 다시 부처님께서 출현하셨으니 '명칭이 널리 알려진 연꽃 눈 깃발' 이신데 그 때 대위광 보살이 목숨을 마치고는 수미산의 조용한 보배 궁전에 태어나 '번뇌를 떠난 복덕의 깃발' 대천왕이 되어 하늘 대중과 함께 부처님께 보배 꽃구름을 내려서 공양하였다.

그 때 저 부처님께서 '광대한 방편으로 널리 비춤' 수다라를 말씀하셨는데 천왕들이 이 경을 듣고 '널리 문을 열고 기뻐하는 광' 삼매를 얻어 온갖 법의 실상에 잘 들어갔도다."

7. 여래명호품

① 이름 풀이

여래 제2 여래현상품 참조.

명은 '석가모니' 등의 개별적 이름이다.

호는 '여래 · 응공 · 정변지 · 명행족 · 선서 · 세간해 · 무상사 · 조어장부 · 천인사 · 불 세존' 등의 십호로 모든 부처님께 통한다. 또 몸을 '명' 이라 하고 덕을 호라고 한다.

② 설하는 까닭

앞서 제1회 보리장에서는 다만 여래의 정각을 이루신 몸과 지혜로 중생을 거둠을 밝혔다. 지금이 제2회 보광명전에서는 비로소 여래의 명호로 중생을 거둠을 밝혀 믿고 이해하게 한다.

③ 주제와 취지

부처님 명호가 두루함을 나타내는 것으로 주제를 삼고, 소질에 맞춰 유익하게 함으로 취지를 삼는다. 혹은 위의 둘은 모두 주제고 믿음을 내게 함으로 취지를 삼는다.

세존께서 마갈타국 아란야 법 보리장에서 비로소 정각을 이루시고 보광명전에서 연화장 사자좌에 앉으시어 많은 보살들과 더불어 함께 하시니 다들 일생보처[19]아님이 없으며 모두 다른 곳으로부터 와서 같이 모였다.

이 때 많은 보살들이 이런 생각을 하였는데 '만약 세존께서 저희들을 불쌍히 여기신다면 좋아함을 따라서 부처님 세계와 부처님의 머무심 · 부처님 세계의 장엄 · 부처님 법의 성품 · 부처님 세계의 청정함을 열어 보이시고, 부처님께서 말씀하신 법·부처님 세계의 자체 성품·부처님의 위덕·부처님 세계의 성취와 부처님의 대 보리를 열어 보여 주소서.

저 시방 세계의 모든 부처님께서 보살들을 이루시고 여래의 종성이 끊어지지 않도록 보살의 십주와 십행·십회향·십무진장·십지·십원·십정·십통·십정을 말씀하시고, 여래의 지위와 여래의 경계·신력·행함·두려움 없음·삼매·신통·자재·막힘 없음·여래의 눈·귀·코·혀·몸·뜻·변재·지혜·여래의 가장 수승하심을 말씀하시니 원컨대 지금 부처님께서도 또한 저희들을 위해 말씀해 주소서.'

저 때에 부처님께서는 보살들의 마음을 아시고 각각 그 종류를 따라서 신통을 나타내셨으니,[20] 동방으로 열 불국토의 한없는 세계를 지나 금색 세계의 부처님 이름은 부동지이시며, 보살은 문수이시다.

다음으로 문수 보살께서 부처님의 신력을 받아 말씀하시길[21] "불국토와 부처님의 머무심·세계의 장엄·최상의 깨달음 등이 불가사의한데, 왜냐하면 시방 세계의 모든 부처님들께서 중생들의 좋아함이 같지 않음을 아시고 그 응함에 따라서 설법하여 조복하시고 사바 세계의 갖가지 몸·이름·수명의 양과 근기 등으로써 중생들로 하여금 각기 달리 보게 하시기 때문이다.

부처님을 이 사천하에서 혹 원만월·석가모니·제칠선 등이라고 하니 이와 같은 이름의 수가 일만으로 제각기 보게 하며, 시방 세계의 부처님 명호도 갖가지로 같지 않다"라고 하셨다.

8. 사성제품

① 이름 풀이
사는 수를 나타낸다.

성은 바른 것으로 번뇌를 떠난 정법이 마음에 있기 때문이다.

제는 진실한 뜻이니, '성제' 는 진실한 것이다. 이 품은 사성제의 뜻을 푼 것이 아니고 다만 사성제의 이름이 같지 않음을 밝힌다.

② 설하는 까닭
앞의 여래명호품은 여래의 신업으로 곳에 따라 명호가 각기 같지 않음을 설했다. 이 품은 여래의 곳에 따른 어업으로 장소에 따른 설법이 사성제를 여의지 않는다.

여래명호품은 교화주를 찬탄했고, 지금은 설해진 교법을 찬탄한다.

③ 주제와 취지
끝없는 진리로써 근기와 뜻에 따라 이름을 세움이 같지 않고 세계가 두루 공함으로써 주제를 삼는다. 또 중생을 유익하게 하고 조어하는데 힘씀으로써 취지를 삼는다.

그 때 문수 보살께서 여러 보살들에게 말씀하시길 "고성제는 이 사바 세계에서 죄라 하거나 혹은 핍박·반연·우부행 등이라고 하며, 고집성제는 계박이라 하거나 멸괴·망각념·희론 등이라 하고, 고멸성제는 혹 무쟁이라 하거나 적정·무자성·무장애 등이라 하며, 고멸도성제는 일승이라 하거나 도인·구경 무분별·평등 등이라 한다. 이 사바 세계에서 사성제를 말하는데 이러한 등 사백억 일만 가지의 이름이 있으니 중생들의 마음을 따라 다 조복케 한다.

이 같이 동방 밀훈 세계 등의 모든 세계에서 사성제를 말하는 데도 또한 각각 사백억 일만 가지의 이름이 있어 중생들의 마음을 따라 다 조복케 하며 동방과 같이 시방에서도 마찬가지이니, 사바 세계에 시방이 있는 것처럼 모든 세계에도 마찬가지로 시방 세계가 있어 낱낱의 세계 가운데서 사성제를 말하는 데 백억만 가지의 이름이 있다. 이는 모두 중생들의 마음에 좋아함을 따라서 조복케 하시는 것이다" 라고 하셨다.

9. 광명각품

① 이름 풀이
광은 지혜의 바탕이다.

명은 작용이다.

각은 반연에 대해 어리석음을 열어주고 또 보살을 깨우치는 것이다.

② 설하는 까닭

앞에서는 다만 부처님 이름만 두루했고, 여기서는 몸이 두루함을 나타낸다. 사성제품은 진실에 걸맞는 방편법이 두루했고, 이 품은 방편에 걸맞는 진실이 두루함을 나타낸다.

앞의 여래명호품은 부처님의 안·이·비·설·신 등과 명호가 두루 했다. 또 사성제품은 부처님의 구업으로 사성제의 설법이 두루 하니, 모두 불과의 두루함을 밝혔다. 지금 이 품엔 부처님께서 십신의 지위로 가르쳐 행하는 광명을 놓고, 깨우쳐서 믿는 자들이 스스로 자기 마음의 지혜가 두루함을 믿게 한다. 자기의 지혜가 부처님과 본래 같고, 문수는 자기 마음 가운데 묘한 이치의 지혜임을 밝힌 것이다.

③ 주제와 취지

몸과 지혜의 두 광명으로 막힘 없이 깨우침으로써 주제를 삼고, 중생들이 믿음을 내게 함으로써 취지를 삼는다.

부처님께서 두 발바닥[22]으로 백억 광명을 놓아 삼천대천 세계를 비추시자 백억 염부제와 울단월·대해·윤위산 등이 나타났고, 이어서 보살의 태어나심·출가·정각을 이루심과 법륜을 굴리심·열반[23]에 드심이 나타났다.

시방의 대보살들은 각기 많은 보살과 함께 부처님 계신 곳에 나아가니, 문수 보살 등이시고, 떠나온 국토는 금색 세계 등이며, 각기 부처님 계신 곳에서 범행을 깨끗이 닦았으니 부동지불 등이시다.

하나에서 무한함을 알고
무한함 가운데서 하나를 알아
그것이 나란히 일어남을 깨치면
마땅히 두려움 없으리.

한 몸이 무한한 몸이 되고,
무한한 몸은 다시 한 몸이 되며
모든 세간을 밝게 알아
형상을 일체에 두루 나타내도다.

저 때에 광명이 십억 세계를 지나 동방의 백억 세계와 천억 세계와 백천억 세계와 억 나유타 세계와 백억 나유타 세계와 천억 나유타 세계와 백천억 나유타 세계를 두루 비추었다. 이 같이 무수하고, 무한하며, 끝없고, 같을 이 없으며, 셀 수 없고, 일컬을 수 없으며, 생각할 수 없고, 헤아릴 수 없으며, 말로 할 수 없는 온 법계 허공계의 세계를 두루 비추고

남·서·북방과 사유·상·하도 마찬가지로 하였으니, 저 낱낱의 세계에 모두 백억 염부제[24]와 내지 백억 색구경천 가운데 있는 것이 모두 분명하게 나타났다.

시방에 법 구함에 마음 변치 않고
공덕을 닦아 만족케 하며
있고 없는 두 모습 다 없애면
이런 사람 참으로 부처님 친견하리.

10. 보살문명품

①이름 풀이

보살은 사람이다.

문명은 법인데, 바로 물음을 '문' 이라 하고, 자세히 풀이하여 환히 드러냄을 '명' 이라고 한다. 열 가지 믿음의 뿌리와 힘을 기름에 문수와 각수 등의 보살이 서로 주객이 되어 열 가지 법명을 묻는다.

②설하는 까닭

문수 보살께서 열 가지 게송으로써 부처님의 십덕을 찬탄하고, 믿는 자로 하여금 수행을 권한다. 이 보살문명품은 십신의 바른 수행을 밝혀 의심을 끊는 것이다.

③주제와 취지

열 가지의 매우 깊은 뜻으로써 주제를 삼고, 믿음 가운데 이해와 행을 이룸으로써 취지를 삼는다.

저 때에 문수 보살이 각수 보살께 "심성은 하나인데 어째서 갖가지로 차별함을 봅니까? 이른바 선하거나 악한 데를 가고, 온갖 감각 기관이 원만하거나 결핍되기도 하며, 태어남이 같거나 다르기도 하고, 단정하거나 누추하기도 하며, 고락을 받음이 같지 않습니다. 그러므로 업이 마음을 알지 못하고, 마음이 업을 알지 못하며, 인(因)이 연(緣)을 알지 못하고, 연이 인을 알지 못합니다." 라고 여쭈었다.

이에 대해서 각수 보살께서 게송으로 대답하셨다.

마치 강물이
급히 다투어 흘러가나
각기 서로 알지 못하듯
온갖 법도 마찬가지네.

눈과 귀와 코와 혀와 몸과 마음
모든 유정의 육근[25]이
다 공하여 자성이 없거늘
그릇된 마음으로 분별하여 있네.

"중생이 중생 아닌데 어째서 부처님께서 그 때를
맞추고 마음에 좋아함과 방편 등을 따라서 이러한
중생 가운데 몸을 나타내어 교화하고 조복하십니
까?" 라는 문수 보살의 물음에 재수 보살께서 게송
으로 답하셨다.

분별하여 몸을 관찰하면
이 가운데 무엇이 '나' 인가
만약 능히 이렇게 알면
'나' 의 있고 없음 통달하리.

세간에서 보이는 법
다만 마음으로 주체가 되거늘
아는대로 여러 모습 취하니
거꾸로 되어 진실치 못하도다.

"중생이 평등하게 사대[26]가 있되 '나'도 '내 것' 도 없거늘 어찌하여 고락을 받고, 단정하거나 누추하며, 현생의 보나 후생의 보를 받기도 합니까?" 라는 문수 보살의 물음에 보수 보살께서 게송으로 답하셨다.

마치 깨끗하고 밝은 거울이
마주한 사물을 따라서
현상이 천차만별이듯
업의 성품도 마찬가지네.

"부처님께서 깨달으심은 오직 한 법인데 어찌하여 온갖 법을 말씀하시고, 갖가지 경계를 나타내 보이십니까?" 라는 문수 보살의 물음에 덕수 보살께서 게송으로 답하셨다.

　큰 바다는 하나임에
　파도는 천만 가지로 다르나
　물은 갖가지 다름이 없듯이
　모든 불법도 이와 같네.

　"부처님의 복전[27]이 평등하게 하나로 다름이 없는데 어찌하여 보시의 과보가 같지 않습니까?" 라는 문수 보살의 물음에 목수 보살께서 게송으로 답하셨다.

　마치 대지는 하나인데
　종자를 따라서 제각기 싹을 내되
　거기에는 미워하고 친함이 없듯이
　부처님의 복전도 마찬가지네.

　또 물은 한 맛이지만
　그릇으로 인해 차별이 있듯이

부처님의 복전도 마찬가지로
중생의 마음 따라 다르네.

"부처님의 가르침은 하나인데 중생들은 왜 바로
온갖 번뇌의 속박을 끊지 못합니까?" 라는 문수 보
살의 물음에 근수 보살께서 게송으로 답하셨다.

마치 약한 불에
젖은 땔나무는 빨리 꺼지듯이
부처님의 교법 가운데서
게으른 자도 마찬가지네.

또 나무를 비벼서 불을 구할 때
불이 나기도 전에 자주 쉬면
불기운도 따라서 꺼지 듯
게으른 자도 마찬가지네.

"부처님 말씀과 같이 만일 누군가 정법을 받아 지
니면 다 번뇌를 끊어 없앤다 하셨는데 어째서 다시

정법을 받아 지니고도 번뇌를 끊지 못하는 자가 있습니까?" 라는 문수 보살의 물음에 법수 보살께서 게송으로 답하셨다.

누군가 약방문을 잘 알아도
자신의 병은 못 고치 듯
법에 수행하지 않으면
많이 들은 것도 마찬가지네.

누군가 남의 보물을 세면서
자신은 반푼도 없듯이
법에 수행하지 않으면
많이 들은 것도 마찬가지네.

"불법 가운데 지혜가 으뜸인데 부처님께서는 왜 중생을 위하여 보시를 찬탄하거나 혹은 지계·인욕·정진·선정·지혜·자·비·희·사를 찬탄하십니까?" 라는 문수 보살의 물음에 지수 보살께서 게송으로 답하셨다.

아끼면 보시를 찬탄하고
파계하면 지계를 찬탄하며
자주 성내면 인욕을 찬탄하고
게으르면 정진을 찬탄하네

산란한 마음엔 선정을 찬탄하고
어리석으면 지혜를 찬탄하며
어질지 못하면 자비를 찬탄하고
분노하면 대비를 찬탄하네

마치 기초를 먼저 세우고
뒤에 가옥을 짓듯이
보시와 지계도 마찬가지로
보살행의 근본이네

"부처님들은 오직 한 길로 벗어남을 얻으셨는데 어째서 불국토에 있는 여러 세계와 설법·수명·신통·대중의 모임·가르침의 의식 등이 갖가지로 같지 않습니까?" 라는 문수 보살의 물음에 현수 보살께서 게송으로 답하셨다.

　　불국토는 분별이 없으며
　　미움도 사랑도 없으나
　　다만 중생들의 마음을 따라서
　　이와 같이 다름을 보도다.

　그 때 여러 보살들이 문수 보살께 "저희들이 아는
것을 각기 말씀드렸으니 오직 원컨대 어진 이께서
는 뛰어난 말씀씨로 부처님의 경계를 말씀하소서"
라고 아뢰자 문수 보살께서 게송으로 답하셨다.

　　부처님의 깊은 경계
　　그 양이 허공과 같으시니
　　중생들이 다 들어가도
　　실로 들어감이 없도다.

11. 정행품

① 이름 풀이

정은 덕에 오염이 없는 것이다.

행은 본체이다. 또 '정' 은 원이고, '행' 은 청정한 것일 뿐이다. 삼업에 허물이 없음을 '청정' 이라 하고, 마음에 서원을 일으킴을 '행' 이라고 한다. 보살이 절묘하게 청정한 행을 닦는 모습을 자세히 밝혔다.

② 설하는 까닭

묘위에 오르고자 하면 반드시 수승한 행에 의지해야 한다. 이해는 하나 행이 없으면 많이 들은 것이 헛되기 때문에 앞 품에서 이해를 밝혔고, 이 품에서는 행을 말한다. 또 먼저는 이치에 들어가 행을 관찰함을 밝혔고, 지금은 현상을 따라 행해짐을 드러낸다. 또 앞의 행과 지금의 원이 뜻의 순서이다.

③ 주제와 취지

현상을 따라 수승한 원으로 마음이 산란치 않도록 방비하여 보살의 자비와 지혜 · 대행을 증대함으로 주제를 삼는다. 또 보현 보살의 실다운 덕을 이룸으로 취지를 삼는다.

지수 보살이 문수 보살께 "보살은 어떻게 허물이 없고 지혜가 선도하는 몸과 말과 뜻의 업을 얻습니까?" 라고 여쭈자 문수 보살께서 지수 보살에게 말씀하셨다.

"만약 보살들이 마음을 잘 쓰면 온갖 수승하고 묘한 공덕을 얻어서 악을 끊고 선을 갖추게 되며, 온갖 행과 원이 두루 갖추어져 법에 자재하지 못함이 없이 중생들의 제2 도사[28]가 되리니 어떻게 마음을 써야만 온갖 수승하고 묘한 공덕을 얻겠는가?"

만약 액난에 있으면
마땅히 중생들이 뜻대로 자재하여
행이 막힘 없기를 원할지어다.

스스로 부처님께 귀의함에
마땅히 중생들이 불종자[29]를 받아 진작시키고
보리심을 내기를 원할지어다.

스스로 가르침에 귀의함에
마땅히 중생들이 경장[30]에 깊이 들어가
지혜가 바다와 같아지기를 원할지어다.

스스로 스님들께 귀의함에
마땅히 중생들이 대중을 통솔하되
온갖 것에 막힘 없기를 원할지어다.

혹 발을 들면
마땅히 중생들이 생사의 바다를 벗어나
온갖 선한 법을 갖추기를 원할지어다.

가시나무를 보면
마땅히 중생들이 빨리 삼독[31]의 가시를
제거할 수 있기를 원할지어다.

꽃이 핀 것을 보거든
마땅히 중생들의 신통 등 법이
꽃과 같이 피기를 원할지어다.

꽃이 핀 나무를 볼 때에는
마땅히 중생들의 여러 상호가 꽃과 같아져
32상을 갖추기를 원할지어다.

"만약 여러 보살들이 이렇게 마음을 쓰면 온갖 훌륭하고 미묘한 공덕을 얻어서 인간과 천상·사문·바라문·건달바·아수라 그리고 성문과 연각들에 동요되지 않는다."

12. 현수품

①이름 풀이

현은 본성이 지극히 순하여 잘 어울리는 것이다.

수는 상서롭고 수승한 덕이 출중하게 뛰어난 것이다.

②설하는 까닭

제2회 이래 여래명호·사성제·광명각·보살문명·정행의 다섯 품은 다만 십신 보살의 수행 법문과 140원 등의 법을 밝혔다. 그러나 이 품은 십신 중 쾌히 닦는 불과와 행해지는 원과 행의 공덕이 광대함을 밝힌다.

③주제와 취지

처음과 끝을 꿰뚫어 모든 지위를 다 거둠으로써 주제를 삼는다. 또 원융한 신행을 일으켜서 지위의 덕용을 이루게 함으로 취지를 삼는다.

문수 보살이 청정한 행의 큰 공덕을 설하고 나서 보리심의 공덕을 여쭈자 현수 보살께서 게송으로 답하셨다.

믿음은 도의 으뜸이요 공덕의 어머니라
온갖 선한 법을 기르며
의심의 그물 끊고 애착을 벗어나
열반의 위없는 길 열어 보이네.

만약 여법히 부처님께 공양하면
염불하는 마음 움직이지 않으리니

염불하는 마음 움직이지 않으면
언제나 무한한 부처님 친견하리.

중생들의 병이 같지 않음을 따라서
다 법약[32]으로써 대치하고
마음에 좋아함을 따라서
모두 방편으로써 만족케 하네.

세월 중에 기근과 재난 때에
세간의 온갖 생필품을 다 주되
그 하고자 하는대로 모두 만족케 하여
널리 중생을 위해 이익을 지으리.

집이란 탐욕에 속박된 곳이니
중생들이 다 여의게 하기 위해
출가하고 해탈을 얻어
온갖 욕망에서 받을 것이 없음을 보이네.

무수한 중생들 처소에

일겁 동안 생필품을 베풀어도
그 복덕은 수승하지 못하고
이 법을 믿음이 가장 뛰어나네.

무수한 부처님 처소에서
일겁 동안 시중 들어도
이 품을 잘 수지 독송하면
그 복이 최고 낫네.

이 때 현수 보살께서 이 게송을 말씀하시자 시방 세계가 여섯 가지로 진동하여 악마의 궁전은 숨어 버리고 지옥도 쉬었는데, 시방의 모든 부처님들께서 두루 그 앞에 나타나 각기 오른손으로 이마를 만지시며 이구동성으로 찬탄하셨다.

"훌륭하도다. 쾌히 이 법을 설함이여, 우리들이 모두 따라서 기뻐하노라."

13. 승수미산정품

① 이름 풀이

승은 위로 나아가는 것이다.

수미는 묘고산이다.

정은 존귀하고 빼어난 위에 거처하는 것이다.

② 설하는 까닭

앞의 인간 세상의 보광명전에서는 십신을 이루어 이미 마쳤다. 수미산 정상에서는 십신으로부터 십주의 지위에 드는 승진을 밝혔다.

③ 주제와 취지

장소를 장엄하여 부처님의 감응을 청함으로 주제를 삼고, 소질과 경우에 맞게 설법함으로 취지를 삼는다.

세존께서 모든 보리수 아래를 떠나지 않고 수미산 정상에 올라 제석궁으로 향하시자, 제석[33]은 묘승전 앞에 있다가 멀리 부처님께서 오심을 보고는 곧 신력으로써 궁전을 장엄하고 보광명장 사자좌를 놓아 허리를 굽혀 합장하여 공경히 말씀드렸다.

"잘 오셨습니다. 부처님이시여, 오직 원컨대 저희를 불쌍히 여기시어 이 궁전에 계시옵소서."

세존께서 그 청을 받으시고 묘승전에 들어가시니 시방 세계에서도 다 마찬가지로 하였다.

제석은 부처님의 신력으로 지난날 부처님 처소에

서 온갖 선근을 심었던 것을 스스로 기억하고 게송
으로 말씀드렸다.

연등불[34]은 대 광명이시니
모든 길상 가운데 최고 높으시어
저 부처님께서 일찍이 이 궁전에 오셨기에
이 곳이 가장 길상하나이다.

이 세계의 제석천왕이 부처님의 신력으로써 열 부
처님의 공덕을 게송으로 찬탄함과 같이, 시방 세계
의 모든 제석천왕들도 다 마찬가지로 부처님의 공
덕을 찬탄하였다. 그 때 세존께서 묘승전에 들어가
시어 가부좌를 맺고 앉으시니, 궁전이 홀연히 넓어
져서 모든 하늘 대중들의 거처와 같았으며 시방 세
계도 다 마찬가지였다.

14. 수미정상게찬품

① 이름 풀이

수미는 장소에 의해 부처님 덕을 찬탄하는 것이다. 또한 **정상**의 찬탄이니 다른 곳과 구별한다. 법혜 등 열 분의 보살이 각기 자기의 해당 지위를 따라 **게송**으로 **찬탄**하여 십신을 마친 보살로 하여금 본받아 깨닫게 하는 것이다.

② 설하는 까닭

앞의 승수미산정품에서 처음 수미산에 오름에 제석천이 게송으로써 부처님을 찬탄함을 밝혔다. 이 품은 십주의 보살이 해당 지위의 법문을 게송으로 찬탄함을 밝혀 믿는 자들이 지위에 들도록 한다. 처음은 과거 부처님을 찬탄하고 다음으로 현재 부처님을 찬탄한다. 미래의 부처님은 이제 지위에 들어간 자이기에 언급하지 않았다. 십불은 과거 부처님이시고, 노사나불은 현재의 부처님이시며, 수행하여 지금 지위에 든 자는 미래의 부처님이시다.

③ 주제와 취지

대중들을 모으고 광명을 놓아 게송으로 찬탄함으로써 주제를 삼고, 정식 설법을 이룸으로 취지를 삼는다. 또 부처님의 덕을 나타냄으로 주제를 삼고, 십주의 본체를 알게 함으로 취지를 삼는다.

온갖 법 관찰하면
자성이 있지 않으니
그 생멸하는 모습과 같아
단지 헛이름으로만 설하네.

모든 법이 나지도
없어지지도 않으니
만약 이렇게 알면
부처님께서 항상 나타나시리.

마치 어둠 속에 있는 보배는
등불 없이 볼 수 없듯이
불법도 설하는 이가 없으면
비록 지혜가 있어도 잘 알 수 없네.

마치 눈에 눈병이 생기면
맑고 깨끗한 빛을 못 보듯이
마음이 부정하면
모든 불법을 보지 못하리.

있다거나 없다는
생각 모두 없애면
능히 부처님께서
진리에 안주하심을 보리.

다툼 있음이 생사요
없음이 열반인데
생사와 열반
둘 다 얻지 못하네.

차라리 지옥고를 받으면서
여러 부처님의 명호[35] 들을지언정
무한한 즐거움 받으면서
부처님 명호 못 듣지는 않으리.

법에 뒤바뀌지 않고
여실히 깨달아
모든 화합한 모습 여의면
이것이 위없는 깨달음이네.

하나로써 여럿을 알며
여럿으로써 하나를 아니
온갖 법이 의지함이 없어
단지 화합으로부터 일어나네.

범부가 깨달음의 이해가 없어
부처님께서 정법에 머물게 하고
온갖 법에 머무름 없게 하시니
이를 깨치면 자신을 보리.

15. 십주품

① **이름 풀이**

십은 다함없고 가장 원만하며, 아귀를 맞추어 일주한 완전수이다.

주는 물러나지 않는 지위이다. 십주는 모든 부처님의 대 지혜에 머무니, 이 지위에 들면 길이 되돌아가지 않기에 '머무름(住)' 이라고 했다.

② **설하는 까닭**

위에서 유치는 이미 드러났고, 정종분을 마땅히 나타낸다. 또 앞서 의지되는 부처님 덕을 말했고, 지금은 능동으로 의지하는 십주를 밝힌다.

앞의 수미정상게찬품은 게송으로 찬탄하여 닦기를 권한 부분이 되고, 이는 정식으로 십주의 행을 닦기를 거론하여 밝힌다.

③ **주제와 취지**

십주 행법으로 주제를 삼고, 지위를 거두어 불과를 얻음으로 취지를 삼는다.

법혜 보살께서 삼매에서 일어난 뒤 여러 보살에게 말씀하셨다.

"불자여, 보살의 주처가 광대하여 법계 허공과 같고, 보살은 삼세 모든 불가에 머무니 저 보살의 머무름을 내가 지금 마땅히 설하리다. 보살의 머무름이 열 가지가 있으니 과거·미래·현재의 모든 부처님들께서 이미 말씀하셨고, 앞으로 말씀하실 것이며 지금도 말씀하시니, 이른바 초발심주와 치지주·수행주·생귀주·구족방편주·정심주·불퇴주·동진주·법왕자주와 관정주로, 이는 과거·미래·현재의 모든 부처님들의 말씀이시다."

제1 처음 보리심을 내는 주

"보살은 열 가지 얻기 어려운 법을 인연으로 마음을 내니, 이른바 옳고 그름을 아는 지혜와 선악의 업보를 아는 지혜 · 온갖 근기의 우열을 아는 지혜이며, 갖가지 이해의 차별을 아는 지혜 · 갖가지 경계의 차별을 아는 지혜 · 온갖 곳에 이르러 갈 곳을 아는 지혜이고, 여러 선정과 해탈과 삼매를 아는 지혜 · 숙명을 막힘 없이 아는 지혜 · 천안이 막힘 없는 지혜와 삼세의 번뇌가 모두 다한 지혜이다.

불자여, 이 보살이 마땅히 열 가지 법을 배우길 권하니, 이른바 부지런히 부처님께 공양함과 생사에 머물기를 좋아함과 세간을 주도하여 악업을 없애는 것과 뛰어난 법으로 항상 가르침을 행함과 위없는 법을 찬탄함과 부처님의 공덕을 배우는 것이며, 모든 부처님 전에 태어나서 항상 거두어지고 방편으로 적정 삼매를 연설하는 것과 생사 윤회를 멀리 여임을 찬탄하고 고통 받는 중생을 위해서 귀의처가 되는 것이다.

왜냐하면 보살로 하여금 불법 가운데서 마음을 더욱 넓히고 법을 듣고는 스스로 깨쳐 남의 가르침을 말미암지 않게 하고자 하기 때문이다."

중생들의 갖가지 이해와
마음에 좋아함 각각 다르니
이런 무한한 욕망 다 알고
보살이 처음 발심하도다.

제2 수학하여 마음을 다스리는 주

"보살은 중생들에 대하여 열 가지 마음을 내니, 이른바 이익을 주고 크게 불쌍히 여기며 안락케 하고 편히 머물게 하려는 마음이요, 가엾이 여기고 거두어 주며 지켜주는 마음이요, 내 몸과 같이 여기고 스승 같이 여기며 도사 같이 여기는 마음이다.

불자여, 이 보살이 마땅히 열 가지 법을 배우길 권하니, 이른바 외우고 익혀 많이 알고, 한가히 고요하며, 선지식을 친근하고, 화평하며 기쁘게 말하고, 말할 때를 알며, 두려움이 없고, 이치를 잘 알며, 법답게 수행하고, 어리석음을 멀리 여의며, 안주하여 흔들리지 않는 것이다.

왜냐하면 보살들로 하여금 중생에 대하여 대비심을 키우고, 법을 듣고는 스스로 깨쳐 남의 가르침을 말미암지 않게 하려는 때문이다."

하는 말이 화평하여 거칠지 않고
말할 때를 알아 두려움 없으며
뜻을 깨쳐 여법히 행하고
우매함을 멀리 여의어 움직이지 않네.

제3 수행주

"보살은 열 가지 행으로 온갖 법을 관찰하니, 이른바 온갖 법은 무상하고, 괴로우며, 공하고, '내'가 없으며,[36] 지음이 없고, 맛이 없으며, 이름이 같지 않고, 장소가 없으며, 분별을 여의고, 견실함을 관찰하는 것이다.

불자여, 이 보살이 마땅히 열 가지 법을 배우길 권

하니, 이른바 중생계와 법계·세계·지계·수계·화계·풍계·욕계·색계·무색계를 관찰하는 것이다.

왜냐하면 보살들로 하여금 지혜를 밝히며 법을 듣고는 스스로 깨쳐 남의 가르침을 말미암지 않게 하려 하기 때문이다."

제3 수행주는
마땅히 부처님 가르침대로 관찰하니
온갖 법이 무상하고 괴롭고 공하며
나와 남이 없고 지음도 없네.

제4 바른 가르침에서 존귀함이 생긴 주

"보살은 성인의 교법으로부터 나서 열 가지 법을 이루니, 이른바 영원히 물러나지 않고, 모든 부처님께 깨끗한 신심을 내며, 법을 관찰하고, 중생과 국토와 세계와 업의 행과 과보와 생사와 열반을 능히 안다.

불자여, 이 보살이 마땅히 열 가지 법을 배우길 권하니, 이른바 과거와 미래와 현재의 모든 불법을 분명히 알며, 과거와 미래와 현재의 온갖 불법을 닦아 공덕을 쌓고, 과거와 미래와 현재의 불법을 원만히 하며, 모든 부처님들의 평등을 분명하게 아는 것이다.

왜냐하면 그로 하여금 더욱 발전하고자 하여 삼세에서 마음이 평등하게 하고, 법을 듣고는 스스로 깨쳐 남의 가르침을 말미암지 않게 하려하기 때문이다."

믿음 굳건하여 무너뜨릴 수 없고
적멸한 법 관찰하여 마음이 안주하며
중생들을 따라서 본성이
허망해 진실함이 없음을 아네.

제5 방편을 갖춘 주

"이 보살이 닦는 선근은 온갖 중생을 구호하고, 이롭게 하며, 안락케 하고, 가엾이 여기며, 제도하여 해탈케 하고, 온갖 재난을 여의게 하며, 생사의 고통에서 벗어나게 하고, 깨끗한 신심을 내게 하며, 조복함을 얻게 하고, 열반을 증득케 한다.

불자여, 이 보살이 마땅히 열 가지 법을 배우길 권하니, 이른바 중생의 끝없음을 알고, 중생의 무한함을 알며, 중생이 무수함을 알고, 중생이 부사의함을 알며, 중생의 무한한 몸을 알고, 중생의 헤아릴 수 없음을 알며, 중생의 공함을 알고, 중생의 지음 없음을 알며, 중생이 있지 않음을 알고, 중생의 자성 없음을 아는 것이다.

왜냐하면 그 마음이 더욱 수승하여 물들지 않고, 법을 듣고는 스스로 깨쳐 남의 가르침을 말미암지 않게 하려하기 때문이다."

세상의 온갖 어려움 없애고
삼계에서 끌어내어 환희케 하며
하나 하나 남김없이 조복하여
공덕을 갖추고 열반에 나아가게 하네.

제6 찬불·훼불을 듣고도 동요되지 않는 주

"이 보살은 열 가지 법을 듣고 믿음을 결정하여 흔들리지 않으니, 이른바 부처님이나 법과 보살을 찬탄하거나 훼방함을 듣고도 불법 가운데 마음이 결정되어 흔들리지 않고, 보살의 행하는 법을 찬탄하거나 훼방함을 듣고도 불법에 마음이 굳건하여 흔들리지 않으며, 중생이 무한하거나 무한하지 않음을 듣고도 불법 가운데 마음이 굳건하여 흔들리지 않는다.

불자여, 이 보살이 마땅히 열 가지 법을 배우길 권하니, 이른바 온갖 법이 모양 없고, 본체가 없으며, 닦음이 없고, 온갖 법이 있지 않으며, 진실이 없고, 공하며, 온갖 법이 성품이 없고, 환상 같으며, 꿈과 같고, 분별할 것이 없다.

왜냐하면 그 마음으로 하여금 더더욱 증진하여 불퇴전의 무생법인[37]을 얻게 하고, 법을 듣고는 스스로 깨쳐 남의 가르침을 말미암지 않게 하려하기 때문이다."

온갖 법 모습 없고 자체도 없어
성품 없고 공하여 진실치 않으며
환상과 꿈 같아 분별 떠났으니
이런 뜻 항상 듣기 좋아하네.

제7 부처님의 유무를 듣고도 물러나지 않는 주

"보살은 열 가지 법을 듣고 굳건하여 물러서지 않으니, 이른바 부처님과 법과 보살이 있다 없다 함을 듣고도 불법 가운데서 마음이 물러서지 않고, 보살행이 있다 없다 함을 듣고도 불법 가운데서 마음이 물러서지 않으며, 보살이 수행에서 벗어난다 못한다 함을 듣고도 불법 가운데서 마음이 물러서지 않고, 과거와 현재·미래 부처님의 유무를 듣고도 불법 가운데서 마음이 물러서지 않으며, 부처님의 지혜는 다함이 있거나 없거나 함을 듣고도 불법 가운데서 마음이 물러서지 않고, 삼세가 한 모양이거나 아니거나 함을 듣고도 불법 가운데서 마음이 물러서지 않는다.

불자여, 이 보살이 마땅히 열 가지 광대한 법을 배

우길 권하니, 이른바 하나가 곧 많은 것이요, 많은 것이 곧 하나며, 글이 뜻을 따르고, 뜻이 글을 따르며, 있지 않은 것이 곧 있는 것이고, 있는 것이 곧 있지 않은 것이요, 상 없는 것이 곧 상이며, 상이 곧 상 없는 것이고, 성품 없는 것이 곧 성품이며, 성품이 곧 성품 없는 것이다.

왜냐하면 그로 하여금 더 나아가서 온갖 법을 잘 여의고, 법을 듣고는 스스로 깨쳐 남의 가르침을 말미암지 않게 하려하기 때문이다.”

제7 불퇴주는
부처님과 법과 보살행이
있건 없건 벗어나지 못함을
비록 들어도 물러나지 않네.

제8 삼업이 순진한 동자와 같이 되는 주
“이 보살은 열 가지 업에 머무니 이른바 몸과 말과 뜻으로 행함이 잘못됨이 없고, 뜻대로 생을 받아 중생들의 갖가지 욕망과 이해 · 경계를 알며, 갖가지

업·세계의 이루어짐과 무너짐을 알고, 신통이 자재해서 다님에 걸림이 없다.

불자여, 이 보살이 마땅히 열 가지 법을 배우길 권하니, 이른바 모든 불국토를 알고, 움직이며, 지니고, 관찰하며, 온갖 불국토에 나아가고, 무수한 세계에 노닐며, 무수한 불법을 받고, 자재하게 변화하는 몸을 나타내며, 광대하게 널리 미치는 음성을 내고, 일 찰나에 무수한 부처님께 시중을 들고 공양한다.

왜냐하면 그로 하여금 더 나아가서 모든 법에 정교한 방편을 얻고, 법을 듣고는 스스로 깨쳐 남의 가르침을 말미암지 않게 하려하기 때문이다."

중생들의 마음에 좋아함과
갖가지 이해의 차별과
온갖 법과 시방국토의
이루어지고 무너짐을 모두 다 아네.

제9 모든 법에 막힘 없는 지혜를 얻는 주

"이 보살은 열 가지 법을 잘 아니, 이른바 중생들이 태어남과 온갖 번뇌의 일어남과 습기가 계속됨을 잘 알고, 행할 방편과 무한한 법과 위의를 잘 알며, 세계의 차별과 전후의 일을 잘 알고, 세간법과 제일의제를 연설할 줄 안다.

불자여, 이 보살이 마땅히 열 가지 법을 배우길 권하니, 이른바 법왕처의 정교한 방편과 규범과 궁전과 들어감과 관찰함과 법왕의 관정과 법왕의 힘으로 유지함과 법왕의 두려움 없음과 법왕의 편히 잠듦과 법왕을 찬탄하는 것이다.

왜냐하면 그로 하여금 더 나아가서 마음에 막힘 없고 법을 듣고는 스스로 깨쳐 남의 가르침을 말미암지 않게 하려는 때문이다."

제9 법왕자주는
중생들이 태어나는 차별을 잘 살피며
번뇌와 현행, 습기 알지 못함 없고
행하는 방편 모두 잘 아네.

제10 관정식[38]으로 왕위에 오름과 같은 지혜 주

"보살은 열 가지 지혜를 이루니, 이른바 무수한 세계를 진동하고, 무수한 세계를 밝게 비추며, 무수한 세계에 머물고, 무수한 세계에 나아가며, 무수한 세계를 깨끗이 장엄하고, 무수한 중생에게 열어 보이고, 무수한 중생을 관찰하며, 무수한 중생들의 근기를 알고, 무수한 중생들이 들어가게 하며, 무수한 중생들을 조복하게 한다.

불자여, 이 보살이 마땅히 모든 부처님의 열 가지 지혜를 배우길 권하니, 이른바 삼세의 지혜와 불법의 지혜와 법계의 막힘 없는 지혜와 법계의 끝없는 지혜와 모든 세계에 충만한 지혜와 모든 세계를 두루 비추는 지혜와 세계에 머무는 지혜와 중생들을 아는 지혜와 온갖 법을 아는 지혜와 무한한 부처님을 아는 지혜이다.

왜냐하면 그로 하여금 온갖 지혜가 더 자라게 하고 법을 듣고는 스스로 깨쳐 남의 가르침을 말미암지 않게 하려는 때문이다."

초발심 공덕은 헤아리지 못해
모든 중생 세계에 충만하니
여럿이 함께 말해도 할 수 없거든
하물며 그 나머지 뛰어난 행이겠는가.

16. 범행품

① 이름 풀이

범은 '깨끗함〔淨〕' 이다. 깨끗한 **행**으로써 중생에게 도움을 주니 늘 세간에 거처하면서 온갖 수행 방법으로 중생을 교화하여 유익하게 한다. 위의 '정행품' 과 구별하여 '범행' 이라 했는데, '범' 은 더러움을 여읜 중에 지극하고, 행 가운데 최상의 청정이다.

② 설하는 까닭

십주품은 승·속에 통했으나 지금은 출가 행을 별도로 나타낸다.

앞에서는 부처님의 머무름 없는 문에 머무름을 밝혔고, 여기서는 행함 없는 행을 행한다. 또 머무름 없는 머무름을 부처님의 머무심이라 하고, 행함 없는 행으로 중생 없는 중생을 유익하게 함을 '범행(정행)' 이라 한다.

앞은 정식 지위였고, 지금은 지위를 이루는 행이다.

③ 주제와 취지

지혜와 자비가 둘이 아니며 이치와 현상을 같이 닦아 관함으로써 주제를 삼고, 모든 불법을 힘써 원만케 함으로써 취지를 삼는다. 또한 무념의 정식 행으로써 주제를 삼고, 이루어지는 십주의 지위와 빨리 성불함으로 취지를 삼는다.

정념 천자가 법혜 보살께 "온 세계의 모든 보살들이 부처님 가르침에 의지하여 물든 옷을 입고 출가하였으면, 어떻게 하여야 범행이 청정하게 되고 보살의 지위로부터 위없는 보리의 도에 이릅니까?" 라고 여쭈자 법혜 보살께서 말씀하셨다.

"보살이 범행을 닦을 때에는 마땅히 열 가지 법으로 반연을 삼고 뜻을 내어 관찰하여야 하니, 이른바 몸과 몸의 업·말·말의 업·뜻·뜻의 업·부처님·법·스님과 계율이다. 마땅히 몸이 범행인지 계율이 범행인지 관찰할 것이다.

또한 설법을 들은 뒤에는 대 자비심을 일으킬 것이니, 중생을 관찰하여 버리지 않고 온갖 법을 생각하여 쉬지 않으며, 위없는 업을 행하고도 과보를 구하지 말 것이요, 경계[39]가 환상 같고 꿈 같으며 그림자 같고 메아리 같고 변화와 같음을 분명히 알 것이다.

만약 보살들이 이렇게 관함으로써 서로 응하면 온갖 법에 두 가지 앎을 내지 않아 불법이 빨리 나타나리니, 처음 발심할 때에 최상의 깨달음을 얻을 것이고, 온갖 법이 바로 마음의 성품임을 알 것이며, 지혜의 몸을 이루되 남을 말미암아 깨닫지 않는다."

17. 초발심공덕품

① 이름 풀이
초는 초발심 때 예나 지금이 없는 것을 보는 것이다.
발심은 본래의 깨달음이 안으로 훈습하여 큰 마음이 처음 일어나는 것이다.
공은 영원함을 뛰어넘어, 함이 없이 큰 결과를 이룬 것이다.
덕은 교화로 남을 위해 힘쓰고 대가를 달갑게 구하지 않되, 스스로는 끝없이 묘한 모습의 장엄을 얻는 것이다. 또 복과 지혜가 두루함을 '공' 이라 하고, 현상에 통달치 않음이 없음을 '덕' 이라 하는데, 먼지와 모래알 보다 많기 때문에 '공덕' 이라고 한다. 이는 초발심에 거둔 공덕이지 발심의 모습을 밝힌 것은 아니다.

② 설하는 까닭
앞의 십주품과 범행품에서는 지위와 행을 밝혔고, 지금은 수승한 덕을 나타낸다. 또 범행품 끝에, "초발심 때에 문득 정각을 이룬다"고 했으나 이 마음이 무슨 작용이 있어 그런지 알지 못하였기에 여기서 풀이하는 것이다.

③ 주제와 취지
초발심에 덕을 거둠으로 주제를 삼고, 중생들이 궁구하여 발심케 함으로 취지를 삼는다. 또 초발심에 보현의 덕을 거두어 인과를 갖추고, 분량이 법계와 같음을 드러내는 것이 그 주제다.

법혜 보살께서 제석천왕에게 말씀하셨다.

"불자여, 처음 보리심을 낸 보살의 공덕은 삼세의 모든 부처님과 동등하니, 삼세의 부처님 경계와 같고, 삼세의 부처님 공덕과 같으며, 부처님의 한 몸과 무한한 몸이 궁극적으로 같아, 진실한 지혜를 얻을 것이요, 막 발심할 때에 시방의 부처님께서 함께 칭찬하실 것이며, 내지는 온갖 세계를 진동하고 성불하심을 나타내 보일 것이다."

이 때 시방에 수많은 동명의 법혜 부처님께서 각각 법혜 보살의 앞에 몸을 나타내고 말씀하셨다.

"훌륭하구나. 법혜여, 그대가 지금 이 법을 말하듯이 시방의 모든 부처님께서도 설하시며, 이 법으로 많은 보살들이 보리심을 내어 수기를 주되, 미래에 성불하여 세상에 나거든, 다 청정심 여래라 할 것이요, 각기 다른 세계에 머무를 것이다. 우리는 모두 이 법을 지키고 듣지 못한 이들은 다 듣게 하니 사바세계 사천하의 수미산정[40]에서 이 법으로 중생을 교화함과 같이 시방 세계에서도 이 법을 설한다.

설법하는 이는 같은 '법혜' 이시니 다 부처님의 신력인 때문이요, 세존의 본래 원력인 때문이며, 불법을 나타내 보이기 위한 때문이고, 지혜의 빛으로 널리 비추려는 때문이요, 실다운 뜻을 천명하기 위한 때문이며, 법의 성품을 증득케 하려는 때문이다. 모든 대중을 다 기쁘게 하려는 때문이고, 불법의 인연을 열어 보이고자 하기 때문이요, 모든 부처님의 평등함을 얻기 위한 때문이며, 법계가 둘이 없음을 깨닫게 하려고 이러한 법을 설하신다."

그 때 법혜 보살께서 중생을 이루기 위해 부처님
의 신력을 받아 게송으로 말씀하셨다.

　온갖 불법 알고자 하면
　마땅히 빨리 보리심을 낼지니
　이 마음은 공덕 중에 최고 수승하여
　반드시 부처님의 지혜 얻으리.

　중생의 마음씀 세어서 알고
　먼지 수 같은 국토 또한 그러하며
　허공 끝을 헤아려도
　초발심 공덕은 헤아릴 수 없네.

18. 명법품

① 이름 풀이
명은 지혜다.
법은 경계다.

② 설하는 까닭
앞에서는 해당 지위에서 이루어진 초발심의 수승한 덕을 밝혔고, 지금은 전도를 향한 승진 행을 드러내기 때문이다.

③ 주제와 취지
명법이 같지 않음에 간략히 네 종류가 있으니, 가르침·이치·행·불과를 이른다. 가르침을 찾아 이치를 깨치고 이치를 관하여 행을 일으키며, 행을 이루어 불과를 얻으니 모두 처음은 주제고 뒤는 취지다. 또 이 넷이 모두 주제고 전도의 지위를 이루고 수승한 덕을 이룸으로 취지를 삼는다.

법혜 보살께서 정진혜 보살에게 말씀하셨다.

"보살이 온갖 것을 아는 지혜를 얻는 마음을 냈으면, 마땅히 어리석음을 여의고 부지런히 수호하여 방일치 말 것이니, 보살이 열 가지 법에 머물면 방일하지 않는다고 한다. 하나는 계율을 지키고, 둘은 어리석음을 여의어 보리심을 청정하게 하며, 셋은 마음이 솔직하고 기만을 여의고, 넷은 부지런히 선근을 닦아 물러나지 않으며, 다섯은 자기가 발심한 것을 늘 잘 생각하고, 여섯은 재가든 출가든 범부를 가까이 하기를 좋아하지 않으며, 일곱은 선업을 닦으면서도 세간의 과보를 구하지 않고, 여덟은 이승을 길이 여의어 보살도를 행하며, 아홉은 온갖 선을 닦아서 단절되지 않게 하고, 열은 스스로 상속하는 힘을 늘 잘 관찰하니 보살이 만약 이 열 가지 법을 행하면 방일[41]하지 않는데 머문다고 한다.

또 열 가지 법이 있어 보살들로 하여금 행이 청정케 하니, 하나는 재물을 다 희사하여 중생들의 뜻을 충족시키고, 둘은 계를 청정하게 지녀 손상시키지 않으며, 셋은 부드럽고 온순하게 인욕하여 다함이 없고, 넷은 부지런히 온갖 행을 닦아 길이 물러나지 않으며, 다섯은 바르게 마음을 챙긴[42] 힘으로 마음이 미혹하여 혼란치 않고, 여섯은 무한한 법을 분별하여 알며, 일곱은 온갖 행을 닦되 집착이 없고, 여덟은 마음이 흔들리지 않음이 큰산과 같으며, 아홉은 중생들을 널리 건지기를 다리와 같이 하고, 열은 중생이 부처님과 동일한 실체요, 동일한 본성임을 아는 것이다.

불자여, 보살이 이러한 원을 만족할 때에 곧 열 가지 무진장을 얻게 되니, 이른바 모든 부처님을 널리 친견하는 무진장과 다 지녀 잊지 않는 무진장·온 갖 법을 밝게 깨닫는 무진장·대비로 건지는 무진 장·갖가지 삼매 무진장·중생심을 만족시키는 광 대한 복덕 무진장·모든 법을 연설하는 심원한 지 혜 무진장·과보로 신통을 얻는 무진장·무한한 겁 에 머무는 무진장과 끝없는 세계에 들어가는 무진 장이다."

19. 승야마천궁품

① 이름 풀이
승은 위로 나아가는 것이다.

야마는 '시천' 또는 '즐김[戲樂]'이라고 한다.

천은 밝음이다.

② 설하는 까닭

야마천궁회의 네 품을 셋으로 나누면 처음 승야마천궁품·야마궁중게찬품은 야마천궁회의 유치요, 다음 십행품은 정종이며, 뒤의 십무진장품은 전도를 향한 승진이다.

'명법품'은 앞의 도리천회 십주의 절정이었고 '승야마천궁품'은 이 회의 유치이니 인접한 순서대로 왔다. 또 명법품의 이해가 깊어져 행에 들어갔기 때문이다.

③ 주제와 취지

장소를 장엄하고 부처님의 감응이 이르시길 청한다.

그 때 부처님께서는 모든 보리수 아래와 수미산 정상을 떠나지 않고 야마천궁의 보배로 장엄한 궁전으로 향하시니, 야마천왕은 멀리서 부처님께서 오심을 보고 곧 신력으로써 전각 안에 '보배 연꽃 창고 사자좌'를 변화로 만들고 숱한 장엄을 다하여 모셨다.

부처님께서 청을 받으시고 보배 궁전에 오르시니, 온갖 시방에서도 마찬가지요, 이 세계의 야마천왕이 부처님의 신력을 받아 옛날의 모든 부처님 공덕을 생각하며 찬탄함과 같이 시방 세계의 야마천왕들도 다 마찬가지였다.

　그 때 세존께서 마니로 장엄한 궁전에 드시어 보배 연화장 사자좌에서 결가부좌하시니, 그 전각이 홀연히 넓어져서 하늘 대중이 머무는 곳과 같았으며,시방 세계도 마찬가지였다.

20. 야마궁중게찬품

① 이름 풀이

야마궁중게찬품은 야마천궁에 올라서 십행 법을 설하여 밝힌다. 공덕림 등의 열 보살이 각기 해당 지위 행의 게송으로써 법을 찬탄하신다.

② 설하는 까닭

십행 법을 설하고자 함에 먼저 마땅히 게송으로 십행 중의 인과 법문을 전부 찬탄하여 밝힌다. 만약 행해지는 인과를 먼저 들지 않으면 십행이 무엇에 의해 이루어지겠는가?

③ 주제와 취지

주제와 취지 또한 앞〔승수미산정게찬품〕과 다르지 않되 장소와 행에 의해서 조금 차별이 있다.

부처님의 신력으로 시방에 각기 대 보살들이 계셨으니, 공덕림과 혜림 등의 보살들이고 그들이 떠나온 국토는 친혜와 당혜 세계 등이었으며, 각기 부처님 처소에서 범행을 청정하게 닦았으니, 상주안·무승안 등의 부처님이시다.

여러 보살들은 부처님께 이르러 절하고, 떠나온 곳을 따라 제각기 '마니를 갈무리한 사자좌'를 변화로 만들어 그 위에서 결가부좌하였으니, 이 세계의 야마천에 보살들이 모임과 같이, 모든 세계에서도 다 마찬가지였고, 그 보살들의 세계와 부처님의 명호도 다 같아서 구별이 없었다.

그 때 세존께서 두 발등으로 백천억 아름다운 광명을 놓아 시방 세계를 두루 비추시니, 야마천궁의 부처님과 대중들이 모두 나타나지 않음이 없었는데, 공덕림과 혜림 등의 보살들이 각기 부처님의 신력을 받아 시방을 두루 관찰하고 게송을 설하여 말씀하셨다.

온갖 법이 온 곳도 없고
지은 이도 없으며
어디로부터 난 곳도 없으니
분별할 수 없네.

무한하고 무수한 겁 동안
이 법은 아주 만나기 어려우니
만약 누군가 듣는다면
마땅히 본래의 원력인 줄 알라.

산수법
하나씩 더하여 무한하니

셈하는 법이 자기 성품이 없거늘
지혜로 차별을 내네.

세간은 스스로 짓는 것도
남이 짓는 것도 아니되
이루어짐이 있음에
또한 다시 무너짐도 있네.

마음은 화가와 같아
능히 온갖 세간 그리니
오온이 이로부터 생겨
짓지 못하는 법 없네.

마음이 몸에 있지 않으며
몸 또한 마음에 있지 않되
능히 불사를 지으니
자재함이 일찍이 없던 일이네.

만일 누군가

삼세의 부처님을 알고자하면
마땅히 법계의 성품 모든 것이
마음의 조작임을 관할 것이다.

말하지 않을 것을 말하면
이는 스스로 속임이니
자기 일을 이루지 못하고
남을 기쁘게 할 수 없네.

21. 십행품

① 이름 풀이

십은 제 15 십주품의 이름 풀이 참조.

행은 연을 따르고 이치를 따라 수행해 진보함을 이르니, 정식으로 열 가지 행의 부문을 설한다.

② 설하는 까닭

앞의 두〔승야마천궁과 야마천궁게찬〕품은 찬탄함을 밝혔고, 이 품에서 정식으로 십행문을 설한다. 앞의 십주는 수미산 정상에 의지했지만, 이는 허공을 의지하여 행해짐을 밝히니 행의 집착 없음을 드러내는 것이다.

승야마천궁품과 야마궁중게찬품에서 서분은 이미 드러났고, 정종분이 마땅히 나타나야 하기 때문이다. 또 앞서 대중이 이미 모였으면 다음으로 정식 설법이 있어야 하기 때문이다.

③ 주제와 취지

수행한 바탕과 지위로써 주제를 삼는다.

공덕림 보살이 부처님의 신력을 받아 '보살의 잘 생각하는 삼매'에 들자, 시방 세계 밖에서 동명의 공덕림 부처님들께서 앞에 나타나시어 말씀하셨다.

"훌륭하구나. 불자여, 능히 '잘 생각하는 삼매'에 들었도다. 선남자여, 이는 시방의 수많은 동명 부처님들께서 함께 가피하심이고, 비로자나불의 옛날 서원력[43]과 보살들의 선근력으로써 그대가 이 삼매에 들어 설법케 하려는 것이니, 마땅히 부처님의 신력을 받아 이 법을 연설하라."

그 때 여러 부처님께서 각각 오른손을 내밀어 공

덕림 보살의 머리 위를 만지자 공덕림 보살이 삼매로부터 나와 말하였다.

"보살의 열 가지 행은 삼세 부처님의 말씀이시니, 첫째는 기뻐하는 행이요, 둘째는 유익한 행이며, 셋째는 어기지 않는 행이요, 넷째는 굽히지 않는 행이고, 다섯째는 어리석음과 산란을 여의는 행이요, 여섯째는 잘 나타나는 행이며, 일곱째는 집착없는 행이고, 여덟째는 얻기 어려운 행이며, 아홉째는 법을 잘 말하는 행이요, 열째는 진실한 행이다."

제1 기뻐하는 행 : 보시바라밀을 닦다

"이 보살은 대 시주가 되어 소유물을 다 보시하는데, 마음이 평등하여 후회하거나 아낌이 없고, 과보를 바라지 않으며, 명예를 구하지 않고, 이익을 탐내지도 않는다.

보살이 이 행을 닦을 때는 중생들을 기쁘고 즐겁게 하려 하고, 어디든 빈곤한 곳이 있으면 원력으로써 거기에 태어나되 부유하여 재물이 한정 없으며, 시시각각 무한하고 무수한 중생들이 보살에게 와서 말하되 '선하신 이여, 저희가 매우 빈곤하여 끼니를 이을 수 없고 가난에 굶주려 명을 보전할 수 없으니, 부디 저희에게 육신을 보시하여 목숨을 잇게 하소서'라고 한다면, 보살이 바로 보시하여 쾌히 만족케 한다. 이 같이 무한한 중생이 와서 구걸하더라도 보살은 피하지 않고 다만 자비심을 키우는데, 중생들이 모두 와서 구걸함을 보고는 배나 기뻐하여 이렇게 생각한다.

'좋은 이익을 얻었구나. 이 중생들은 복밭이요, 선우[44]로 청하지 않아도 와서 나를 불법에 들게 하니, 내가 지금 마땅히 이 같이 닦아서 중생들의 마음을 어기지 않으리' 라고 한다.

또 생각하기를 '원컨대 이미 지었거나 현재 짓거나 장차 지을 선근으로써, 미래 모든 세계의 중생 가운데서 아주 큰 몸을 받아 그 육신으로써 주린 중생들의 배를 채우되, 한 조그만 중생이라도 배부르지 못하면 신명을 버리지 않을 것이다' 고 한다.

그 때 보살은 삼세의 중생들이 받은 몸이 무너짐을 보고, 문득 생각하길 '기이하다 중생이여, 어리석고 무지하여 생사에서 무수한 몸을 받았지만, 부서지기 쉬워 머물지 못하고 속히 없어지며, 이미 없어졌거나 지금 없어지거나 장차 없어질 것이되 능히 견고하지 못한 몸으로써 견고한 몸을 구하지 못하는구나. 내가 마땅히 부처님의 배우심을 다 배우고, 온갖 것을 아는 지혜를 깨쳐 모든 법을 알 것이요, 중생들을 위하여 삼세가 평등하고 수순하여 적정하며 무너지지 않는 법을 설하여 길이 안락함을 얻게 하리라'고 하니 이것이 보살의 첫째 기뻐하는 행이다."

제2 유익한 행 : 지계바라밀을 닦다

"이 보살은 청정한 계를 지녀서 색과 소리와 향기와 맛과 감촉에 대하여 집착하지 않고, 권력과 부귀영화를 구하지도 않으며, 다만 생각하기를 '청정한 계를 지켜 반드시 온갖 얽힘을 버리고 부처님께서 찬탄하시는 평등한 정법을 얻으리라'고 한다.

보살은 탐욕으로 인하여서는 한 중생도 괴롭히지 않는데, 차라리 목숨을 버릴지언정 끝내 중생을 괴롭히는 일을 하지 않으니, 부처님을 친견한 뒤로 일찍이 한 생각도 탐욕을 내지 않았는데, 하물며 그렇게 하겠는가. 혹시도 그런 일은 있을 수 없다.

그 때 보살이 이러한 생각을 하되, '중생들이 오랜 기간 오욕락[45]에 탐착하면서, 그 마음에 물들고 빠져서 헤매어 자재하지 못하니, 내 지금 마땅히 모든 중생을 위없는 계율에 머물게 하리다. 청정한 계에 머문 뒤에는 온갖 것을 아는 지혜로 최상의 깨달음을 얻게 하여 무여 열반에 들게 하리니, 왜냐하면 이는 마땅히 행할 일이므로 모든 부처님을 따라서 이같이 닦으리라' 고 한다.

이렇게 배우고는 온갖 나쁜 행위와 아집의 무지를 여의고, 지혜로 불법에 들어가서 중생에게 설법하여 뒤바뀐 생각을 버리게 하지만, 중생을 떠나 전도[46]가 있지도 않고, 전도를 여의고 중생이 있지도 않으며, 전도 안에 중생이 있지도 않고 중생 속에 전도가 있지도 않다.

모든 법은 허망하고 진실하지 못하여 금방 일어났다 없어지는 것이요, 견고하지 못함이 꿈과 그림자와 환상과 신통 변화와 같아서 어리석은 이를 속이는 것인데, 이렇게 알면 곧 온갖 행을 깨달아 생사와 열반을 통달하고 부처님의 보리를 얻어 나와 남을 건지고 번뇌를 없애 열반케 하니, 이것이 보살의 둘째 유익한 행이다."

제3 어기지 않는 행 : 인욕바라밀을 닦다

"이 보살은 항상 인욕을 닦아 하심하고 공경하여 나와 남을 해치지 않으며 둘 다 해치지 않으니, 극심한 고초를 만나 털끝이 쭈뼛하고 명이 장차 끊어지려 해도 이러한 생각을 한다. '내가 이만한 고통으로 인하여 마음이 흔들리면 스스로 조복하지 못하고 분명히 알지 못하며, 스스로 바르게 정하지도 못하여 집착을 낼 것이니 어찌 능히 남의 마음을 청정케 하겠는가.'

또 다시 생각하되 '이 몸은 헛되어 나와 내 것이 없고 진실이 없으며 성품이 공하여 둘이 없고, 고락이 모두 있지 않으니 온갖 법이 공함을 내가 마땅히 통달하여 널리 사람들에게 말함으로써 중생들이 이런 소견을 없애게 하리요, 이 때문에 비록 모진 고초를 당하여도 마땅히 참아야 할 것이다'고 한다.

그것은 중생을 염려하고 이롭게 하며 편하게 하기 위해서이니, 나와 남을 깨닫기 위해서이고, 마음이 물러나지 않기 위해서이며, 불도를 향해 나아가기 위해서인데, 이것을 보살의 셋째 어기지 않는 행이라 한다."

제4 굽히지 않는 행 : 정진바라밀을 닦다

"이 보살은 오직 온갖 번뇌를 끊고 악습을 없애기 위하여 정진하니 중생들의 세계와 여기서 죽어 저기서 나는 것과 번뇌를 알기 위하여 정진하고, 마음에 좋아함과 경계를 알기 위하여 정진하며, 중생들의 근기가 뛰어나건 못하건 오직 중생들의 마음씀을 알기 위하여 정진한다.

보살은 이렇게 행해지는 방편으로 중생들이 무여열반을 끝까지 얻게 하니, 이것이 보살의 넷째 굽히지 않는 행이다."

제5 어리석음과 산란을 없애는 행 : 선정바라밀을 닦다

"이 보살은 바르게 마음을 챙겨 산란하지 않고 무한한 아승지겁에 불·보살과 선지식 처소에서 정법을 듣고는 아승지겁을 지나도록 잊지 않고 마음에 늘 기억하여 끊어짐이 없으며, 갖가지 음성으로도 미혹케 하지 못하니, 극히 사람을 공포케 하는 소리와 기쁘게 하는 소리와 좋거나 나쁜 소리를 듣더라도 잠깐도 마음이 어지럽지 않다.

악업을 짓지 않으므로 악업의 장애가 없고, 번뇌를 일으키지 않으므로 번뇌의 장애가 없으며, 법을 가볍게 여기지 않으므로 법의 장애가 없다.

위에서 설한 소리들이 다 능히 중생들의 심신을 무너뜨려 어지럽게 해도 이 보살의 마음은 무너뜨리지 못하니, 보살은 삼매에 들어 바른 진리에 머물고 온갖 음성을 관찰하고 사유하여, 음성의 나고 머물며 멸하는 모습과 성품을 잘 안다.

이러한 생각을 하되 '내가 마땅히 중생들이 위없이 청정한 생각에 안주하여 온갖 것을 아는 지혜에서 물러나지 않고 구경[47]에 무여 열반을 이루게 하리라' 고 하니, 이것이 보살의 다섯째 어리석음과 산란을 없애는 행이다."

제6 잘 나타나는 행 : 반야바라밀을 닦다

"이 보살은 불법이 세간법과 다르지 않고, 세간법이 불법과 다르지 않으며, 불법과 세간법이 섞이지 않고, 차별도 없음을 알며, 법계의 자체 성품이 평등함을 분명히 알아 두루 삼세에 들어간다.

이 때 생각하기를 '내가 중생을 성숙시키지 않으면 누가 성숙시키고, 내가 조복하지 않으면 누가 조복하며, 내가 교화하지 않으면 누가 마땅히 교화하고, 내가 깨우치지 않으면 누가 깨우치며, 내가 청정케 하지 않으면 누가 청정케 하겠는가. 이는 내가 마땅히 해야하리라' 고 한다.

또 생각하기를 '만약 혼자 깊은 법을 알면 오직 나 혼자 최상의 깨달음을 얻어 해탈할 것이고, 많은 사람들은 어둡고 험난한 길에 들어갈 것이며, 온갖 번뇌에 얽매여 중환자의 고통을 받을 것이요, 탐애의 감옥에 들어가 스스로 나오지 못할 것이고, 지옥·

아귀·축생의 고통을 없애지 못하며, 악업을 버리지 못할 것이요, 항상 어리석은 어두움에 있으면서 진실을 보지 못하고 생사에 윤회하여 벗어나지 못할 것이며, 팔난[48]에 있으면서 더러움에 물들고 갖가지 번뇌가 마음을 가리워서 삿된 소견에 미혹하여 정도를 행하지 못할 것이다' 고 한다.

보살이 중생을 관찰하고는 이렇게 생각하는데, '이 중생들이 미숙하고 조복되지 못함을 버려 두고 최상의 깨달음을 증득하는 것은 할 짓이 못 되니 마땅히 먼저 저 중생들을 교화하여 말로 할 수 없이 말로 할 수 없는 겁 동안 보살행을 행하되, 미숙한 이를 먼저 성숙케 하고 조복되지 못한 이를 먼저 조복케 하리라' 고 한다.

보살이 잘 나타나는 행에 머무를 때에 온갖 무리들이 만나거나, 잠깐 귀로 듣거나, 마음에 한 번 스치기만 하여도 헛되지 않아 반드시 최상의 깨달음을 이룰 것이니, 이것이 보살의 여섯째 잘 나타나는 행이다."

제7 집착 없는 행 : 방편바라밀을 닦다

"이 보살이 생각하기를 '마땅히 한 중생을 위하여 시방 세계의 낱낱 국토에서 말로 할 수 없이 말로 할 수 없는 겁을 지나도록 교화하여 성숙케 할 것이니, 한 중생을 위함과 같이 모든 중생들을 위하여서도 다 이렇게 하되, 끝까지 이를 위하고 싫증 내어 버리고 다른 데 가지 않으리다. 또 한 털끝으로 법계에 두루 하기까지, 한 털끝 만한 곳에서도 말로 할 수 없이 말로 할 수 없는 겁이 다하도록 중생들을 교화하고 조복하며, 낱낱 털끝 만한 곳에서도 다 또한 이렇게 하리라' 고 한다.

혹은 손가락 한 번 튕길 동안이라도 '나' 에 집착하여 '나' 와 '내 것' 이란 생각을 일으키지 않으며, 낱낱의 털끝 만한 곳에서 미래 겁이 다하도록 보살행을 닦되 몸과 생각과 중생 등에 집착하지 않고, 다시 법계에 들어가는 것에도 집착하지 않는다.

왜냐하면 보살이 생각하기를 '마땅히 모든 법계가 환상과 같은 줄 관하며, 부처님이 그림자 같고 보살행이 꿈과 같으며 부처님의 설법이 메아리 같은 줄 관한다'고 한다.

보살은 이 같이 몸이 '내'가 없음을 관하고 부처님 친견하기를 막힘 없이 하며, 모든 이들을 구호하되 싫증을 내지 않고, 싫증을 내지 않기에 온갖 세계에서 중생이 조복되지 못한 곳이 있으면 다 거기에 가서 방편으로 교화하여 제도하니, 그 가운데 중생이 갖가지 업을 지어 태어나고 죽는 것들을 대원으로 그 속에 안주하여 교화하되, 동요되어 물러나지 않게 하며 잠깐이라도 집착심을 내지 않는다.

왜 그런가 하면 집착도 의지처도 없으므로 나와 남을 이롭게 함이 청정하고 만족하니, 이것이 보살의 일곱째 집착 없는 행이다."

제8 얻기 어려운 행 : 원바라밀을 닦다

"이 보살은 비록 중생이 있지 않음을 알지만 중생세계를 버리지 않으니, 비유하면 뱃사공은 이 쪽 저 쪽 언덕이나 물살의 흐름에 머물지 않으면서, 이 쪽 중생을 건네어 저 쪽 언덕에 이르게 하고 왕래하며 쉬지 않는다. 보살도 마찬가지로 생사와 열반과 생사의 물살에 머물지 않으면서 이 쪽 중생을 건네어 저 쪽 언덕[49]의 편안한 곳에 두지만 수에 집착하지 않고, 한 중생을 버리고 다수 중생들에 집착하지 않으며, 다수 중생들을 버리고 한 중생에 집착하지도 않는다.

왜냐하면 보살이 중생계가 법계와 같은데 깊이 들어가서 중생계와 법계가 둘이 없어서, 둘이 없는 법 가운데 증감도 없고 생멸도 없으며 유무도 없으니 모든 법과 법계가 둘이 없음을 아는 때문이다.

생각하기를 '세간의 중생들이 은혜에 보답할 줄 몰라 서로 원수로 대하고 사견에 집착하여, 탐냄과 애욕과 무명의 갖가지 번뇌가 모두 충만하였으니, 내가 보살행을 닦을 만한 곳이다. 만약 은혜를 알고 총명하여 지혜가 있으며 선지식이 세간에 충만하다면 그 가운데서 보살행을 닦지 않으리니, 왜냐하면 나는 중생에게 대하여 맞고 맞지 않음도 없고, 바람도 없고, 실 한 올 털끝 하나나 칭찬 한 마디도 구하지 않고, 미래가 다하도록 보살행을 닦되 한 생각도 스스로를 위하지 않는다. 다만 중생을 건져서 청정케 하고 길이 벗어나게 하려는 것이다' 고 한다.

왜냐하면 중생의 인도자는 당연히 그래서 구함이 없고, 다만 보살도를 닦아 안락한 피안에 이르러서 최상의 깨달음을 이루게 하려는 것이니 이것이 보살의 여덟째 얻기 어려운 행이다."

제9 법을 잘 말하는 행 : 역바라밀을 닦다

"이 보살은 모든 세간을 위하여 청량한 법의 못이 되어 정법을 지니고 부처님의 종성이 단절되지 않게 한다.

뜻을 갖춘 다라니를 얻었으므로 뜻 변재가 다함이 없고 진실한 법을 깨닫는 다라니를 얻었기에 법 변재가 다함이 없으며, 남을 말미암지 않고 깨닫는 다라니를 얻었으므로 광명 변재가 다함이 없다. 이 보살은 대비가 견고하여 두루 중생을 거두어 삼천대천 세계에서 금색으로 변신하여 불사를 짓되, 중생의 근성과 욕구를 따라 큰 혀로써 한 음성에 무한한 음성을 내어 때맞은 설법으로 기쁘게 하니 이것이 보살의 아홉째 법을 잘 말하는 행이다."

제10 진실한 행 : 지바라밀을 닦다

"이 보살은 제일 가는 진실한 말을 이루어 말처럼 행하고 행한대로 말한다.

'만약 중생들을 위없는 해탈 도에 머물게 하지 못하고 내가 먼저 최상의 깨달음을 이루면 본원에 위배되니, 당연히 할 짓이 못 되므로 반드시 먼저 중생들이 위없는 보리와 무여 열반을 얻게 한 연후에 성불할 것이다. 왜냐하면 중생들이 내게 청해서 마음을 낸 것이 아니고, 내가 스스로 중생을 위한 불청객으로 선근을 만족하여 온갖 것을 아는 지혜를 이루게 하고자 한 때문이다.'

보살은 중생들이 모두 둘에 집착하기에 대비에 안주하여 이와 같은 적멸법을 수행하고, 부처님의 십력을 얻어 인드라망 법계에 들어가 여래의 걸림 없는 해탈을 이루며, 사람 가운데 대장부의 큰 사자후로 두려움 없이 능히 막힘 없는 청정 법륜을 굴리며, 지혜 해탈을 얻어 온갖 세간 경계를 밝게 깨닫고, 생사의 소용돌이를 끊으며 지혜의 큰 바다에 들어가 중생을 위하여 삼세 모든 부처님들의 정법을 지키고 불법 바다 실상의 근저에 도달한다.

　보살이 이 진실한 행에 머물고는, 모든 세간에서 가까이하는 이는 다 깨달아 기쁘고 청정하게 하니 이것이 보살의 열째 진실한 행이다."

22. 십무진장품

① 이름 풀이

십은 제 15 십주품의 이름 풀이 참조.

무진은 한도이다.

장은 쌓는 것이다. 진실로 바탕은 헤아려 나누는 것이 아니고, 행은 다함이 없으며, 생멸하여 바뀜이 없기 때문에 '무진' 이라고 했다. 또 하나가 온갖 것을 거두어 밖이 없는 것을 다 포함하기 때문에 '장(藏)' 이라 하였다. 이는 열 가지 '장' 을 설하기 위해 법을 의지해 이름한 것이다.

② 설하는 까닭

제 2회 초 보광명전 여래명호품 십장의 물음에 대한 답이다.

앞은 정식 지위인 자분의 절정이요, 지금은 더 뛰어나게 전도(십회향)를 향해 승진함을 밝힌다.

제 3회 말 명법품〔십주 → 십행〕의 경우와 같다.

③ 주제와 취지

십무진장으로 주제를 삼고, 앞의 십행을 거두고 뒤의 십회향을 내어 불과를 얻음으로 취지를 삼는다.

　공덕림 보살께서 다시 여러 보살들에게 말씀하시길 "불자여, 보살이 열 가지 장이 있으니 이른바 믿음의 장·지계의 장·속으로 부끄러움의 장·밖으로 부끄러움의 장·많이 들음의 장·보시의 장·지혜의 장·기억의 장·지님의 장·말씀의 장이다" 라고 하셨다.

1. 믿음의 장을 설하다

"이 보살은 모든 법이 공하고, 실체적 모습이 없으며, 원이 없음을 믿으므로 지음이 없고, 무분별하며, 의지함이 없음을 믿으므로 헤아릴 수 없고, 위없으며, 초월하기 어렵고, 남이 없음을 믿는다.

부처님의 지혜에 들어서 끝없고 다함이 없는 믿음을 이루고는 마음이 물러나지 않고 혼란스럽지 않으며 파괴할 수 없고 물듦이 없으니, 항상 근본이 있어서 성인을 따르며 불가에 머물러서 모든 부처님의 종성을 지킨다. 모든 보살의 믿음과 이해를 키우고 부처님의 선근을 따르며 부처님의 방편을 내니 이것을 보살의 믿음의 장이라 한다. 믿음의 장에 머물러서는 능히 모든 불법을 듣고 지녀서 중생을 위해 설하여 다 깨치게 한다."

2. 지계의 장을 설하다

"이 보살은 널리 이롭게 하는 계와 수용하지 않는 계·머물지 않는 계·후회하지 않는 계·싸우지 않는 계·괴롭히지 않는 계·잡스럽지 않은 계·탐하여 구함이 없는 계·허물이 없는 계와 훼범치 않는 계를 이룬다.

널리 이롭게 하는 계는 이 보살이 청정한 계를 지킴이 본래 중생을 이롭게 하기 위한 것이며, 받지 않는 계는 외도[50]의 계를 받지 않고 성품이 스스로 정진하여 삼세의 모든 부처님들의 평등하고 청정한 계를 받들어 지니는 것이다.

머물지 않는 계는 계를 지킬 때 마음이 욕계·색계·무색계에 머물지 않으니 그 곳에 나기 위해서 계를 지킴이 아니기 때문이며, 후회하지 않는 계는 항상 후회함이 없는 마음에 안주하니 중죄를 짓지 않으며 아첨과 거짓을 행하지 않고 청정한 계를 깨지 않기 때문이다.

어기지 않는 계는 먼저 제정한 것을 어기지 않고 다시 만들지 않으니, 마음이 늘 따라서 열반 계율을 향하며 구족히 수지하여 훼범함이 없고, 계를 지킴으로써 다른 중생을 불쾌하게 하여 괴롭히지 않고, 다만 쾌히 계를 지키길 원한다.

괴롭히지 않는 계는 계로 인하여 여러 가지 주술

116

을 배우고 약을 조제하여 중생을 괴롭히지 않고, 다만 중생을 건지기 위해서 계를 지키며, 잡스럽지 않는 계는 치우친 견해에 집착하지 않고, 잡스런 계를 지키지 않으며, 다만 연기를 관찰하여 벗어나는 계를 지킨다.

탐하여 구함이 없는 계는 다른 모습을 나타내어서 자기에게 덕이 있음을 드러내지 않고, 다만 벗어나는 법을 만족시키기 위한 까닭에 계를 지키며, 허물이 없는 계는 스스로 자랑하여 계를 지킨다고 하지 않고, 파계한 자를 보고도 또한 업신여겨 창피를 주지 않으며, 다만 그 마음을 한결같이 해서 계를 지킨다.

훼범치 않는 계는 길이 살생과 도둑질과 사음과 거짓말과 이간질과 악한 말과 무의미한 말과 탐냄과 성냄과 사견을 끊고 열 가지 선한 업을 갖추어 지키니, 보살이 훼범치 않는 계를 지킬 때, '중생이 청정한 계를 훼범함은 다 거꾸로 된 때문이다. 오직 부처님만이 중생이 무슨 인연으로 거꾸로 되어 청정한 계를 훼범하는 지를 잘 아시므로 나는 마땅히 위없는 보리를 이루고 널리 중생을 위하여 진실한 법을 설해서 거꾸로 된 것을 여의게 하리라'고 하니 이것이 보살의 제2 지계의 장이다."

3. 속으로 부끄러움의 장을 설하다

"이 보살은 과거에 지은 온갖 악을 기억해서 속으로 부끄러움을 내니, 마음에 스스로 생각하되 '끝없는 옛날부터 중생들과 서로 부모형제와 남녀가 되고도 탐내며 성내고 어리석어 서로 해치고 업신여기며, 간음하고 살생하여 저지르지 않은 악이 없었고, 서로 공경하지도 순종하지도 않았으며, 서로 겸손하지도 이끌어 주지도 않아 원수가 되었다.

이를 삼세의 모든 부처님들께서 다 알아보지 않으심이 없으니, 이제 만약 속으로 부끄러움을 모르는 행을 끊지 않으면 심히 불가하므로 나는 마땅히 전심으로 끊어 없애고 최상의 깨달음을 얻어 널리 중생을 위하여 진실한 법을 설하리라'고 하니 이것이 보살의 제3 속으로 부끄러움의 장이다."

4. 밖으로 부끄러움의 장을 설하다

"이 보살은 스스로 밖으로 부끄러워하기를 '옛날부터 오욕락을 탐하여 만족할 줄을 몰라 그로 인해 탐내고 성내어 어리석은 온갖 번뇌를 키웠으니 내 이제 다시는 그렇게 하지 않으리라'고 한다.

또 생각하기를 '중생들이 무지하여 온갖 번뇌를 일으켜 악법을 행하고 서로 존중하지 않고, 그러다가 더더욱 원수가 되어 이와 같은 악을 저지르지 않음이 없고 저지르고 나서는 칭찬을 바란다.

어머니 뱃속에서 태어나 더러운 몸을 받고 끝내는 백발로 얼굴이 쭈그러지게 되는데 지혜 있는 이가 이를 보고는, '이는 음욕으로 생기는 부정한 법이므로 삼세의 부처님들께서 다 알고 보시는데 만약 내가 지금 저지른다면 삼세 부처님들을 속이는 것이다. 그러므로 마땅히 밖으로 부끄러운 행을 닦아서 최상의 깨달음을 빨리 이루고 널리 중생을 위하여 진실한 법을 설하리라'고 하니 이것이 보살의 제4 밖으로 부끄러움의 장이다."

5. 많이 들음의 장을 설하다

"이 보살은 이것이 있기에 이것이 있고, 이것이 없기에 이것도 없으며, 이것이 일어난 때문에 이것이 일어나고, 이것이 없어진 때문에 이것도 없어짐을 안다.

이것이 있기에 이것이 있음은 무명이 있음으로 행이 있는 것이고, 이것이 없기에 이것이 없음은 식이 없으므로 심신이 없는 것이며, 이것이 일어난 때문에 이것이 일어남은 애착이 일어난 때문에 괴로움이 일어나는 것이고, 이 일이 없어진 때문에 이 일이 없어짐은 유가 없어지므로 생이 없어지는 것이다.'

보살이 이러한 생각을 하되 '중생들이 생사에서 많이 듣지 못하여 모든 법을 분명히 알지 못하는데, 내가 마땅히 뜻을 내어 많이 들음의 장을 가져서 최상의 깨달음을 얻고 많은 중생들을 위해서 진실한 법을 설하리라' 고 하니 이것이 보살 마하살의 제5 많이 들음의 장이다."

6. 보시의 장을 설하다

"이 보살은 열 가지 보시를 행하는데, 이른바 부분 보시·전부 보시·안 보시·바깥 보시·안팎 보시·모든 보시·과거 보시·미래 보시·현재 보시·구경의 보시로, 보살의 제6 보시의 장이다."

7. 지혜의 장을 설하다

"이 보살은 보살을 사실대로 알고, 보살법을 사실대로 알며, 보살 열반을 사실대로 아니, 어떻게 아는가 하면 업보와 온갖 행의 인연으로 지음을 알며, 모든 것이 헛되어 공하고 진실 됨이 없음을 알고 '나'도 아니고 견고함도 아니며 조금도 성립될 것이 없음을 아니, 이것이 보살의 제7 지혜의 장이다."

8. 기억의 장을 설하다

"이 보살은 어리석음을 멀리하여 구족하게 기억함이 열 가지가 있으니, 이른바 평안한 기억·맑은 기억·흐리지 않은 기억·명철한 기억·더럽고 추악함을 여읜 기억·갖가지 더러움을 여읜 기억·번뇌를 여읜 기억 · 광명이 빛나는 기억 · 사랑스러운 기억 · 막힘이 없는 기억이다.

보살이 이 기억에 머문 때에는 모든 세간이 요란하지 않고, 온갖 외도의 이론이 변동치 못하며, 지난 세상의 선근이 다 청정하여지며, 온갖 세간 법에 물들지 않고, 악마와 외도가 무너뜨리지 못하며, 몸을 바꿔 태어나도 잊지 않고, 과거 · 현재 · 미래에 설법함이 다하지 않는다. 모든 세계에서 중생들과 같이 있어도 허물이 없고, 부처님 회상[51]에 들어감에 장애가 없으며, 부처님들의 처소에서 다 가까이하니, 이것을 보살의 제8 기억의 장이라 한다."

9. 지님의 장을 설하다

"이 보살은 모든 부처님께서 설하신 수다라의 글귀와 뜻을 지니고 잊지 않는데 일생에 지니고, 내지 말로 할 수 없이 말로 할 수 없는 생에 지니며, 한 부처님 명호와 내지 말로 할 수 없이 말로 할 수 없는 부처님 명호를 지니고, 한 겁의 수와 내지 말로 할 수 없이 말로 할 수 없는 겁의 수를 지니며, 한 부처님의 수기와 내지 말로 할 수 없이 말로 할 수 없는 부처님의 수기를 지닌다. 한 수다라와 내지 말로 할 수 없이 말로 할 수 없는 수다라를 지니고, 한 회상과 내지 말로 할 수 없이 말로 할 수 없는 회상을 지니며, 한 법을 연설함과 내지 말로 할 수 없이 말로 할 수 없는 법을 연설함을 지니고, 한 삼매의 갖가지 성품과 내지 말로 할 수 없이 말로 할 수 없는 삼매의 갖가지 성품을 지니니, 이것이 보살의 제9 지님의 장이다."

10. 말씀의 장을 설하다

"이 보살은 깊은 지혜가 있어 실상을 분명히 알고 널리 중생을 위해 설법함에 모든 경전을 어기지 않으며, 한 품의 법을 설하고 내지 말로 할 수 없이 말로 할 수 없는 품의 법을 설하고, 한 부처님의 명호를 설하며 내지 말로 할 수 없이 말로 할 수 없는 부처님의 명호를 설한다. 이 같이 한 부처님의 수기를 설하고 한 수다라를 설하며, 한 법을 설하고 한 근기의 무한한 갖가지 성품을 설하고, 한 삼매의 무한한 갖가지 성품을 설하며, 내지 말로 할 수 없이 말로 할 수 없는 삼매의 무한한 갖가지 성품을 설하니, 혹 하루나 보름·한 달, 혹 백 년·천 년 내지 말로 할 수 없이 말로 할 수 없는 겁 동안 설하는데, 겁의 수효는 다할 수 있더라도 하나 하나 글귀의 이치는 다할 수 없다.

무슨 까닭인가? 이 보살은 열 가지 무진장을 이룬 때문이요, 온 허공과 법계에 두루하는 끝없는 몸을 이룬 때문이니, 이것이 보살 마하살의 제10 말씀의 장이다.

이 열 가지 무진장에는 열 가지 다함없는 법이 있어 모든 보살들로 하여금 구경에는 위없는 보리를 이루게 하니, 무엇이 열 가지인가?

많은 중생을 이롭게 하고, 본원을 잘 회향하며, 모든 겁에 단절되지 않게 하고, 온 허공계를 다 깨우쳐서 마음에 제한이 없으며, 유위[52]에 회향하되 집착하지 않고, 일념의 경계에 모든 법이 다함없으며, 대원이 바뀌지 않고, 모든 다라니를 잘 거두며, 부처님들께서 지켜주시고, 온갖 법이 다 환상과 같음을 안다.

　이것이 열 가지 다함없는 법이니, 능히 모든 세간에서 짓는 것을 다 이루게 하는 큰 무진장이다."

23. 승도솔천궁품

① 이름 풀이

승은 부처님께서 법계의 몸으로써 일어나지 않고 응하시니, 승천하여 도달하고, 중생의 근성에 적합하게 작용을 일으키신다.

도솔천은 '쾌히 족함을 아는 하늘〔樂知足天〕' 이다.

② 설하는 까닭

설법하려고 하면 먼저 그 의지처를 드러내야 한다. 또 앞의 야마천궁회는 이미 끝났고, 전도로 향한 처음이 된다.

③ 주제와 취지

천상에 올라가 감응함으로써 주제를 삼고, 회향을 설함으로 취지를 삼는다.

부처님께서는 다시 신력으로 이 보리수 아래와 수미산 정상과 야마천궁을 떠나지 않고 도솔천으로 가시어 온갖 절묘한 보배로 장엄한 궁전으로 향하시니, 도솔천왕이 멀리 부처님께서 오심을 보고 궁전에 마니장 사자좌를 마련하여 갖가지로 장엄하고 존중심을 내어 십만억 아승지 도솔천자들과 더불어 무한한 공양구를 마련하여 합장하고 말씀드렸다.

"잘 오십니다. 부처님이시여, 부디 이 궁전에 머무르십시오."

부처님께서는 스스로 장엄하고 대 위덕을 갖추시어, 중생들을 기쁘게 하기 위해 천왕의 청을 거두어 온갖 보배로 장엄한 궁전에 들어가시니, 이 세계와 같이 시방 세계에서도 마찬가지다.

그 때 도솔천궁의 음악으로 찬탄함이 치성하여 쉬지 않고, 부처님의 신력으로써 도솔천왕의 마음이 혼란스럽지 않았으니, 옛날의 선근이 다 원만하여지고 청정한 신심이 늘어나 대 정진을 일으키고 환희심을 내었으며, 마음가짐을 깨끗이 하여 보리심을 내었고 법을 끊임없이 생각하여 잊지 않았다.

부처님께서는 온갖 보배로 장엄한 궁전의 마니보장 사자좌에서 결가부좌 하시고, 이 자리에 앉으심에 그 궁전에서 무한히 아름다워 하늘 보다 뛰어난 공양구로 부처님께 공양하니, 시방의 모든 도솔천에서도 다 또한 이와 같았다.

24. 도솔궁중게찬품

금강당 등 열 보살이 각각 다른 부처님 세계로부터 와서 **도솔궁중** 여래의 처소에 이르러 각기 묘한 보배 사자좌를 변화로 만들어 마쳤다. 그리고는 각각 십회향의 인과 법문을 밝히고 게송으로 **찬탄**한다. 다른 부처님 세계란 십행으로부터 와서 십회향에 들어가는 것이다.

앞서 교화주의 감응을 밝혔는데, 지금은 교화 보조의 찬양을 밝히고 십회향 중의 인과 법문을 이루고자 하기 때문이다.

대중을 모아 방광하여 게송으로 찬탄함으로써 주제를 삼고, 회향을 설함으로 취지를 삼는다.

부처님의 신력으로 시방에 금강당 등 대 보살이 저마다 많은 보살들과 함께 묘보 세계 등으로부터 부처님 처소에 이르러 절하고 부처님의 신력으로 묘보장 사자좌를 변화로 만들었으니, 보배 그물로 널리 미치게 두루 덮고, 모든 보살 대중이 제각기 온 방향을 따라 사자좌 위에 결가부좌 하였다.

부처님께서 두 무릎으로 백천억 나유타 광명을 놓아 시방 세계를 두루 비추시니 여러 보살들이 이런 신통 변화 모습을 다 보았으며, 그 때 금강당과 법당 등의 보살들께서 부처님의 신력을 받아 시방을 두루 관찰하고 게송으로 말씀하셨다.

마치 비옥한 밭에
심은 것은 잘 자라듯이
깨끗한 마음 밭에서
불법이 나오네.

마치 한 마음의 힘이
능히 갖가지 마음 내듯이
한 부처님의 몸으로
많은 부처님 두루 나타내시네.

마치 모든 법이
많은 인연으로 생기듯이
부처님을 친견함도 마찬가지로
온갖 선한 업 빌려야 하네.

부처님 몸이나 세간이나
모두 '내' 가 없으니
이를 깨달아 정각 이루고
다시 중생 위해 설하시네.

만약 능히 세간에서
온갖 집착 멀리 여의고
막힘 없는 마음에 기뻐하면
법을 깨치리.

시시각각
무한한 부처님께 공양하여도
진실한 법 알지 못하면
공양이라 할 수 없네.

25. 십회향품

① 이름 풀이

십은 제15 십주품의 이름 풀이 참조.

회는 돌이키는 것이다.

향은 나아가는 것인데, 자기의 모든 수행을 돌려 중생·보리·실제에 향하므로 '회향'이라 한다. '회향'은 앞의 행을 돌이켜서 보리로 향하는 것이며, 또한 중생과 법성에 통한다.

② 설하는 까닭

도솔천궁회의 서분은 이미 드러냈고, 정종을 마땅히 나타낸다. 또 이미 의지되는 부처님 지혜를 모두 보였으니, 차례로 의지하는 행의 지위를 따로 나타내기 때문이다.

③ 주제와 취지

끝없는 행으로써 다함없는 대원을 따름으로 주제를 삼고, 보현 법계의 덕용을 이룸으로써 취지를 삼는다. 또 열 가지 큰 행을 삼처에 회향함이 이 품의 주제다.

금강당 보살이 부처님의 신력을 받아 보살지혜광명 삼매에 들어간 뒤에, 한없는 금강당 부처님들께서 모두 그 앞에 나타나 함께 칭찬하시며 각각 오른손으로 금강당 보살의 머리 위를 만지시니, 금강당 보살께서 마정수기를 받고 곧 삼매로부터 나와 여러 보살들에게 말씀하셨다.

"보살의 부사의한 대원이 법계에 충만하여 여러 중생을 널리 건지니, 이른바 과거·현재·미래의 모든 부처님의 회향을 수학하는 것이다.

보살의 회향이 열 가지가 있어, 삼세의 모든 부처

님들께서 함께 연설하시는데, 하나는 '많은 중생을 구호하면서도 중생이라는 상을 여의는 회향'이요, 둘은 '멸하지 않는 회향'이며, 셋은 '모든 부처님과 평등한 회향'이요, 넷은 '온갖 곳에 이르는 회향'이며, 다섯은 '다함이 없는 공덕장 회향'이요, 여섯은 '모든 평등한 선근에 들어가는 회향'이며, 일곱은 '모든 중생을 평등하게 따라주는 회향'이요, 여덟은 '진여의 모양인 회향'이며, 아홉은 '속박도 없고 집착도 없는 해탈의 회향'이요, 열은 '법계에 들어가는 무한한 회향'이다."

1. 많은 중생을 구호하되 중생이라는 상을 여의는 회향

"이 보살은 단바라밀[53]을 행하고, 시라바라밀[54]을 청정히 하며, 찬제바라밀[55]을 닦고, 정진바라밀[56]을 일으키며, 선바라밀[57]에 들어가고, 반야바라밀[58]에 머물며, 대자·대비·대희·대사로 이 같이 무한한 선근을 닦을 때, 이렇게 생각한다. '이 선근으로 많은 중생을 두루 이롭게 하여 다 청정케 하며, 마침내

는 지옥·아귀·축생·염라왕 등의 무한한 괴로움을 길이 여의게 하여지이다.'

보살이 이 같이 회향할 때 중생을 제도하여 항상 쉼이 없고, 법이란 상에 머물지 않으며, 비록 모든 법이 업도 과보도 없음을 알지만, 온갖 업보를 잘 내어서 서로 틀어지지 않으니, 이러한 방편으로 회향을 닦는다. 보살이 이 같이 회향할 때에 온갖 허물을 떠나 모든 부처님들께서 찬탄하시니, 이것이 보살의 '많은 중생을 구호하되 중생이라는 상을 여의는 제1 회향' 이다."

2. 멸하지 않는 회향

"이 보살이 모든 불법에 멸하지 않는 신심을 얻으니 깊은 뜻을 낸 때문이고, 수호하여 머물러 지니기 때문이며, 여러 중생에게 멸하지 않는 신심을 얻으니 자비의 눈으로 차별하지 않고 선근으로 회향하여 널리 이익을 주기 때문이다.

보살이 이 같이 멸하지 않는 신심에 안주할 때에, 갖가지 경계에 무한한 선근을 심으니, 보리심을 더욱더 자라게 하며, 자비가 광대하여 평등하게 관찰하고, 진실한 이치에 들어가서 복덕의 행을 모으고 크게 베풀어 온갖 공덕을 닦으며, 삼세에 차별하지 않는다.

이 회향에 머무를 때에는 무수한 부처님을 친견하고 무한히 청정하며 미묘한 법을 이루고, 또 두루 중생들에게 평등심을 얻고, 온갖 법에 의혹이 없어지며, 모든 부처님의 신력을 받아 온갖 악마를 굴복시키고 업을 길이 여의며, 귀하게 태어나 보리심을 원만히 하고, 막힘 없는 지혜를 얻되 남을 말미암지 않으니, 이것이 보살의 '멸하지 않는 제2 회향' 이다."

3. 모든 부처님과 평등한 회향

"보살은 과거 · 현재 · 미래 모든 부처님의 회향도를 따라서 수학하니 이렇게 회향 도를 배울 때에, 온갖 색과 접촉물의 좋고 나쁨을 보더라도 좋아하거나 싫어하지 않고, 마음이 자재하여 과실이 없으며 청정하고, 기쁘고 즐거워서 근심이 없으며 유연하여 육근이 청량하여진다.

이 같은 안락함을 획득할 때에, 다시 발심해 부처님께 회향하여, '원컨대 지금 심은 선근으로 모든 부처님의 즐거움이 더욱 증대하소서'라고 한다.

온갖 선근으로 부처님께 회향하고 다시 보살에게 회향하니, 이른바 원이 원만하지 못하면 원만케 하고, 마음이 청정하지 못하면 청정케 하며, 중생들로 하여금 아만을 멀리하고 보리심을 내게 하며, 보살의 뛰어난 근성을 획득하게 하고, 선근을 닦아서 온갖 것을 아는 지혜를 얻게 한다.

이렇게 보살에게 회향하고 다시 모든 중생에게 회향하니 '원컨대 중생이 가진 선근이 하찮아 손가락 한 번 튕기는 동안에 부처님을 친견하고 법을 듣고 스님들을 공경하더라도 저 모든 선근이 다 장애를 여의어지이다. 부처님의 원만함을 생각하고 법의 방편을 생각하며, 스님들의 존중함을 생각하고, 부처님 친견함을 떠나지 않아 마음이 청정하여지이다. 불법을 얻어 무한한 덕을 모으며, 모든 신통을 청정히 하여 법에 대한 의심을 버리고 가르침에 의지하여 머물러지이다'고 한다. 중생을 위해 이 같이 회향하듯이 성문과 벽지불에게 회향함도 마찬가지다. 또 원하기를 '모든 중생이 지옥·아귀·축생·염라왕 등의 온갖 나쁜 곳을 길이 여의고 위없는 보리심을 키우며, 부처님의 안락을 얻고 심신이 청정하여 온갖 것을 아는 지혜를 증득하여지이다' 고 하니, 이것이 보살의 '모든 부처님과 평등한 제3 회향' 이다."

4. 온갖 곳에 이르는 회향

"이 보살이 온갖 선근을 닦을 때 이런 생각을 하니 '원컨대 이 선근 공덕의 힘으로 온갖 곳에 이르러지이다.

마치 진여[59]는 이르지 못하는 데가 없이 온갖 물건과 세간·중생·국토·법·허공·삼세·언어와 음성에 이르니, 이 선근도 마찬가지로 모든 부처님 처소에 두루 이르러 공양하고, 광대한 지혜가 장애함이 없기 때문에 하늘에 있는 것과 같은 공양구로 공양하여 무한하고 끝없는 세계에 충만하여지이다' 고 한다.

보살이 온갖 선근으로 이렇게 회향하면 부처님들

의 마음에 맞고, 모든 불국토를 청정하게 장엄하며 여러 중생을 교화하여 이루고, 모든 불법을 갖추어 수지하며 많은 중생들에게 최상의 복전이 되고, 상인들의 지혜로운 인도자가 되며, 모든 세간의 깨끗한 빛이 되고, 하나 하나의 선근이 법계에 가득하며, 많은 중생을 다 건져서 청정하게 공덕을 갖추게 하니, 이것이 보살의 '온갖 곳에 이르는 제4 회향' 이다."

5. 다함없는 공덕장 회향

"보살은 온갖 업의 무거운 장애를 참회하여 없애고 일으킨 선근과 삼세 부처님들의 초발심부터 보살행을 닦고 정각을 이루며, 내지 열반에 드시고 열반 뒤에 정법이 세상에 머물러 있음을 다 따라 기뻐하여 가진 선근 등이 있다.

이 같이 말로 할 수 없는 부처님 경계와 자기 경계와 내지 보리의 막힘 없는 경계를 생각하며, 이러한 광대하고 무한히 차별한 온갖 선근으로 쌓은 것을 다 회향하여 모든 불국토를 장엄한다.

이렇게 회향할 때에 모든 보살행을 닦아서 복덕이 수승하고 색상이 비할 것 없으며, 위력과 광명이 온갖 세간을 뛰어넘고, 악마가 마주 대하지 못하니, 이것이 보살의 '다함없는 공덕장 제5 회향' 이다.

보살은 이 회향에 머물러 열 가지 무진장을 얻는데 무엇이 열 가지인가? 이른바 부처님을 친견하는 무진장을 얻으니 한 털구멍에서 아승지의 부처님들께서 세상에 나타나심을 친견하고, 법에 들어가는 무진장을 얻으니 부처님 지혜의 힘으로 모든 법이 한 법에 다 들어감을 관찰한다.

잘 기억하는 무진장을 얻으니 모든 부처님들께서 말씀하신 법을 받아 지녀 잊지 않고, 결정한 지혜의 무진장을 얻으니 모든 부처님께서 설하신 법과 비밀한 방편을 잘 알고, 의미를 이해하는 무진장을 얻으니 모든 법의 이치와 분제를 잘 알며, 끝없이 깨닫는 무진장을 얻으니 허공 같은 지혜로 삼세 모든 법을 통달하고, 복덕 무진장을 얻으니 여러 중생의 뜻을 충만히 하되 다함이 없으며, 용맹한 지혜로 깨치는 무진장을 얻으니 많은 중생의 어리석은 번뇌를 다 능히 없애 버리고, 결정한 변재의 무진장을 얻으니 모든 부처님의 평등 법을 연설하여 중생들을 다 깨치게 하며, 십력[60]의 두려움 없는 무진장을 얻으니 모든 보살행을 갖추어 더러움이 없는 비단을 이마에 매고 막힘 없는 온갖 지혜에 이르는데, 이것이 열이다. 불자여, 보살이 온갖 선근으로 회향할 때에 이 열 가지 무진장을 얻는다."

6. 견고한 온갖 선근을 따르는 회향

"보살이 혹 제왕이 되어 대국에 군림하면, 널리 위덕이 퍼지고 천하에 명성을 떨침에 온갖 적이 귀순하지 않음이 없고, 호령할 때는 다 정법에 의지하며, 법에 자재하여 보는 이는 다 복종하고, 형벌을 주지 않아도 덕으로 감화되며, 사섭법[61]으로 중생을 포섭하고, 전륜성왕이 되어 어려운 이를 건진다.

보살이 이렇게 자재한 공덕이 있는데, 대 권속이 있어 저해할 수 없고, 온갖 과실이 없으며, 보는 이가 싫증 내지 않고, 복덕이 넘쳐 상호가 좋다.

온갖 보시를 갖추어 행하니, 혹 맛 좋은 음식과 옷

을 보시하고 만약 교도소의 수감자들을 보면 재보·처자 권속·몸이라도 던져서 저들을 건지고 벗어나게 하며, 사형수를 보면 몸을 버려서 저의 목숨을 대신하고, 이마의 살가죽을 벗겨 달라 하더라도 기꺼이 주어 아끼지 않는다.

혹 일찍이 없던 법을 구하기 위해 깊고 큰 불구덩이에 투신하며, 불법을 지키기 위하여 온갖 고통을 달게 받고, 혹 법을 구하되 한 글자라도 사해 안의 온갖 가진 것을 다 버리며, 항상 정법으로 중생들을 교화하여 선행을 닦고 모든 악을 버리도록 하며, 중생들이 남의 몸을 해침을 보거든 자비심으로 구하여 죄업을 버리도록 한다.

만약 부처님께서 최고 정각 이루심을 보거든 드높여 찬탄하고 널리 듣게 하며, 혹 땅을 보시하여 승방이나 요사체 법당을 지어서 머무시게 하고, 또는 시자를 보내 소임을 맡겨 시중 들게 하며, 혹 자기의 몸을 달라는 이에게 주거나 부처님께 보시하되, 법을 구하는 고로 뛸듯이 기뻐하고 중생을 위하여 시중들고 공양한다. 혹 왕위나 성이나 촌락이나 궁전이나 원림이나 처자 권속까지 버려서 구걸하는대로 만족케 하고, 혹은 온갖 살림 도구를 희사하여 '무차대회[62]'를 베푼다.

그 가운데 중생인 갖가지 복전이 멀거나 가까운 데서 왔거나 멋지거나 추하거나 남자거나 여자거나 마음 씀씀이가 같지 않고 구함이 각기 달라도 평등히 베풀어 주어 다 만족케 하니, 이것이 보살의 '견고한 모든 선근을 따르는 제6 회향'이다."

법의 성품 온갖 곳에 두루 있으며
모든 중생과 국토와
삼세에 다 있어 남음이 없되
그 형상은 얻을 수 없네.

7. 많은 중생을 평등하게 따라주는 회향

"보살이 가는 곳마다 모든 선근을 쌓으니, 온갖 보시를 하여 수행하는 선근·수승한 뜻을 세워 구경까지 청정 계율을 지니는 선근·모든 희사를 다 감내하는 선근·늘 정진하는 마음이 물러남 없는 선근·대 방편으로 무한한 삼매에 들어가는 선근·지혜로 잘 관찰하는 선근·많은 중생들의 마음 씀씀이가 다름을 아는 선근·끝없는 공덕을 모으는 선근·보살의 업과 행을 부지런히 닦는 선근·모든 세간을 두루 덮어 기르는 선근이니 이것이 보살의 '많은 중생을 평등하게 따라주는 제7 회향'이다."

8. 진여의 모습인 회향

"이 보살은 바르게 마음을 챙겨 분명하며 마음이 굳건히 머물고, 미혹을 넘어서 전심으로 닦으며, 깊은 마음이 움직이지 않아 멸하지 않는 업을 이루고, 온갖 것을 아는 지혜에 나아가 끝내 물러서지 않는다. 대승에 뜻을 두되 용맹하여 두려움이 없고, 선근의 씨앗을 심어 세간을 두루 편안케 하며, 수승한 선근을 내어 맑은 성질을 닦고 대비를 키워 마음의 보배를 이룬다.

부처님을 늘 생각하여 정법을 지키고 보살도에는 신심이 견고하여서 무한히 맑은 선근을 이루며, 모든 공덕과 지혜를 닦고, 조어장부[63]가 되어 여러 선한 일을 내게 하며, 지혜와 방편으로써 회향하니, 이 것이 보살의 '진여의 모습인 제8 회향' 이다."

보살이 마음을 관함에 밖에 있지도 않고
또한 다시 안에도 있지 않으니
마음의 성품이 없음을 알아
나와 법을 여의어 길이 적멸하도다.

9. 집착도 없고 속박도 없는 해탈의 회향

"이 보살은 모든 선근에 존중심을 내는데, 이른바 생사를 벗어남에 존중심을 내고 온갖 선근을 거둠에 존중심을 내며, 모든 선근을 원하여 구함에 존중심을 내고, 온갖 허물을 뉘우침에 존중심을 내며, 선근을 따라서 기뻐함에 존중심을 내고, 부처님들께 예경함에 존중심을 내며, 탑에 정례함에 존중심을 내고, 부처님께 청법함에 존중심을 낸다. 이러한 갖가지 선근에 모두 존중하여 따르고 인지하니, 이것이 보살의 '집착도 없고 속박도 없는 해탈의 제9 회향' 이다."

잠깐도 거만하지 않고
못난 생각도 내지 않으며
부처님께서 갖추신 몸 등의 업을
다 여쭈어 부지런히 닦네.

중생들이 애욕의 바다에 빠져서
어리석음의 어둠에 덮여 있음을 보고
사람 중에 자재한 이 미소 지으며
저들의 삼계 고통 구하려 하시네.

어느 때 왕궁에 계시다가도
출가하여 도를 닦으시니
중생을 이롭게 하기 위해
이러한 자재력 보이시도다.

10. 법계와 같이 무한한 회향

"이 보살은 때묻지 않은 비단을 머리 위에 매고 법사의 지위에 머물러 법보시를 널리 행하니 대자비를 일으켜 중생들을 보리심에 안립시키는데, 항상 유익한 일을 행하여 쉬지 않으며, 보리심으로 선근을 기르고, 지도자가 되어 중생에게 온갖 것을 아는 지혜로 향하는 길을 보이며, 중생들에게 마음이 평등하여 온갖 선행을 닦아 쉬지 않는다.

마음이 청정하여 물들지 않고 지혜가 자재하여 온갖 선근의 도업[64]을 버리지 않으며, 많은 중생에게 지혜 있는 경영주가 되어 편안한 정도에 들게 하고, 지도자가 되어 모든 선근의 법행[65]을 닦게 하며, 멸하지 않고 강직한 선지식이 되어 선근이 자라서 이루어지게 하니, 이것이 보살의 '법계와 같이 무한한 제10 회향' 이다."

과거 · 현재 · 미래에
가진 모든 선근이
나로 하여금 늘 보현행을 닦게 하여
속히 보현 보살 지위에 안주하게 하네.

26. 십지품

① 이름 풀이

십은 제15 십주품의 이름 풀이 참조.

지(地)는 '지님〔持〕' 이라고도 하는데 백만 아승지 공덕을 지녔기 때문이다. 또한 온갖 인과를 내기 때문에 '땅〔地〕' 이라고 한다. 본론에는 "부처님 지혜를 내어 머물러 지니는 까닭이다"고 하였다.

② 설하는 까닭

타화자재천회를 설하는 까닭과 같다.

③ 주제와 취지

십지의 지혜로 마음의 장애를 끊고 깨달음을 얻어 지위에 의해 수행함으로써 주제를 삼고, 원융하여 막힘 없는 작용을 드러냄으로써 취지를 삼는다.

부처님께서 타화자재천왕궁의 마니 보배를 간직한 궁전에서 대 보살들과 함께 계셨으니 그들은 다 최상의 깨달음에서 물러나지 않으며 다른 세계로부터 와서, 무수한 대중 가운데서 금강장 보살이 우두머리가 되었는데 부처님의 신력을 받아 보살의 '대 지혜 광명 삼매' 에 들었을 때에 시방 세계에 수많은 동명의 금강장 부처님들께서 앞에 나타나 말씀하셨다.

"훌륭하구나. 금강장 보살이여, 삼매에 잘 들었구나. 이는 시방의 수많은 부처님들께서 함께 가피하심이니, 비로자나불의 본원력이요, 신력이고, 그대의 수승한 지혜의 힘 때문이며, 그대로 하여금 부사의한 모든 불법의 광명을 설하게 하려는 것이고, 보살 십지의 처음부터 끝까지 얻게 하려는 것이며, 모든 중생계를 성숙케 하려는 때문이다."

시방의 부처님들께서 각각 오른손을 펴서 금강장 보살의 머리 위를 만지시자 보살이 삼매에서 나와 대중에게 과거·현재·미래 모든 부처님의 지혜 경지에 들어감을 말씀하셨다.

"보살의 지혜의 지에 열 가지가 있으니, 하나는 비로소 법의 맛을 알아 환희심을 내는 지요, 둘은 계를 범한 더러움을 멀리 여읜 지며, 셋은 지혜의 광명을 내는 지요, 넷은 번뇌의 땔나무를 태우는 지혜의 불꽃 지며, 다섯은 지혜가 지극하여 더 수승하기가 어려운 지요, 여섯은 진리를 관하는 지혜가 앞에 드러나는 지요, 일곱은 원대하게 수행하는 지며, 여덟은 온갖 번뇌의 행에 움직이지 않는 지며, 아홉은 최고 수승한 지혜의 지요, 열은 허공처럼 광대한 장애를 덮는 법 구름 지이다."

금강장 보살이 보살 십지의 이름만 설하시고 잠자코 계시면서 다시 분별하지 않으시자 여러 보살들은 십지의 이름만 듣고 풀이는 듣지 못하여 다 갈망하여 게송으로 여쭈었다.

갈증에 냉수를 생각하고
기아에 좋은 음식 생각하며
환자가 양약 생각하고
벌들이 단 꿀 좋아하듯이,
저희들도 또한 이 같이
감로 법 듣기 원합니다.

이 때 부처님께서 미간에서 청정한 광명을 놓으시니 시방에 두루 비치어 삼악도의 고통이 다 쉬었으며, 모든 부처님의 회상에 비치어 부사의한 힘을 나타내고, 설법하는 보살의 몸에 비치었다.

금강장 보살께서는 시방을 관찰하고 대중으로 하여금 깨끗한 믿음을 키우고자 게송으로 설하셨다.

허공의 새 발자국
말하기도 보이기도 어려우니

십지의 깊은 이치 이와 같아
마음으로는 알지 못하네.

1. 비로소 법의 맛을 알아 환희심을 내는 지

"누군가 선근을 깊이 심으면, 온갖 행을 잘 닦고 선지식의 잘 거두어 주심이 되며 깊이 믿는 마음을 청정하게 하고, 광대한 뜻을 세우며 넓은 이해를 내고 자비가 앞에 나타난다.

처음 이런 마음을 내면, 범부 지위를 초월하여 보살 지위에 들고 불가에 태어나니 그 종족의 과실을 말할 수가 없으며, 세간을 떠나서 출세간도에 들고, 보살 법을 얻고 보살의 거처에 머물며, 삼세가 평등한데 들어가 부처님의 종성에서 결정코 위없는 보리를 마땅히 얻을 것이다. 이와 같은 법에 머물면 보살의 환희지에 머물렀다 하니, 움직이지 않음으로써 상응하기 때문이다.

이 환희지에 머무름에 부처님의 교화와 중생을 유익하게 함과 부처님의 지혜와 방편에 들어감을 생각하므로 환희한다.

또 '온갖 세간 경계를 점점 여의고, 범부 지위를 떠났기에 환희하며, 지혜의 지위에 가까워지거나 온갖 나쁜 곳을 길이 끊어 중생들의 의지처가 되고, 두려워 털이 곤두섬을 여의었으므로 환희한다' 고 생각한다.

이 보살이 환희지를 얻고 나서는 두려움을 다 없애니, 이른바 살아갈 수 없거나 악명·죽음·나쁜 길·대중 공포증 등이다.

아상을 없앴기에 자신도 아끼지 않는데, 하물며 재물이겠는가? 그러므로 살지 못할 두려움이 없고, 다른 곳에서 공양을 바라지 않으며 여러 중생에게 베풀기만 하니, 악명의 공포가 없고, 아집을 멀리 여의어 '나' 라는 생각이 없으니 죽음의 공포가 없고, 죽어도 결정코 모든 불·보살을 여의지 않을 줄 아니 악도의 공포가 없으며 두려워 털이 곤두섬을 멀리 여읜다.

대비로 으뜸을 삼아 광대한 뜻을 무너뜨릴 이가 없고, 점점 부지런히 온갖 선근을 닦아서 이루니, 밤낮으로 선근을 닦되 싫증 내지 않는다. 이 같이 깨끗이 다스리는 지의 법 이룸을 보살이 환희지에 안주함이라고 한다.

보살이 대자비를 따라서 침착하게 초지에 머물 때 온갖 물건에 인색함이 없고, 부처님의 대 지혜를 구하여 크게 희사하니 소유물을 베풀되, 온갖 것을 하나도 아끼지 않고 모든 부처님의 광대한 지혜를 구하니 이것이 보살이 초지에 머물러 크게 베풂을 이루는 것이다.

이 보살이 모든 부처님께 공양하였기에 중생을 이루는 법을 얻어서, 앞의 보시와 친절 둘로 중생을 거두어들이고, 뒤의 선행과 동고동락으로 거둠은 다만 믿고 아는 힘으로 행하지 잘 통달하지는 못했다. 이 보살은 십바라밀 중 보시바라밀에 치중하니 다른 바라밀을 닦지 않는 것은 아니나 힘을 따르고 분수를 따를 뿐이다.

보살이 이 초지에 머물러서는 흔히 염부제[66]의 왕이 되어 훌륭하고 자재하며 항상 정법을 보호하고, 크게 보시함으로 중생들을 거두어 인색한 허물을 잘 없애주고, 항상 다함없이 크게 베풀어 보시와 친절과 선행과 동고동락을 하니, 온갖 행위가 모두 삼보를 생각하고, 함께하는 보살을 생각한다.

또 생각하기를, '여러 중생들 가운데서 으뜸이 되고 나은 이가 되며, 매우 나은 이가 되고, 뛰어나고 미묘하며 위가 되며, 위없는 이가 되고, 인도자가 되며, 장수가 되고, 통솔자가 되며, 내지 온갖 지혜 가운데 최고 수승한 지혜의 의지함이 되리라'고 한다.

이 보살이 만약 출가하여 불법에 부지런히 정진하고자 한다면, 곧 능히 집과 처자와 오욕락을 버리고 부처님 가르침에 의지하여 출가하여 도를 배우며, 이미 출가하고는, 부지런히 정진하여 순간에 백 삼매를 얻고, 백 부처님을 친견하며, 백 부처님의 신력을 알고, 백 부처님 세계의 중생을 교화하며, 백겁을 살고, 전후로 백겁 일을 알며, 백 법문에 들어가고, 백 가지 몸을 나타내며, 낱낱의 몸에 백 보살을 보여 권속을 삼는다.

만약 보살의 수승한 원력으로 자재하게 나타내면 이 수를 초과하여 백겁 · 천겁 · 백천겁으로 내지 백천억 나유타겁을 세어도 알 수 없다."

그 때 금강장 보살께서 이 뜻을 다시 펴고자 게송으로 말씀하셨다.

투쟁과 협박
성냄을 제거하고
참회하여 순수하게
모든 근을 잘 수호하네.

2. 계를 범한 더러움을 멀리 여읜 지

금강장 보살께서 해탈월 보살에게 말씀하셨다.

"보살이 초지를 닦고 나서, 제2지에 들고자 하면 마땅히 열 가지의 깊이 믿는 마음을 일으켜야 하니, 이른바 정직하고 부드러우며 잘 감당하는 마음이며, 억제되고 고요하며 순박하게 착한 마음과 잡스럽지 않고 걱정하지 않으며 넓고 큰 마음이다.

보살이 이구지에 머무름에, 성품이 스스로 모든 살생을 멀리 하여, 칼과 몽둥이를 두지 않고, 원한을 품지 않으며, 생명을 항상 자비롭게 위하는 마음을 내니, 나쁜 마음으로 중생을 괴롭히지도 않는데 하물며 남에게 중생상을 내어 짐짓 거친 마음으로 살해하겠는가.

홈치지 않아 자기의 재산에 항상 만족하고 남에게는 인자하여 헐뜯지 않으니 남의 물건을 훔치려는 마음이 없어 풀잎이라도 주지 않거든 가지지 않는데, 하물며 생필품이겠는가. 사음하지 않으니, 자기 아내에 만족하고 남의 처에 탐욕심을 내지 않는다.

거짓말을 하지 않아 항상 진실하고 때에 맞는 말을 하며, 꿈에서라도 숨기는 말을 차마 하지 않으니, 하려는 마음도 없는데 하물며 고의로 범하겠는가. 성품이 이간질을 하지 않아, 이간할 마음도 없고 괴롭히는 마음도 없으며, 이 말로써 저를 깨기 위하여 저를 향해 말하지 않고, 저 말로써 이를 파탄시키기 위하여 이에게 대놓고 말하지 않는다.

나쁜 말을 하지 않으니, 이른바 지독한 말·거친 말·괴롭히는 말·불공스런 말·버릇없는 말·듣기 싫은 말 등으로, 이런 말은 모두 버리고, 윤택하고 부드럽고 듣는 이가 기뻐하며 늘 사람의 마음에 와 닿는 말을 하고, 꾸밈말을 하지 않으니 언제나 잘

생각하고 이치에 맞으며 진실한 말, 때 맞추어 요량
하여 확정적인 말을 좋아하고 우스갯소리도 항상
심사숙고하고 말하는데, 어찌 짐짓 산란한 말을 하
겠는가.

탐내지 않으니, 남의 재물과 자본을 탐내지 않고
바라지도 않으며, 성내지 않으니, 늘 자비롭게 가엾
이 여기는 마음을 내어 미워하고 원망하는 마음을
아주 버리고 항상 인자하게 도와주고 이롭게 하려
고 생각한다.

또 삿된 소견이 없으니, 보살은 정도에 머물러서
점치지 않으며 마음과 소견이 정직하고 속이거나
아첨하지 않으며 삼보에 굳건한 신심을 내니, 보살
은 이런 열 가지 선한 법을 지켜서 늘 끊어짐이 없다.

또 생각하기를 '여러 중생이 악도에 떨어짐은 모
두 열 가지 불선업 때문이니 마땅히 스스로 바른 행
을 닦고 남에게도 권할 것이다. 왜냐하면 자기는 바
르게 행하지 못하면서 남을 닦게 함이 옳지 못하기
때문이다' 고 한다.

또 '십악[67]은 지옥·아귀·축생에 태어나는 원인

이며, 십선[68]은 인간이나 천상 내지 색계나 무색계에 태어나는 씨앗이다.

또 열 가지 악업의 제일 심한 것은 지옥의 원인이 되고, 중간은 축생의 인이 되며 아래는 아귀의 씨앗이 된다.

그 중에서 살생죄로는 인간에 태어나더라도 단명하거나 병이 많은 두 가지 과보를 받을 것이니, 훔친 죄로는 빈궁하거나 재물을 공유하여 마음대로 하지 못하고, 사음한 죄로는 아내가 부정하거나 뜻대로 권속을 얻지 못할 것이다.

거짓말한 죄로는 비방을 많이 입거나 남에게 속게 되며, 또 이간질한 죄로 권속이 동떨어지거나 친족들이 저열할 것이요, 나쁜말 한 죄로는 항상 험한 소리를 듣거나 송사로 다툼이 많을 것이며, 농짓거리를 한 죄로 사람들이 말을 듣지 않거나 말소리가 어눌할 것이다.

탐욕한 죄로 만족한 줄을 모르거나 욕심이 끝이 없을 것이며, 성낸 죄로 항상 시비에 오르거나 괴롭힘을 받고, 사견을 가진 죄로는 삿된 소견을 가진 집에 나게 되거나 아첨하고 굽을 것이다'고 한다.

열 가지 나쁜 업은 이렇게 한없이 큰 괴로움 더미를 내니, 마치 진금을 명반 가운데 넣고 제대로 연단하면 온갖 더러움이 없어지고 점점 더 청정해지듯 보살이 '더러움을 멀리 여읜 지'에 머묾도 이와 같다. 무한한 백천억 나유타겁에 아끼고 미워하며 파계한 허물을 멀리 하였으므로 보시와 지계가 청정하고 만족하니, 이 보살은 힘과 분수를 따라 친절과 지계바라밀에 치중한다.

이구지에 머물러서는 흔히 전륜성왕으로, 대법주가 되어 칠보[69]를 갖추고 자재력이 있어, 중생들의 인색하고 파계한 허물을 없애며, 또 생각하기를 '나는 중생들 가운데서 으뜸이 되고, 내지 온갖 지혜 가운데 최고 수승한 지혜의 의지함이 되리라'고 한다.

이 보살이 불법 가운데서 부지런히 정진한다면, 한 생각에 천 삼매를 얻고 천 부처님을 친견하리라."

3. 지혜의 광명을 내는 지

그 때 금강장 보살께서 해탈월 보살에게 말씀하셨다.

"보살이 제2지를 청정히 하고, 제3지에 들고자 하면 마땅히 열 가지 깊이 믿는 마음을 일으켜야 하는데, 이른바 청정한 마음·안주하는 마음·싫어 버리는 마음·탐욕을 버리는 마음·물러나지 않는 마음·견고한 마음·왕성한 마음·용맹스런 마음·넓은 마음과 큰 마음이다.

제3지에 머물고는, 온갖 함이 있는 법의 진실한 모습을 관찰하니, 이른바 무상하고, 괴롭고, 편안하지 못하며, 애증에 얽매이고, 탐욕과 성냄과 어리석음의 불이 쉬지 않고 환상처럼 진실하지 못하다.

이와 같음을 보고는 온갖 함이 있는 법에 대한 싫증이 배나 더하여 부처님 지혜로 나아가니 불가사의하며, 동등할 이 없고 무한히 고난의 중생을 건짐을 보았다.

이 보살이 발광지에 머무를 때에 욕심과 악을 없애고, 깨달음도 관찰함도 있으면 환희함을 내어 초선에 머물고, 조악하거나 미세한 마음[70]을 멸하여 속으로 일심을 청정하게 하며, 조악하고 미세한 마음이 없으면 선정으로 환희함을 내어 제2선에 머문다.

기쁨을 여의고 희사에 머물며 생각이 있고 바로 알아 몸으로 즐거움을 받으니, 부처님의 말씀대로 능히 희사하며 생각이 있고 즐거움을 받아 제3선에 머물고, 즐거움을 끊어 먼저 고통과 기쁨과 근심을 없애며, 괴롭지도 즐겁지도 않아 버리는 생각이 청정하여 제4선에 머문다.

온갖 물질이란 생각을 넘어 상대의 생각을 없애며, 갖가지 상상을 하지 않고 끝없는 허공에 들어가 허공이 끝없는 곳에 머물며, 모든 허공이 끝없는 곳을 초월하여 끝없는 식에 들어가 식이 다함 없는 곳에 머문다. 모든 식이 끝없는 곳을 초월하여 드문 것도 없는데 들어가 아무 것도 존재하지 않는 곳에 머물고, 일체 아무 것도 존재하지 않는 곳을 초월하여 생각이 있는 것도 없는 것도 아닌 경지에 머물되, 다만 법을 따르기에 행할지언정 욕망으로 집착함이 없다.

이 보살은 무한한 신력을 얻어서, 대지를 진동하

며, 한 몸으로 많은 몸이 되고, 많은 몸으로 한 몸이 되며, 숨기도 나타나기도 하고, 암벽이나 산에 막혔더라도 막힘 없이 통과하기를 허공과 같이 한다. 허공에서 결가부좌하고 가기를 나는 새와 같이하며, 땅에 들어가기를 물 같이 하고, 물을 밟기를 땅 같이 하며, 몸에서 연기와 불꽃을 냄이 큰 불더미 같이 하고, 비를 내리기를 큰 구름 같이 하며 해와 달이 허공에 있듯이 큰 위력이 있어 능히 손으로 어루만지고 접촉하며 몸이 자재하여 범천에까지 도달한다.

천이통이 청정함이 인간의 귀를 초과하여, 인간이나 천상이나 가깝거나 먼 음성을 다 듣고, 모기와 파리 따위의 소리들도 다 능히 듣는다.

또 타심통의 지혜로 남의 마음을 여실히 아니, 탐심이 있고 없음을 다 알고 무한히 다른 과거사를 알며, 내가 이전에 아무 곳에서 어떤 가문의 성명과 얼마의 수명으로 고락을 받았는지를 알고, 죽어서는 어느 곳에 태어났는지, 형상과 음성 등의 한없는 차별을 다 생각해 낸다.

또 천안통이 청정함이 인간의 눈보다 뛰어나 많은

중생들의 나고 죽는 때와 좋거나 나쁜 몸과 갈래에서 업을 따라감을 보고 만약 중생이 악행을 지어 현성[71]을 비방하고 나쁜 소견을 가지면, 그 인연으로 몸이 죽어 나쁜 곳에 떨어져서 지옥에 태어난다.

만약 중생이 선한 행을 짓고 현성을 비방하지 않으며 바른 소견을 갖추면, 그 인연으로 몸이 죽어 좋은 곳에 태어나 천상에 태어남을 여실히 다 아니, 마치 진금을 잘 연단하면 근량이 감하지 않고 더욱 청정해짐과 같다. 보살도 마찬가지로 이 발광지에 머무름에 삿된 탐욕과 성냄과 어리석음이 모두 끊어지고 온갖 선근이 점점 더 청정해지며, 힘과 분수를 따라 선행을 하고 인욕바라밀에 편중하니, 이것을 이름하여 보살의 제3 발광지라 한다.

발광지에 머물러서는 흔히 삼십삼천왕이 되어, 방편으로써 중생들로 하여금 탐욕을 버리게 하고, 보시와 친절과 선행을 하며 동고동락을 하니, 이 같이 온갖 행위가 모두 삼보를 생각함을 떠나지 않고, 또 생각하기를 '마땅히 중생들 가운데서 으뜸이 되고, 내지 온갖 지혜 가운데 최상의 지혜의 의지함이 되리라' 고 한다.

만약 부지런히 정진하면 순간에 백천 삼매를 얻고, 백천 부처님을 친견하고, 혹 보살의 수승한 원력으로 자재하게 나타내면, 이 수를 초과하여 백겁, 천겁 내지 백천억 나유타겁을 능히 세어도 알 수 없다."

그 때 금강장 보살께서 이 뜻을 다시 펴고자 게송으로 말씀하셨다.

초발심부터 성불까지
그 간 아비 지옥의 고초도
법을 듣기 위해 능히 감수했거든
어찌 하물며 사람의 고통을 다 말하겠는가.

4. 번뇌의 땔나무를 태우는 지혜의 불꽃 지

이 때 금강장 보살께서 해탈월 보살에게 말씀하셨다.

"보살이 제3지를 청정하게 하고서 제4 염혜지에 들고자 하면, 마땅히 법에 밝은 문 열 가지를 닦아야 하니, 이른바 중생계와 법계·세계·허공계·식계·욕계·색계·무색계와 넓거나 큰 마음으로 믿어 아는 세계를 관찰한다.

이 보살은 아직 생기지 않은 악하고 불선한 법은 생기지 않게 하려 하고, 이미 생긴 것은 끊으려고 부지런히 정진하여 마음을 내어 바로 끊으며, 아직 생기지 않은 선한 법은 생기게 하려 하고, 이미 생긴 것은 잃지 않고 더욱 키우려고 부지런히 정진하여 마음을 내어 바로 행한다.

또 진리에 대한 바른 소견과 바르게 생각함과 바른 말과 바른 행위와 바른 직업과 바른 정진과 바르게 마음을 챙김과 바른 선정을 수행하고, 싫어함을 의지하고 끊음을 의지하며 멸함을 의지하고 희사로 회향한다. 이 보살은 힘과 분수를 따라 고락을 함께 하고 정진바라밀에 치중하니, 이것이 보살의 제4 염혜지를 간략히 설한 것이다.

이 지에 머물러서는 흔히 수야마천왕이 되며 좋은 방편으로써 중생들의 몸이란 소견 등의 미혹을 없애 바른 견해에 머물게 하고 보시와 친절과 선행을 하며 동고동락을 하고, 이런 일들이 모두 삼보를 생각함을 떠나지 않으며, 내지 온갖 것을 아는 지혜와 모든 지혜 가운데 최상의 지혜를 갖추려는 생각을 떠나지 않는다.

또 생각하기를 '마땅히 중생들 가운데 으뜸이 되고, 내지 온갖 지혜 가운데 최고 수승한 지혜의 의지함이 되리라' 고 한다."

그 때 금강장 보살께서 이 뜻을 다시 펴고자 게송으로 설하셨다.

부처님께서 꾸짖으신 번뇌의 행은
이로움이 없으므로 끊어 버리고
지혜로운 이 수행하는 청정한 업은
중생을 건지려 짓지 않음이 없네.

5. 지혜가 지극하여 더 수승하기가 어려운 지

그 때 금강장 보살께서 해탈월 보살에게 말씀하셨다.
"보살이 제4지에서 행한 도가 이미 원만하여, 제5지에 들고자 하면 마땅히 열 가지 평등하고 청정한 마음으로 들어가야 하니, 이른바 과거·현재·미래의 불법과 계율·소견과 의혹을 끊는데 평등하고 청정한 마음이며, 도와 도 아님을 가리는 지혜·수행하는 지혜의 눈·온갖 보리의 부분법을 최상으로 관찰함·많은 중생을 교화함에 평등하고 청정한 마음이다.

이 보살은 중생을 이롭게 하기 위하여 세간의 기예를 모두 익히지 않음이 없으니, 이른바 도서와 인장과 갖가지 언론을 모두 통달하고, 약방문을 잘 알아서 온갖 병을 치료하며, 신들린 것과 저주를 없애고, 가무와 풍악·유머 따위를 잘 하며, 조경에 재주가 있고, 금·은·보석 등의 있는 데를 다 알고 파내어 사람들에게 보이며, 천문지리와 관상과 신수의 좋고 나쁨을 잘 관찰하여 조금도 틀리지 않는다.

계행을 가지고 선정에 들며, 신통과 사무량심[72]과 사무색정[73]과 그 외의 온갖 세간사로 중생을 해치지 않고 유익한 일이면 모두 열어 보여 위없는 불법에 안주하게 한다.

이 보살은 힘과 분수를 따라 선정바라밀에 치중하니, 이것이 보살의 제5 난승지를 간략히 말한 것으로, 이 지에 머물러서는 흔히 도솔타천왕이 되니 중생들에게 하는 일이 자재하여 온갖 외도들의 사견을 꺾어 제도시키고, 중생들을 진실한 진리에 머물게 하며, 보시와 친절과 선행을 하고 동고동락을 한다.

이런 일들이 모두 삼보를 생각함을 떠나지 않으며, 내지 온갖 것을 아는 지혜와 모든 지혜 가운데 최상의 지혜를 갖추려는 생각을 떠나지 않고, 또 생각하기를 '마땅히 중생들 가운데 으뜸이 되고, 온갖 지혜 가운데 최고 수승한 지혜의 의지함이 되리라'고 한다."

그 때 금강장 보살께서 이 뜻을 다시 펴고자 게송으로 설하셨다.

보살이 제5지에 머무름에
뛰어나게 청정한 도 점점 닦아
불법을 구하여 물러남이 없고
자비로 생각하여 권태롭지 않네.

6. 진리를 관하는 지혜가 앞에 나타나는 지

그 때 금강장 보살께서 해탈월 보살에게 말씀하셨다.

"보살이 제5지를 갖추고 제6 현전지에 들고자 하면, 마땅히 열 가지 평등법을 관찰하여야 하니, 이른바 온갖 법이 실체적 모습도 자체도 생김도 없고 이루어짐도 없으며, 본래부터 청정하므로 평등하고, 헛소리와 취하고 버림이 없고 고요하기 때문에 평등하며, 환상과 꿈·그림자·메아리·물 속의 달·거울 속에 비친 모습·아지랑이·변화하여 됨과 같으므로 평등하고, 있고 없음이 다르지 않으므로 평등하다.

이렇게 온갖 법의 자성이 청정함을 관찰하여 따라 어김이 없으면 제6 현전지에 들어가되, 뛰어난 수순인은 얻었으나 무생법인은 얻지 못하였다.

이 같이 관찰하고는 다시 대비로 으뜸을 삼아 증가하고 만족하여 세간의 생사를 관찰하고는 이런 생각을 한다. '세간에 태어남이 모두 아집 때문이니, 만일 이 집착을 여의면 나온 곳도 없도다'

또 생각하되 '만약 짓는 자가 있으면 움직임도 있을

것이요, 짓는 자가 없으면 움직임도 없을 것이거니와 제일 가는 이치에는 모두 얻을 수 없다'고 한다.

보살이 또 이렇게 생각한다. '삼계가 오직 일심인데, 부처님께서 열 두 가지로 분별하여 연설하심은 다 한 마음에 의해 이 같이 세운 것이다.'

보살이 이런 열 가지 모습으로 온갖 연기를 관찰하여 나와 남이 없고 수명이 없으며, 자성이 공하여 짓는 이나 받는 이가 없음을 알면 바로 공한 해탈문[74]이 앞에 나타나게 된다.

모든 생존이 다 자성이 멸함을 관찰하여 필경 해탈하고 조그만 법도 생김이 없으면, 곧 실체적 모습 없는 해탈문이 앞에 나타나게 되니, 이 같이 공하고 실체적 모습 없는데 들어가서는 원하고 구함이 없으며, 다만 대비로 최고를 삼아 중생을 교화하면, 곧 욕망을 떠난 해탈문이 앞에 나타나게 된다.

보살은 이렇게 삼 해탈문을 닦아 나와 남이니, 짓는 이니 받는 이니 하는 생각을 없애고, 있다 없다는 생각도 여읜다.

마치 진금을 비유리 보배로 자주자주 갈고 닦으면

더욱 청정해짐과 같아, 이 보살의 선근도 또한 방편과 지혜로 따르고 관찰함에 더욱 청정해지고, 다시 적멸하여서 그 밝음을 가릴 수 없다.

이 보살은 힘과 분수를 따라 반야바라밀에 치중하니, 이것이 보살의 제6 현전지를 간략히 말한 것이다. 이 지에 머물러서는 흔히 선화천왕이 되며, 행위가 자재하여 모든 성문의 힐난으로는 물러나게 할 수 없고, 중생들로 하여금 아만을 없애고 연기에 깊이 들게 하며, 보시와 친절과 선행을 하고 동고동락을 하며, 이렇게 온갖 행위가 모두 부처님 생각을 떠나지 않으며, 내지 온갖 것을 아는 지혜와 모든 지혜 가운데 최상의 지혜를 갖추려는 생각을 떠나지 않는다.

또 생각하기를 '내가 중생들 가운데 으뜸이 되고, 내지 온갖 지혜 가운데 최고 수승한 지혜의 의지함이 되리라' 고 한다. 이 보살이 부지런히 정진하면 순간에 백천억 삼매를 얻으며, 내지 백천억 보살을 나타내어 권속을 삼는데, 만약 원력으로 자재하게 나타내면 이 수를 초과하여, 내지 백천억 나유타겁을 세어도 알 수 없다."

이 때 금강장 보살께서 이 뜻을 다시 펴고자 게송으로 설하셨다.

삼계[75]가 마음을 의지하여 있음을 깨치고
십이인연 또한 그러하며
나고 죽음 모두 마음의 작용이니
마음이 없으면 생사도 다하네.

7. 원대하게 수행하는 지

금강장 보살께서 해탈월 보살에게 말씀하였다.

"보살이 6지의 수행을 갖추고 나서 제7 원행지에 들고자 하면, 마땅히 열 가지 방편 지혜를 닦아 뛰어난 도를 일으켜야 하니, 이른바 공하고 실체적 모습 없고 욕망을 떠난 삼매를 닦으나 자비로 중생을 버리지 않으며, 부처님의 평등법을 얻었지만 항상 즐거이 부처님께 공양하고, 비록 사물의 공한 본성을 관조하는 지혜의 문에 들었으나 복덕을 부지런히 모은다.

삼계를 떠났지만 삼계를 장엄하며, 필경에는 온갖 번뇌의 불꽃을 멸하였지만 능히 많은 중생을 위하여 탐내고 성내고 어리석은 번뇌의 불꽃을 일으키고, 온갖 법이 환상과 꿈·그림자·메아리·아지랑이·변화·물 가운데 달과 거울 속에 비친 모습과 같아서 자성이 다르지 않음을 알지만 마음을 따른 행위가 무한히 차별하다.

비록 모든 국토가 허공과 같음을 알지만 청정하고 묘한 행으로 불국토를 장엄하며, 부처님의 법신은 본성이 몸이 없음을 알지만 상호로 몸을 장엄하고, 부처님의 음성은 성품이 적멸하여 말로 할 수 없음을 아나 많은 중생을 따라서 갖가지 차별한 청정 음성을 내고, 비록 부처님을 따라서 삼세가 오직 일념임을 알지만 중생들이 마음으로 이해하는 분별을 따라서 갖가지 모습과 때와 겁으로써 온갖 행을 닦는다.

보살이 이와 같은 열 가지 방편 지혜로 수승한 행을 일으켜서 제6지로부터 제7지에 들어간 뒤에 이 행이 항상 앞에 나타남을 제7 원행지에 머문다고 한다.

이 보살은 시시각각 항상 열 가지 바라밀을 갖추니, 생각마다 대비로 으뜸을 삼아 불법을 수행하여 부처님 지혜로 향하고, 갖고 있는 선근으로 부처님 지혜를 구하기 위하여 중생에게 줌은 보시바라밀이요, 온갖 번뇌의 뜨거움을 능히 없앰은 지계바라밀이며, 자비로 으뜸을 삼아 중생을 손상시키지 않음은 인욕바라밀이요, 뛰어나고 선한 법을 구하되 싫증 내지 않음은 정진바라밀이며, 온갖 것을 아는 지혜의 길이 항상 앞에 나타나서 잠깐도 산란하지 않음은 선정바라밀이요, 모든 법이 생멸하지 않음을 인정하는 것은 반야바라밀이며, 무한한 지혜를 냄은 방편바라밀이요, 최상품의 수승한 지혜를 구함은 서원바라밀이며, 온갖 이론과 악마가 무너뜨릴 수 없음은 역바라밀이요, 온갖 법을 여실히 앎은 지혜바라밀이다.

보살이 초지에서 모든 불법을 반연[76]하고 원하여 구함으로 보리의 부분법을 만족하고, 제2지에서는 마음의 때를 없애며, 제3지에서는 원이 더욱 강화하여 법의 광명을 얻고, 제4지에서는 도에 들어가며,

제5 지에서는 세상의 행을 따르고, 제6지에서는 심원한 법문에 들어가며, 제7지에서는 모든 불법을 일으키기 때문에 다 또한 보리분법[77]을 만족한다.

왜냐하면 보살이 초지로부터 제7지에 이르기까지 지혜의 공용[78]이 있는 부분을 이루니, 이 힘으로써 제8지로부터 제10지에 이르기까지 공용이 없는 행을 모두 다 이룬다.

비유하면 두 세계가 있으니, 물들고 깨끗한 두 중간을 지나가기 어렵지만, 오직 보살로서 대 방편과 신통 원력이 있는 이는 제외하며, 보살의 여러 지도 마찬가지로 물든 행과 깨끗한 행의 두 중간을 지나가기 어렵지만, 오직 보살의 대 원력과 방편과 지혜가 있는 이는 능히 지나갈 수 있다.

초지로부터 제7지에 이르기까지 수행하는 모든 행이 다 번뇌의 업을 멀리하여 위없는 보리로 회향하며, 부분적으로 평등한 도를 얻었지만 번뇌를 뛰어 넘은 행이라고는 이름하지 못한다.

비유하면 전륜성왕이 하늘 코끼리를 타고 사천하를 다님에, 빈궁하여 괴로워하는 사람이 있음을 알고도 그들의 근심에 물들지 않지만 인간의 지위를 넘었다고는 이름하지 않는다. 만약 왕의 몸을 버리고 범천의 세계에 태어나서 천궁을 타고 천 세계를 보고 다닐 적에, 범천의 광명과 위덕을 나타내면 그제야 인간의 지위를 넘었다고 한다.

보살도 마찬가지로, 처음 초지로부터 제7지에 이르기까지 바라밀의 수레를 타고 세간을 거닐 적에 세간의 번뇌와 과도한 근심을 알면서도 정도를 탔기에 번뇌의 과실에 물들지는 않지만, 번뇌를 뛰어넘은 행이라고는 이름하지 못하고, 만약 모든 공용이 있는 행을 버리고 제7지로부터 제8지에 들어가서 보살의 청정한 수레를 타고 세간을 편력할 때에, 번뇌의 과실을 알고도 물들지 않으면 그 때에야 번뇌를 뛰어 넘은 행이라 이름하니, 이는 온갖 것을 다 초과한 때문이다.

이 제7지 보살이 욕심이 많은 등 번뇌를 모두 뛰어넘어 이 지에 머무름에 번뇌가 있는 이라고도, 번뇌가 없는 이라고도 않으니, 왜냐하면 온갖 번뇌가 현재에 작용하지 않으므로 있는 이라 하지도 않고, 부처님의 지혜를 구하는 마음이 아직 원만하지 못하므로 번뇌가 없는 이라 하지도 않는다.

보살이 제6지로부터 멸정[79]에 들어가거니와 지금 이 지에 머물러서는 시시각각 들어가며, 또한 시시각각 일어나되 증득하지는 않으므로 이 보살을 '부사의한 삼업을 이루고, 진여를 행하되 증득하지는 않는다'고 한다. 마치 누군가 배를 타고 바다에 들어감에 교묘한 방편의 힘으로 조난을 당하지 않으니, 이 지의 보살도 마찬가지로 바라밀의 배를 타고 진여의 바다에 다니되, 원력으로 열반을 증득하지 않는다.

이 보살은 힘과 분수를 따라 방편바라밀에 치중하니, 이것이 보살의 제7 원행지를 간략히 말한 것이다.

보살이 이 지에 머물러서는 흔히 자재천왕이 되어 중생들에게 증득한 지혜의 법을 말하여 깨쳐 들게 하며, 보시와 친절과 선행을 하고 동고동락을 하니, 이 같은 모든 행위가 다 부처님 생각함을 떠나지 않으며, 내지 온갖 것을 아는 지혜와 모든 지혜 가운데 최상의 지혜를 갖추려는 생각을 떠나지 않는다.

또 생각하기를 '마땅히 모든 중생들 가운데 으뜸이 되고, 내지 온갖 것을 아는 지혜의 의지함이 되리라' 고 한다."

그 때 금강장 보살께서 이 뜻을 다시 펴고자 게송으로 말씀하셨다.

이 지에서 비록 온갖 미혹을 뛰어 넘었으나
번뇌가 있다 없다 하지 않으니
번뇌 없이 그 속에서 행하되
부처님 지혜 구하는 마음 원만치는 못하네.

8. 온갖 번뇌의 행에 움직이지 않는 지

금강장 보살께서 해탈월 보살에게 말씀하셨다.

"보살이 제7지에서 방편 지혜를 잘 닦아, 모든 도를 청정하게 하니, 조도법[80]을 잘 모으고 대 원력으로 거두며 불력으로 가피하고, 자기 선근의 힘으로 유지하며, 항상 여래의 힘과 두려움 없음과 불공불법[81]을 생각하고, 깊이 믿는 마음으로 정신 작용을 청정하게 하며, 복덕과 지혜를 이루고 대자대비로 중생을 버리지 않으며 무한한 지혜의 도에 들게 한다.

온갖 법에 들어가니, 본래 생김도 없고 일어남도 없으며 실체적 모습도 없고 이루어짐도 무너짐도 없으며 다함도 없고 변함도 없으며, 성품 없음으로 성품을 삼고, 처음과 중간과 나중이 다 평등하며, 분별을 떠난 여여지[82]로 들어갈 곳이다.

모든 심의식으로 분별하는 생각을 떠나 허공처럼 집착이 없고 온갖 법이 허공의 성품 같은데 들어가니 이를 '무생법인을 얻음' 이라고 이름한다.

보살이 이 무생법인을 이루면 바로 제8 부동지에 들어가, 깊이 행하는 보살이 되니 알기 어려우며, 차별이 없고, 온갖 모습·생각·집착을 여의며 무한하고 끝이 없고 모든 성문과 벽지불이 미칠 수 없으며 온갖 떠들썩함을 여의어서 적멸이 앞에 나타난다.

마치 비구가 신통을 갖추고 마음이 자재하여 차례로 멸진정까지 들면 온갖 동요되는 마음과 이것저것 생각함이 모두 쉬듯이 이 보살도 마찬가지로 부동지에 머무름에, 모든 공용 행을 버리고 공용이 없는 법을 얻어 몸과 입과 뜻으로 짓는 업과 생각과 일이 다 쉬어서 과보의 행에 머문다.

보살이 제8지에 머무름에 대 방편과 교묘한 지혜로 일으킨 공용이 없는 지혜의 힘으로써 온갖 지혜 가운데 최상의 지혜로 대상을 관찰하니, 이른바 세간이 이루어지고 무너짐을 관찰하되, 이 업이 모임으로 이루어짐과 이 업이 다함으로 무너짐과, 얼마 동안 이루어지고 얼마 동안 무너짐과, 얼마 동안 성립하여 머묾과 얼마 동안 파괴되어 머묾을 다 여실히 알며, 또 욕계·색계·무색계의 이루어짐과 무너짐과 작고 크거나 무한하거나 다른 모습을 알아서 이 같이 삼계의 다름을 관찰하는 지혜를 얻는다.

이 보살의 지혜 지를 부동지라 하니 무너뜨릴 수 없기 때문이요, 불퇴전지라 하니 지혜가 물러나지 않기 때문이며, 얻기 어려운 지라 하니 모든 세간에서 헤아릴 수 없기 때문이요, 동진지라 하니 온갖 과실을 떠난 때문이다.

이 보살은 힘과 분수를 따라 원바라밀에 치중하니, 이것이 보살의 제8 부동지를 간략히 설한 것이고, 만약 상세히 설하자면 무한한 겁이라도 다할 수 없다.

이 지에 머무르면 흔히 대범천왕[83]이 되어 일천 세
계를 주관하니, 최고로 뛰어나게 자재하고 온갖 이
치를 말하여 성문이나 벽지불과 모든 보살에게 바
라밀 도를 일러주며, 세계의 차별을 묻는 이가 있어
도 물러나지 않는다.

보시와 친절과 선행을 하며 동고동락을 하니, 이
같은 모든 행위가 다 부처님 생각함을 떠나지 않고,
내지 온갖 것을 아는 지혜와 모든 지혜 가운데 최상
의 지혜를 생각함을 떠나지 않으며, 또 생각하기를
'마땅히 중생들 가운데 으뜸이 되고, 내지 온갖 것
을 아는 지혜의 의지함이 되리라' 고 한다."

그 때 금강장 보살께서 이 뜻을 다시 펴고자 게송
으로 말씀하셨다.

이 지에 머물면 분별하지 않으니
멸진정에 들어간 비구와 같고
꿈에 강을 건너도 깨면 없으며
범천에 태어나 욕심을 끊은 듯 하네.

그대는 비록 이미 번뇌의 불 껐으나
세간에는 미혹의 불꽃이 아직도 치성하니
본원을 생각하고 중생 건져서
선근을 닦아 해탈케 할지어다.

9. 최고 수승한 지혜 지

금강장 보살께서 해탈월 보살에게 말씀하셨다.

"보살이 이 같이 무한한 지혜로 사고하여 관찰하고는, 다시 더 뛰어난 적멸 해탈을 구하고자 하고, 또 부처님의 지혜를 닦고 부처님의 비밀 법에 들어가며, 부사의한 대 지혜의 성품을 관찰하고, 다라니와 삼매문을 청정하게 하며, 뛰어난 신통을 갖추고, 모든 부처님들을 따라 법륜을 굴리며, 대비의 본원력을 버리지 않으려고 보살의 제9 선혜지에 들어간다.

보살이 이 선혜지에 머무름에 대 법사가 되어 법사의 행을 갖추고는 부처님의 경전을 잘 수호하고, 무한히 정교한 지혜로 네 가지 막힘 없는 변재를 일으켜서 보살의 언사로 설법한다. 이 보살은 늘 네 가지 막힘 없는 지혜를 따라서 연설하고 잠깐도 멀리

하지 않으니, 이른바 법과 뜻과 말씀과 기분 좋게 설법함에 막힘 없는 지혜다.

보살이 제9지에 머무름에 이 같은 정교하고 막힘 없는 지혜를 얻으며 부처님의 묘법장[84]을 얻어서 대법사가 되는데, 무한한 부처님 전마다 백만 아승지 다라니 문으로 정법을 듣고 잊지 않으며 한없이 차별한 문으로써 남을 위해 연설하니, 이 보살은 힘과 분수를 따라 힘바라밀에 치중한다.

이 지에 머물러서는 흔히 이천 세계의 주도자인 대 범천왕이 되어 잘 다스리고 자재하게 이롭도록 하니 여러 성문과 연각과 보살들을 위하여 바라밀 행을 분별하여 연설하며, 중생들이 마음껏 질문해도 물러나지 않고, 보시와 친절과 선행을 하고 동고 동락을 한다. 이 같이 모든 행위가 다 부처님 생각함을 떠나지 않고, 온갖 것을 아는 지혜와 모든 지혜 가운데 최상의 지혜를 생각함을 떠나지 않으며, 또 생각하기를 '마땅히 중생들 가운데 머리가 되고 나은 이가 되며, 내지 온갖 지혜 가운데 최상의 지혜의 의지함이 되리라'고 한다."

그 때 금강장 보살께서 이 뜻을 다시 펴고자 게송으로 설하셨다.

이 지에 머물고는 법장을 지녀서
선이거나 악이거나 둘 다 아니거나
번뇌가 있거나 없거나 세간과 출세간
생각할 수 있음과 없음을 다 잘 아네.

10. 허공처럼 광대한 장애를 덮는 법 구름 지

금강장 보살께서 해탈월 보살에게 말씀하셨다.

"보살이 초지로부터 제9지에 이르기까지, 이 같은 무한한 지혜로 관찰하여 깨닫고는 곰곰히 생각하여 닦으니, 백법[85]을 만족하고 끝없는 조도법을 모으고, 큰 복덕과 지혜를 증대하고 대비를 널리 행한다. 부처님께서 행하신 곳에 들어가고 부처님의 적멸행을 따르며, 여래의 힘과 두려움 없음과 불공불법을 항상 관찰함을, '온갖 것을 아는 지혜와 모든 지혜 가운데 최상의 지혜를 얻는 직책을 받는 지위' 라고 이름한다.

보살이 이러한 지혜로 직책을 받는 지위에 들어가서는 보살의 더러움을 여읜 삼매와 해인 삼매 등에 들어가니 이 같은 등의 백만 아승지 삼매가 다 앞에 나타난다.

보살이 이 모든 삼매에 들고남에 다 능란하여 온갖 삼매의 작용이 차별함도 잘 아니, 그 최후 삼매를 이름하여 '온갖 것을 아는 지혜와 뛰어난 직책을 받는 지위' 라 한다.

이 삼매가 앞에 나타날 때 큰 보배 연꽃이 갑자기 솟아나 보살이 꽃자리에 앉으시니, 몸의 크기가 잘 맞고 무한한 보살로 권속을 삼았으며, 그들은 각기 다른 연꽃 위에 앉아서 둘러쌌고, 일일이 각각 백만 삼매를 얻어서, 대 보살을 향해 일심으로 우러러보았다.

이 대 보살과 권속들이 꽃자리에 앉았을 때 있던 광명과 음성이 두루 시방 법계에 충만하여 모든 세계가 다 함께 진동하였고, 나쁜 길은 쉬었으며 국토가 청정하게 장엄되어 동행[86]보살이 모두 모여와 인간과 천상의 음악이 동시에 소리를 내어 많은 중생들이 다 안락하고, 부사의한 공양구로 모든 부처님께 공양하니 부처님들의 회상이 다 나타났다.

이 보살이 큰 연꽃 자리에 앉았을 때에 무한한 아승지 광명을 놓아 시방 모든 중생들의 고통을 없애고, 부처님들의 처소에 두루하여 온갖 장엄구를 비내리듯 공양하였는데, 이는 모두 출세간의 선근으로부터 난 것이어서 모든 세간의 경계를 넘었으니, 중생들이 이를 보고 알면 다 최상의 깨달음에서 물러나지 않는다.

이 대 광명이 이 같이 공양하는 일을 마치고 다시 시방의 온갖 세계에 있는 낱낱 부처님의 회상을 열 바퀴 돌고 부처님의 발 아래로 들어갔으니 그 때 모든 불·보살들께서, 어느 세계의 아무 보살이 능히 이 같이 광대한 행을 행하여 직책을 받는 지위에 이름을 알았다. 이 때 시방의 무한하고 끝없는 제9지의 보살 대중까지 다 와서 둘러싸고 공경히 공양하며 일심으로 관찰하니, 바로 관찰할 때에 그 모든 보살들이 각기 일만 삼매를 얻었다.

마치 전륜성왕의 태자가 마정수기를 받고서 찰제

리왕의 수에 들며, 곧 십선도[87]를 행하여 전륜성왕이란 이름을 얻게 되듯이 보살이 직책을 받음도 마찬가지다. 부처님의 지혜의 물을 머리 위에 부으므로 직책을 받는다 하니, 부처님의 십력을 갖추었으므로 부처님 수에 들어간다.

이것을 보살이 대 지혜의 직책을 받았다 하고, 무한한 백천 만억 나유타의 행하기 어려운 행을 행하여, 한없는 지혜와 공덕을 키우니 '법운지에 안주함'이라고 이름하며, 이 같은 지혜를 통달함에 무한한 보리를 따르고 정교하게 생각에 몰두하는 힘을 이룬다. 그리고 시방의 한없는 부처님들께서 소유하신 대 법의 광명과 대 법의 비춤과 대 법의 비를 순간에 다 능히 수용한다.

가령 사가라 용왕이 내리는 큰 비를 오직 큰 바다를 제외하고는 어느 곳에서도 받아 내지 못하니, 마찬가지로 부처님의 비밀한 법장인 대 법의 광명과 비춤이나 비도 오직 제10지 보살을 빼고는 다른 모든 중생이나 성문·독각·제9지 보살들은 다 수용하지 못한다.

마치 큰 바다는 능히 용왕이 내리는 큰 비를 다 받아들이는데, 둘이나 셋 내지 무한한 용왕의 비가 일순간 한꺼번에 내리더라도 다 수용하니 이는 한없이 광대한 그릇이기 때문으로, 법운지에 머문 보살도 마찬가지로 부처님의 법의 광명과 비춤과 비를 다 받아들이고, 둘이나 셋 혹은 무한한 부처님께서 일순간 한꺼번에 연설하시더라도 다 마찬가지이므로 이 지를 '법운' 이라 이름한다.

이 지의 보살은 스스로의 원력으로 대비의 구름을 일으키며 큰 법의 천둥을 진동하고, 삼명·육통[88]과 두려움 없음으로 번개가 되며 복덕과 지혜로 두껍게 겹친 구름이 되고, 갖가지 몸을 나타내어 오가며 널리 돌아다니되, 순간에 시방 국토에 두루하여 큰 법을 연설하고 악마들을 꺾어 제도시키며 다시 이 수를 더 초과하여 무한한 국토에서, 중생심의 집착을 따라서 단비를 퍼부어 온갖 미혹의 불꽃을 멸하기에 법운지라 한다.

이 보살은 지혜바라밀에 치중하니, 법운지에 머물러서는 흔히 마혜수라 천왕이 되어 법에 자재하고,

중생이나 성문과 독각과 많은 보살에게 바라밀 행을 주며, 법계의 질문으로도 물러나게 할 수가 없고, 보시와 친절과 선행을 하며 동고동락을 하니, 이 같은 온갖 행위가 부처님 생각함을 떠나지 않으며, 온갖 것을 아는 지혜와 모든 지혜 가운데 최상의 지혜를 갖추도록 생각함을 떠나지 않는다.

또 생각하기를 '마땅히 중생들 가운데 머리가 되고 나은 이가 되며, 내지 온갖 것을 아는 지혜와 모든 지혜 가운데 최상의 지혜의 의지함이 되리라' 고 한다.

만일 부지런히 정진하면 일순간 무수한 삼매를 얻고, 먼지 수 같은 보살을 나투어 권속을 삼으며, 만일 보살의 뛰어난 원력으로 자재하게 나타내면 이 수를 초과하니, 이른바 수행과 장엄과 믿고 이해함과 행위와 몸과 말과 광명과 모든 근과 신통 변화와 음성과 행하는 곳을, 백천억 나유타겁을 능히 헤아려도 알 수 없을 것이다.

보살의 십지가 부처님의 지혜에 기인하여 차별이 있음이, 마치 대지를 인하여 열 산이 있는 것과 같으니, 이른바 설산·향산·비타리산·신선산·유건타산·마이산·이민타라산·작갈라산·계도말저산·수미산이다. 이 열 가지 보배산들이 다 같이 큰 바다에 있으면서도 다른 명칭을 얻었듯이, 보살의 십지도 마찬가지로 다 같이 온갖 것을 아는 지혜에 있으면서도 달리 이름을 얻었다.

마치 큰 바다는 열 가지 모습으로 대해의 이름을 얻어 바꾸어 뺏을 수 없으니, 하나는 차제에 점점 깊어짐이요, 둘은 시체를 거두지 않고, 셋은 다른 물이 유입하면 모두 본명을 잃으며, 넷은 동일한 맛이요, 다섯은 무한한 보배가 있고, 여섯은 바닥까지 도달할 수 없으며, 일곱은 광대하여 무한하고, 여덟은 큰 몸들이 거처하며, 아홉은 조수가 기한을 넘지 않고, 열은 두루 큰 비를 수용하되 넘치지 않는 것이다.

보살행도 마찬가지로 열 가지 모습으로써 보살행이라 이름하여 바꾸어 뺏을 수 없으니, 이른바 비로소 법의 맛을 알아 환희심을 내는 환희지는 대원을 내어 점점 깊어지고, 계를 범한 더러움을 멀리 여읜 이구지는 온갖 파계한 시체를 받지 않으며, 지혜의 광명을 내는 발광지는 세간의 헛이름을 멀리하고, 번뇌의 땔나무를 태우는 지혜의 불꽃인 염혜지는 부처님의 공덕과 동일한 맛이며, 지혜가 지극하여 더 수승하기가 어려운 난승지는 무한한 방편과 신통과 세간에서 만들어진 보배들을 내고, 진리를 관하는 지혜가 앞에 나타나는 현전지는 인연의 화합에 의해 나타나는 매우 깊은 이치를 관찰하며, 원대하게 수행하는 원행지는 광대하게 사고 분별하는 의식으로 잘 관찰하고, 온갖 번뇌의 행에 움직이지 않는 부동지는 광대하게 장엄하는 일을 나타낸다.

최고 수승한 지혜의 선혜지는 깊은 해탈을 얻어 세간에 다니되 있는 그대로 알아서 기한을 어기지 않으며, 허공처럼 광대한 장애를 덮는 법 구름의 법운지는 모든 부처님 큰 법의 밝은 비를 받으면서 싫증냄이 없다.

대 마니 구슬은 열 가지 성질이 있어 온갖 보배 보다 뛰어나니, 하나는 큰 바다에서 나온 것이요, 둘은 명장이 다듬었으며, 셋은 원만하여 흠이 없고, 넷은 청정하여 때가 없으며, 다섯은 안팎으로 투명하게 밝고, 여섯은 정교하게 구멍을 뚫었으며, 일곱은 보배 실로 꿰었고, 여덟은 유리 당기 위에 달았으며, 아홉은 갖가지 광명을 두루 놓았고, 열은 왕의 뜻을 따라 온갖 보물을 비 내리듯 하여 중생들의 마음을 원대로 충족시킨다.

보살도 마찬가지로 열 가지 일로 많은 성인들보다 뛰어남을 알 것인데, 하나는 온갖 것을 아는 지혜를 얻으려는 마음을 내며, 둘은 계율을 지켜 두타[89]행이 청정하고, 셋은 오로지 좌선에 힘씀이 원만하여 흠이 없으며, 넷은 도행이 청백하여 더러움을 여의었고, 다섯은 방편과 신통이 안팎으로 명철[90]하다.

여섯은 연기의 지혜로 깊이 파고 들었고, 일곱은 갖가지 방편과 지혜의 실로 꿰었으며, 여덟은 자재하게 높은 깃발 위에 두었고, 아홉은 중생들의 행을 관찰하여 듣고 잊지 않는 광명을 놓으며, 열은 부처님 지혜의 직책을 받고는 부처님 수에 들어가 중생을 위하여 불사를 널리 행하니, 이 온갖 것을 아는 지혜의 공덕을 모으는 보살행 법문은 모든 중생이 선근을 심지 않으면 듣지 못한다."

해탈월 보살이 "이 법문을 들으면 얼마나 되는 복을 얻습니까?" 라고 여쭈자 금강장 보살께서 말씀하셨다.

"온갖 것을 아는 지혜로 모으는 복덕과 같이, 이 법문을 들은 복덕도 마찬가지다. 이 공덕 법문을 듣지 못하고는 믿고 알거나 수지 독송하지도 못하니 하물며 정진하여 설한대로 수행하겠는가. 그러므로 마땅히 알라. 반드시 이 온갖 것을 아는 지혜의 공덕을 모으는 법문을 듣고야 능히 믿고 알며 받아 기억하고 수습[91]할 것이며, 그런 연후에 온갖 것을 아는 지혜의 지위에 이를 수 있을 것이다."

이 때 부처님의 신력으로써 시방 세계 밖에 무수한 보살들이 이 회상에 와서 말하였다.

"훌륭하십니다. 금강장이시여, 이 법을 쾌히 설하십니다. 저희들도 다 또한 동명의 금강장이요, 머물고 있는 세계는 각기 다르지만 다 같이 금강덕이며, 부처님의 호는 모두 금강당이십니다. 저희들도 다 부처님의 신력을 받아 이 법을 설하되, 회상도 다 같으며, 문자와 내용도 여기서 설함과 같이 더도 덜도 없습니다.

　다 부처님의 신력으로써 이 회상에 와서 당신을 위하여 증명하니, 저희들이 지금 이 세계에 들어온 것과 같이 시방세계에도 다 또한 이대로 가서 증명합니다."

　옛적의 지혜와 서원과 신력으로
　한 생각에 시방국토 두루하여
　단비 내려서 번뇌를 없애니
　이 때문에 부처님께서 법운지라 이름하셨네.

27. 십정품

① **이름 풀이**

십은 제15 십주품의 이름 풀이 참조.

정은 마음을 한 점에 집중하는 것이다. 보현의 깊은 선정의 묘한 작용이 끝없는데 십에 의하여 다함없이 드러낸다.

② **설하는 까닭**

제 2 회 여래명호품 중 십정의 물음에 대한 답이다. 또 십지 보살이 스스로 보현행을 갖추지 못하면 보현의 몸을 보지 못함을 스스로 앎을 밝힌다.

③ **주제와 취지**

보현삼매의 막힘 없는 자재와 끝없이 큰 작용으로써 주제와 취지를 삼는다.

부처님께서 마갈타국[92] 고요한 법의 보리 도량에서 비로소 정각을 이루시고 보광명전에서 모든 부처님의 찰나제 삼매에 드셨는데 많은 보살들과 함께 계셨으니 다들 신통이 자재하여 부처님과 같았으며, 또 지혜가 깊어 진리를 연설하고 집착이 없는 해탈에 머물렀다.

보안 보살이 부처님의 신력을 받아 자리에서 일어나 오른쪽 어깨를 드러내고 우슬착지[93]하여 합장하고 여쭈었다.

"세존이시여, 보현 보살과 보현행과 원력의 보살 대중이 얼만큼의 삼매와 해탈을 이루었기에 보살의 삼매에 들어가고 나옴이 자재하고 신통 변화가 쉬지 않습니까?"

부처님께서 말씀하셨다.

"훌륭하구나. 보안이여, 그대가 과거·현재·미래의 보살들을 유익하게 하려고 이런 도리를 묻는구나.

보현 보살이 지금 여기 있으니, 이미 불가사의하게 자재한 신통을 이루어 모든 보살의 훌륭함을 넘었고, 대비로 많은 중생을 이롭게 하니, 저에게 청하면 마땅히 그대에게 삼매의 자재한 해탈을 말하리다."

그 때 회상의 보살들은 보현의 이름을 듣고 즉시 불가사의하고 무한한 삼매를 얻었으니 마음에 막힘 없어 아주 고요히 움직이지 않았고, 과거·현재·미래의 일을 밝게 비추지 못할 것이 없었으며, 있는 복덕은 끝이 없고 온갖 신통을 이미 다 갖추었다.

그 때 부처님께서 보현 보살에게 말씀하셨다.

"보현이여, 마땅히 보안과 회상의 모든 보살들을 위하여 십대 삼매를 설하여 보현의 온갖 행원에 들어가 이루게 하라.

모든 보살이 이 십대 삼매를 설함으로써 생사를 초월하게 하니, 하나는 보광 대 삼매며, 둘은 묘광 대 삼매요, 셋은 차제로 여러 불국토에 두루 가는 대 삼매며, 넷은 청정하고 깊은 생각의 대 삼매요, 다섯은 과거에 장엄한 가르침을 아는 대 삼매며, 여섯은 지혜 광명의 가르침인 대 삼매며, 일곱은 모든 세계의 부처님 장엄을 아는 대 삼매요, 여덟은 중생들의 차별 몸인 대 삼매며, 아홉은 법계에 자재한 대 삼매요, 열은 막힘 없는 바퀴인 대 삼매이다.

이 십대 삼매는 모든 대 보살들이 잘 들어갔는데, 삼세 모든 부처님의 말씀이시니, 만약 여러 보살들이 원하고 추구하며 존중하고 수습하여 게으르지 않으면 곧 이루게 될 것이다. 이 같은 이를 대 도사라 하고, 모든 경계를 통달한 이라 하며 온갖 법에 자재한 이라 하니 보현이여, 이제 모든 보살의 열 가지 대 삼매를 분별해서 말하라. 여기 모인 이들이 다들 듣기를 원한다."

이 때 보현 보살께서 부처님의 뜻을 받들어 보살 대중을 살펴보고, 십대 삼매를 말씀하셨다.

28. 십통품

1 이름 풀이

십은 제15 십주품의 이름 풀이 참조.

통은 과거 숙명사를 잘 아는 것이다. 묘하게 작용하여 측량키 어려움을 '신(神)' 이라 하고, 자재하여 막힘 없음을 '통(通)' 이라 한다. 뛰어난 작용이 다함이 없음을 열 가지로 두루 갖춤을 드러낸다.

2 설하는 까닭

제2회 여래명호품 중 십통의 물음에 대한 답이다. 십정·십통품은 업의 작용이 광대함을 밝히니 앞의 '정' 과 지금의 '통' 이 뜻의 순서인 때문이다. 또한 이는 '선정' 에 의해 작용을 일으키니 열 가지 신통이 있음을 밝힌다.

3 주제와 취지

지혜의 작용이 자재함으로 주제를 삼고, 등각의 제한 없이 교화를 원만히 함으로써 취지를 삼는다.

보현 보살께서 여러 보살들에게 말씀하셨다.

"열 가지 신통이 있으니 첫째, 남의 마음을 아는 지혜의 신통으로 무한히 다양한 중생들의 마음을 다 분별하여 안다.

둘째, 자재하게 청정한 하늘 눈 지혜의 신통으로 중생들이 여기서 죽어 저기서 태어날 때의 좋거나 나쁜 세계·복이나 죄를 받음·좋거나 추함과 더럽거나 깨끗한 이 같은 종류의 무한한 중생을 본다.

셋째, 과거사를 아는 지혜의 신통으로 중생들의 지난 일을 다 아니, 이른바 아무 곳에 태어나서 아무 종족의 성명·고락을 받음·시작도 모르는 먼 옛날부터의 생존 속에서 인연으로 점점 자라나고 차례로 상속하여 끊어지지 않고 윤회하던 갖가지 종류를 모두 다 확실히 안다.

넷째, 미래가 끝날 때까지 아는 지혜의 신통으로써 온갖 겁을 아니, 하나 하나의 겁마다 중생들이 명이 다해 다시 태어나던 일과 생사가 상속되며, 업과 과보가 선하거나 불선하며, 초월하거나 초월하지 못함을 안다.

다섯째, 막힘 없이 청정한 하늘 귀로 듣는 지혜의 신통으로 온갖 음성을 듣기도 듣지 않기도 함에 뜻대로 자재하다.

여섯째, 자체 성품과 동작이 없이 모든 불국토에 가는 지혜의 신통으로 뜻대로 다가가는 신통에 머물면 이 보살이 아주 먼 세계의 부처님 명호를 들으니, 듣고 나서는 자신이 그 불국토에 있음을 보게 된다.

일곱째, 온갖 언사를 잘 분별하는 지혜의 신통으로써 중생들의 갖가지 언사를 아니, 각기 표시하고 갖가지로 다른 것들을 모두 다 아는데, 마치 햇빛이 두루 온갖 색을 비추면 눈 있는 자는 다 확실히 알게 되듯이 보살도 마찬가지로 온갖 언사를 잘 분별하는 지혜로써 언사의 구름에 깊이 들어가 일체 언사를 세간의 지혜로운 자들은 다 알게 한다.

여덟째, 무한한 아승지 몸의 장엄을 내는 지혜 신통으로써, 온갖 법이 분별하는 모습이 없으며 청·황·적·백의 모습이 없음을 안다.

아홉째, 모든 법의 지혜 신통으로써, 세속제[94]를 취하지도 않고 제일의제[95]에 머물지도 않으며, 비록 말을 하나 집착하지 않고, 온갖 법을 연설하여도 변재가 다함이 없으며, 항상 능히 막힘 없는 법문을 연설하고 온갖 묘한 음성으로 중생심을 따라 법비를 두루 내리되 시기를 놓치지 않는다.

열째, 온갖 법이 멸해 없어지는 삼매에 들어가는 지혜의 신통으로써, 시시각각 모든 법이 멸해 없어지는 삼매에 들지만 보살도에서 물러나지 않고 보살의 일을 버리지도 않으니, 이른바 모든 중생을 항상 멀리하지 않고 교화하여 다루는 때를 잃지 않으며, 불법을 증대하되 보살행이 원만케 하고, 중생을 유익하게 하기 위하여 신통 변화가 쉬지 않음이 마치 그림자가 온갖 곳에 두루 나타나는 듯하지만 삼매에는 아주 고요하여 움직이지 않는다.

　이것이 보살의 열 가지 신통이니, 보살이 만약 이 신통에 머물면 모든 삼세에 막힘 없는 지혜의 신통을 얻는다."

29. 십인품

① 이름 풀이

십은 제15 십주품의 이름 풀이 참조.

인은 알고 인지함이니 지혜로 비추어 관찰 통달하는 것이다.

② 설하는 까닭

보광명전의 십인의 물음에 답인데 뜻은 앞의 풀이와 같다. 앞의 둘은 이미 선정과 신통의 작용
이 광대함을 밝혔고, 지금 이는 지혜의 심오함을 말한다.

③ 주제와 취지

지혜와 행이 심오함으로 주제를 삼고, 막힘 없이 다함없는 불과를 얻음으로 취지를 삼는다.

보현 보살께서 여러 보살에게 말씀하셨다.

"열 가지 인지함이 있으니, 만약 이 인지함을 얻으면 모든 보살의 막힘 없이 인지함에 이르러 온갖 불법에 막힘 없고 다함이 없다.

첫째, 음성을 인지하니, 불법을 듣고 두려워하지 않아 깊이 법을 믿고 깨달아 쾌히 나아가며, 일심으로 생각하고 닦아서 안주한다.

둘째, 따라서 인지하니, 온갖 법을 사유하고 관찰하여 평등하고 어김없이 따라서 이해하며, 마음을 청정케 하고 바로 머물러 수습해 들어가 이룬다.

셋째, 생사 없음을 인지하니, 하찮은 법도 나거나

사라지는 것을 봄이 없다.

넷째, 환상과 같음을 인지하니, 온갖 법이 모두 다 환상 같아서 인연으로 일어남을 알아, 한 법 가운데 많은 법을 이해하고 많은 법 가운데 한 법을 이해한다.

다섯째, 아지랑이 같음을 인지하니, 온갖 세간이 아지랑이와 같음을 아는데, 마치 아지랑이는 있는 데가 없어 안도 밖도 아니며, 있지도 없지도 않고 단지 세간의 언어를 따라서 나타내 보이니, 보살도 마찬가지로 있는 그대로 관찰하여 모든 법을 분명히 알고 일체를 깨달아 원만케 한다.

여섯째, 꿈과 같음을 인지하니, 모든 세간이 꿈과 같음을 아는데, 마치 꿈은 세간도 아니고 세간을 떠난 것도 아니며, 나고 없어지는 것도 아니지만 모습을 보인다.

일곱째, 메아리 같음을 인지하니, 부처님의 설법을 듣고 법의 성품을 관찰하여 수학해 이루어 피안에 도달하는데, 모든 음성이 다 메아리 같아서 오고감이 없음을 알지만 이렇게 나타낸다.

여덟째, 그림자 같음을 인지하니, 세간에서 나는

것도 사라지는 것도 아닌데, 마치 일월과 남녀·사택·산림·하천·생물들이 기름이나 물·거울 등의 청정한 물상에 그림자를 나타내지만, 그림자는 기름과 같지도 다르지도 않고 멀리하지도 합하지도 않으며 흐르는 냇물에 흘러가지도 않고 못 속에 빠지지도 않으면서 그 속에 나타나나 사로잡히지 않는다.

그러나 중생들은 이 곳에는 그림자가 나타남을 알고, 저 곳에는 없음을 알며, 원근의 물상들이 비록 그림자를 나타내나 그림자는 멀고 가까움이 없듯이 보살도 마찬가지로 능히 나와 남의 모두가 다 지혜의 경계임을 알아서 두 가지로 알아 자타의 구별을 하지 않으나 자국과 타국에 각각 달리 한 때에 두루 나타난다. 마치 씨앗 속에 뿌리·움·줄기·마디·가지·잎이 없되, 능히 이와 같은 것을 내듯이 보살도 마찬가지로 다르지 않은 법에서 두 모습을 분별하여 정교한 방편으로 막힘 없이 통달한다.

아홉째, 마술 같음을 인지한다. 온갖 세간이 모두 다 마술과 같음을 안다. 온갖 고락이 뒤바뀐 것이 마술이니 허망한 법으로 생긴 것이다. 마치 마술은 세간에서 남도 사라짐도 아니다. 생사도 열반도 아니고 있는 것도 없는 것도 아니다.

열째, 허공 같음을 인지하니 온갖 법계가 허공과 같아 실체적 모습이 없고, 모든 세계도 허공과 같아 일어남이 없으니 이것이 보살의 열 가지로 인지함이다."

이 때 보현 보살께서 그 뜻을 다시 펴고자 게송으로 설하셨다.

삼십삼천[96]에
있는 모든 천자들이
한 그릇에 함께 먹되
먹는 것은 제각기 같지 않네.

제각기 먹는 갖가지 음식이
시방에서 온 것도 아니고
이같이 닦은 업으로
자연히 그릇에 차네.

중생과 국토는
갖가지 업으로 지어진 것
환상 같은 데 들어가
거기에 집착할 것 없네.

온갖 생각 없애고
무의미한 말까지 떠나면
어리석게 모습에 집착하는 자
다들 해탈을 얻게 하리.

마치 꿈 속에서
갖가지 다른 모습 보듯이
세간도 마찬가지로
꿈과 다를 것 없네.

마치 물 속에 그림자
안도 아니고 또한 밖도 아니듯
보살이 깨달음 구함에
세간이 세간 아님을 아네.

30. 아승지품

① 이름 풀이

아는 부정사다.

승지는 헤아리는 것이다. 십대수(일 아승지가 단위가 되어서 점차 배로 증가하여 불가설불가설 등에 이른다)의 첫 머리로 경론에 많이 쓰인다.

② 설하는 까닭

전체적으로 보면 아승지품·수량품·보살주처품은 등각의 심오함을 모두 밝힌다. 개별적으로 보면 앞의 십인품은 이미 지혜가 원만하고 깨달음이 지극하였는데, 이 품은 행덕의 생각키 어려움을 헤아린다. 또 생각키 어려운 부처님 덕을 보살이 다한 때문이며, 변화에 멀리 답하는 때문이다. 게송 가운데 변화의 큰 작용을 널리 나타내며 또 일부의 수량을 통틀어 나타낸다.

③ 주제와 취지

수에 의해 덕의 분제를 나타냄으로 주제를 삼고, 보현과 모든 부처님의 수를 여읜 중중무진함을 알게 함으로 취지를 삼는다.

심왕 보살이 부처님께 여쭈었다.

"세존이시여, 모든 부처님께서 아승지와 무한하고 끝없으며, 비할 것 없고, 셀 수 없으며, 일컬을 수 없고, 생각할 수 없으며, 헤아릴 수 없고, 말로 할 수 없으며, 말로 할 수 없이 말로 할 수 없음을 연설하시는데 어떤 것이 아승지이며, 내지 말로 할 수 없이 말로 할 수 없는 것입니까?"

부처님께서 심왕 보살에게 말씀하셨다.

"훌륭하구나. 선남자여, 그대가 지금 세인들로 하

여금 부처님께서 알고 계신 수량의 뜻을 알게 하기 위하여 묻는구나. 자세히 듣고 신중히 생각하라, 그대에게 말하리다.

백 낙차가 한 구지고, 구지에 구지 곱이 한 아유다며, 아유다에 아유다 곱이 한 나유타고, 나유타에 나유타 곱이 한 빈바라며, 빈바라에 빈바라 곱이 한 궁갈라고, 궁갈라에 궁갈라 곱이 한 아가라며, …지(至)에 지 곱이 한 아승지요, 아승지에 아승지 곱이 한 아승지 제곱이며, 아승지 제곱에 아승지 제곱이 한 한량없음이며, 한량없음에 한량없는 곱이 한 한량없는 제곱이다. 한량없는 제곱에 한량없는 제곱이 한 끝없음이요, 끝없음에 끝없는 곱이 한 끝없는 제곱이다. … 말로 할 수 없음에 말로 할 수 없는 곱이 한 말로 할 수 없는 제곱이고, 말로 할 수 없는 제곱에 말로 할 수 없는 제곱이 한 말로 할 수 없이 말로 할 수 없음이다. 여기에 재차[97] 말로 할 수 없이 말로 할 수 없는 곱이 한 말로 할 수 없이 말로 할 수 없는 제곱이다."

부처님께서 심왕 보살에게 게송으로 말씀하셨다.

말로 할 수 없는 모든 불국토를
모두 다 부수어서 미세한 먼지로 만들어도
한 먼지 속에 있는 세계를 설할 수 없으니
하나 하나처럼 모두가 다 그러하네.

31. 수량품

① 이름 풀이

수는 정해진 수명이다.

량은 분한이다. 염·정토 수명의 각각 분한을 보고 다함없는 목숨과 무한한 양을 나타내니 수명의 양이다.

② 설하는 까닭

앞의 아승지품은 불·보살의 진실한 덕이 평등하여 수량을 초과함을 나타냈다. 이 품은 별도로 부처님의 덕을 밝혀 근기에 맞춰 수명의 장단을 보인다. 이후의 보살주처품에서는 따로 보살의 법용을 밝히니, 근기에 의해 주처의 차별을 밝히는 것이다.

③ 주제와 취지

중생에 응한 수명의 길고 짧음으로 주제를 삼고, 미래가 다하도록 무한함을 나타냄으로 취지를 삼는다.

심왕 보살께서 대중 가운데서 여러 보살에게 말씀하셨다.

"사바 세계 석가모니 부처님 나라의 일겁이 극락세계 아미타 부처님 나라에서는 만 하루고, 극락세계의 일겁이 가사당 세계 금강견 부처님 나라에서는 만 하루며, … 이러한 순서로 백만 아승지 세계를 지나서 최후 세계의 일겁은 승련화 세계 현승 부처님 나라의 만 하루인데, 보현 보살과 같이 수행하는 대 보살들이 그 가운데 충만하셨다."

32. 보살주처품

보살주처는 보살이 대비로 곳에 따라서 교화하되 중생에 응하는 장소를 말한다. 사람과 장소로써 제목을 삼은 것이다.

② 설하는 까닭

보살이 중생의 근기에 응하는 장소를 나타내기 때문이다. 또 앞 품에서 현수의 불국토 등은 모두 정토이기에 보살이 충만하지만 사바의 예토는 보살의 유무를 알지 못한다. 이제 이 세계에도 또한 무한한 보살이 머무는 장소가 있음을 말한다. 그러므로 아승지에는 법계의 털끝 만한 곳에서도 모두 많은 보현이 있음을 밝혔는데, 이는 사실에 근거해 말한 것이니 만약 머무는 보살이 한 털에 국토를 머금고 머문 곳에 먼지가 끝없이 들임을 알면 한 방소도 보살의 주처 아님이 없다.

③ 주제와 취지

근기에 따라 응감하는 방소로 주제를 삼고, 중생으로 하여금 돌아가 의지하고 제한 없이 깨치게 함으로 취지를 삼는다.

심왕 보살께서 대중 가운데서 여러 보살에게 말씀하시길 "동방의 선인산에 옛적부터 보살들이 계셨는데 지금은 금강승 보살께서 그의 권속 삼백 보살 대중과 함께 계시면서 설법하시고, 남방의 승봉 산에도 옛적부터 보살들이 계셨으며 지금은 법혜 보살께서 그의 권속 오백 보살 대중과 함께 계시면서 설법하신다.

서방의 금강염산에도 옛적부터 보살들이 계셨으며 지금은 정진무외행 보살이 그의 권속 삼백 보살

대중과 함께 계시면서 설법하시고, 북방의 향적산
에도 옛적부터 보살들이 계셨으며 지금은 향상 보
살이 그의 권속 삼천 보살 대중과 함께 계시면서 설
법하신다." 라고 하셨다.

33. 불부사의법품

① 이름 풀이
불세존의 과법이 말과 생각을 멀리 벗어나니, 부처님의 부사의한 법이다.
부사〔의〕는 생각이 미치지 못함이다.
부〔사〕의는 말 표현으로 미치지 못하는 것이다.

② 설하는 까닭
앞의 보살주처품에서 이미 보살주처와 머물러 중생을 거두는 마땅함을 설했고, 이 품은 교화하는 지혜를 밝히기에 '불부사의' 라고 이름한다. 앞의 보살주처품은 인행을 원만히 마쳤고, 이 품은 불과가 이루어지는 처음이다.

③ 주제와 취지
말과 생각으로는 미치지 못함으로 주제를 삼고, 총히 사변을 다끊어 속히 원만케 함으로 취지를 삼는다.

그 때 회상에서 많은 보살들이 '모든 부처님들의 국토와 부처님들의 본래 소원·종성·출현·몸·음성·지혜·자재 하심·막힘 없음·부처님들의 해탈이 왜 부사의합니까?' 라고 생각하였다.

부처님께서는 보살들의 생각을 아시고 신력으로 가피하시되, 청련화장 보살을 부처님의 두려움 없음에 머물게 하셨으니 청련화장 보살은 막힘 없는 법계를 통달하고, 부처님의 신력을 받아 연화장 보살에게 말씀하셨다.

"부처님께 열 가지 법이 있어 무한한 법계에 두루

하시니, 이른바 부처님께는 끝없이 청정한 몸이 있어 온갖 갈래에 두루 들되 집착하지 않으시며, 끝없이 막힘 없는 눈이 있어 온갖 법을 확실히 아시고, 끝없이 막힘 없는 귀가 있어 온갖 음성을 통달하시며, 끝없는 코가 있어 부처님의 자재하신 피안에 이르시고 큰 혀가 있어 미묘한 음성을 내어 법계에 두루하시며, 끝없는 몸이 있어 중생심에 응해서 다 볼 수 있게 하신다.

모든 부처님께서 끝없는 의식이 있어 막힘 없는 평등 법신에 머무시고, 끝없이 막힘 없는 해탈이 있어 다함없는 대 신력을 나타내시며, 끝없이 청정한 세계가 있어 중생들의 좋아함을 따라서 온갖 불국토를 나타내시고 무한한 갖가지 장엄을 갖추되 거기에 집착하지 않으시며, 끝없는 보살행원이 있어 원만한 지혜를 얻고 자재하게 유희하여 온갖 불법을 다 통달하시니 이것이 부처님의 법계에 두루하시는 끝없는 열 가지 불법이다.

부처님께 열 가지 시기를 놓치지 않음이 있으시니 다 정각을 이루심에 시기를 놓치지 않으시고, 인연

있는 이를 성숙시킴에 시기를 놓치지 않으시며, 보
살에게 수기[98]함에 시기를 놓치지 않으시고, 중생심
을 따라 신력을 보임에 시기를 놓치지 않으시며, 중
생들의 이해를 따라 불신을 나타냄에 시기를 놓치
지 않으시고, 크게 버림에 머물되 시기를 놓치지 않
으시며, 여러 마을에 들어감에 시기를 놓치지 않으
시고, 온갖 청정한 신심을 거둠에 시기를 놓치지 않
으시며, 악한 중생을 다스림에 시기를 놓치지 않으
시고, 부사의한 모든 부처님의 신통을 나타냄에 시
기를 놓치지 않으시니, 이것이 열이다."

34. 여래십신상해품

여래십신은 사람을 내세워 덕을 나타낸 것이다.
상〔풍채〕는 복의 과보인 기묘한 모습이 뚜렷이 드러난 것이다.
해〔바다〕는 덕스런 상이 깊고 넓기 때문이다.

② 설하는 까닭
앞의 불부사의법품은 과법을 전체적으로 밝혔고, 이 품은 개별적으로 덕스런 모습을 나타낸다.
가까이로 앞 품의 불신의 물음에 답하고, 멀리 제2 보광명전회의 눈 등 육근에 답한다.

③ 주제와 취지
다함없는 모습을 나타냄으로 주제를 삼고, 끝없는 행을 닦아 나타냄으로 취지를 삼는다.

보현 보살께서 여러 보살에게 말씀하셨다.

"이제 그대들에게 부처님의 풍채[99]를 말하겠다.

머리 위에 보배로 장엄한 32대인상[100]이 있어 갖가지 광명으로 서른 두 가지의 작용을 하고, 미간에도 있어 법계에 두루한 광명 구름으로 대 광명을 놓아 온갖 보배 색을 갖추어 일월과 같이 환히 통하여 청정한 광명이 시방 국토에 두루 비추며, 모든 부처님의 몸과 미묘한 음성을 내어 법을 연설하니 서른 셋이다.

눈에도 있어 자재하게 두루 보는 구름으로 모든 것을 널리 봄에 장애가 없으니 서른 넷이요, 코에 모

214

든 신통한 지혜 구름이 있어 무한한 화신불을 나타
내는데 보배 연꽃에 앉아 온갖 세계에 가서 모든 보
살과 중생에게 부사의한 불법을 연설하니 서른 다
섯이다.

혀에 음성과 영상을 보이는 구름이 있어 모든 세
계에 두루 덮였는데, 부처님께서 기뻐 미소 지으실
적에는 반드시 마니 보배 광명을 놓고 시방 법계에
두루 비추어 많은 사람의 마음을 시원하게 하니 서
른 여섯이요, 또한 법계 구름이 있어 혓바닥이 반듯
하고 많은 보배로 장엄하였는데, 묘한 보배 광명을
놓아 무한한 부처님께서 나타나시어 묘한 음성으로
온갖 법을 연설하시니 서른 일곱이다.

혀끝에 법계를 비추는 광명 구름이 있어 항상 금
색 보배 불꽃이 자연히 나며, 그 속에 모든 부처님께
서 모습을 나타내시고, 다시 미묘한 음성을 내어 설
법하심에 듣는 이의 마음이 기뻐 오랫동안 잘 잊혀
지지 않으니 이것이 서른 여덟이요, 또한 법계를 비
추어 빛나는 구름이 있어, 많은 색상과 미묘한 광명
을 내어 시방의 무한한 국토에 충만하였는데, 온 법

계가 청정하지 않음이 없으며 그 속에 무한한 불·보살들이 계시면서 묘한 음성을 내어 갖가지로 열어 보임에 보살들이 나타나 들으니 서른 아홉이다.

입 윗잇몸에 부사의한 법계를 나타내는 구름이 있어 모든 세계에서 심원하고 부사의한 법을 연설하니 마흔이요, 입 오른 뺨 아랫니에 부처님 어금니 구름이 있어 대 광명을 놓아 두루 모든 부처님의 몸을 나타내어 중생을 깨우치니 마흔 하나이다.

입 오른 뺨 윗니에 보배 불꽃 미로[101]장 구름이 있어, 금강 향 불꽃과 청정 광명을 놓아 모든 부처님의 신력과 시방 세계의 맑은 도량을 나타내니 마흔 둘이요, 입 왼 뺨 아랫니에 보배 등불 두루 비추는 구름이 있어, 연화장 사자좌에 앉으신 모든 부처님과 보살 대중이 함께 둘러 모심을 나타내니 마흔 셋이다. 입 왼 뺨 윗니에 부처님을 조명하여 나타내는 구름이 있어 큰 불꽃 바퀴를 놓으니 모든 부처님들께서 나타나서 신력으로 허공에서 법의 젖과 등불·보배를 유포하여 여러 보살 대중을 교화하는데, 이것이 마흔 넷이요, 치아에 광명을 두루 나타내는 구름이 있어 미소 지으실 때는 다 광명을 놓는데 부처님의 음성을 연설하여 보현행을 설하니 마흔 다섯이다.

입술에 모든 보배 광명 모습을 나타내는 구름이 있어, 광대한 광명을 놓아 다 청정케 하니 마흔 여섯이요, 목에 모든 세계에 두루 비추는 구름이 있어 감포[102]를 이루어 부드럽게 윤기가 나고 비로자나의 청정 광명을 놓아 모든 부처님을 나타내니 마흔 일곱이다.

오른 어깨에 부처님의 광대한 보배 구름이 있어 연꽃 색 광명을 놓아 보살들을 두루 나타내니 마흔 여덟이요, 오른 어깨에 최고 수승한 보배로 두루 비추는 구름이 있어 마니 광명을 놓아 여러 보살을 나타내니 마흔 아홉이다.

왼 어깨에 최고 수승한 광명으로 법계에 비추는 구름이 있어 많은 보배 광명을 놓아 모든 신력을 나타내니 쉰이요, 왼 어깨에 광명이 두루 비추는 구름이 있어 향기 불꽃 광명을 놓아 모든 부처님과 청정하게 장엄한 국토를 나타내니 쉰 하나이다.

왼 어깨에 두루 비추는 구름이 있어 청정 광명을

놓아 보살들의 갖가지 장엄을 나타내어 다 절묘하니 쉰 둘이요, 가슴에 형상이 '만(卍)' 자와 같은 길상 구름이 있어 미묘한 음성을 내어 법을 펴니 쉰 셋이다.

길상한 모습 오른 편에 광명을 내어 비추는 구름이 있어 대 광명 바퀴를 놓아 무한한 부처님을 두루 나타내니 쉰 넷이요, 또 거기에 부처님을 두루 나타내는 구름이 있어 대 광명을 놓아 시방 세계를 비추어 다 청정케 하는데, 그 속에서 삼세 부처님들께서 도량에 앉아서 신력을 나타내어 법을 널리 펴시니 쉰 다섯이다.

또 꽃피는 구름이 있어 보배 향기 불꽃 등불의 청정 광명을 놓음에 형상이 연꽃 같아 세계에 충만하니 쉰 여섯이요, 기뻐하며 즐기는 금색 구름이 있어 청정 광명을 놓아 부처님 눈같이 광대한 광명인 마니 보장[103]을 나타내니 쉰 일곱이다. 또 부처님 구름이 있어 큰 불꽃 청정 광명을 놓아 시방 국토에 충만한데, 그 가운데 도량의 대중들을 나타내니 쉰 여덟이요, 길상한 모습 왼 편에 광명을 나타내는 구름이 있는데, 마니왕이 갖가지로 사이사이 섞인 보배 불꽃 광명을 놓아 무한한 부처님과 부처님의 미묘한 음성을 나타내어 온갖 법을 연설하니 쉰 아홉이다.

또 거기 법계에 두루한 광명을 나타내는 구름이 있어 대 광명을 놓아 보살 대중을 두루 나타내니 예순이요, 두루 수승한 구름이 있어 대 광명의 불꽃을 놓아 세계에 충만하며, 그 속에 모든 부처님과 중생을 나타내니 예순 하나이다.

또 법륜을 굴리는 미묘한 음성 구름이 있어 대 광명을 놓아 법계에 충만하며, 모든 부처님의 풍채와 마음을 나타내니 예순 둘이요, 장엄한 구름이 있어 청정한 광명을 놓아 시방의 모든 불·보살과 그 행을 나타내니 예순 셋이다.

오른 손에 바다를 비추는 구름이 있는데, 항상 달빛 청정 광명을 놓아 큰 음성을 내어 여러 보살행을 찬미하니 예순 넷이요, 그림자로 나타나 비추는 구름이 있는데 대 광명을 놓아 무한한 부처님들께서 청정 법신으로 보리수 아래 앉으시어 시방 국토를 진동함을 다 나타내니 예순 다섯이다.

또 등빛 화만으로 두루 장식한 구름이 있는데, 대

광명이 그물로 변화한 것을 놓고 그 속에 보살 대중들이 보관을 쓰고 온갖 행의 연설을 나타내니 예순 여섯이요, 모든 마니를 두루 나타내는 구름이 있는데 해장[104]광명을 놓아 무한한 부처님께서 연화좌에 앉으심을 나타내니, 예순 일곱이다.

또 광명 구름이 있어 온갖 보배 불꽃 청정 광명을 놓아 부처님들의 도량을 두루 나타내니 예순 여덟이요, 왼손에 비유리 청정 등불 구름이 있어 부처님의 금색 광명을 놓아 시시각각 최상의 모든 장엄구를 나타내니 예순 아홉이다.

또 국토의 지혜 등불 음성 구름이 있어 염부단 금의 청정 광명을 놓아 시방 세계에 두루 비추니, 일흔이요, 보배 연꽃에 안주하는 광명 구름이 있어 수미 등처럼 대 광명을 놓아 시방세계에 비추니 일흔 하나이다.

또 법계에 두루 비추는 구름이 있어 대 광명을 놓아 온갖 세계의 부처님께서 연화좌에 앉으심을 나타내니 일흔 둘이요, 오른 손가락에 모든 겁과 국토를 나타내는 둥근 구름이 있는데, 대 광명을 놓아 법계에 충만하며 항상 미묘한 음성을 내어 시방 국토에 가득하니 일흔 셋이다.

왼 손가락에 모든 보배에 안주하는 구름이 있는데, 마니왕 보배 무리 광명을 놓아 모든 불·보살들을 나타내니 일흔 넷이요, 오른 손바닥에 비추어 빛나는 구름이 있어 보배 광명을 놓으니 모든 부처님들께서 나타나시고, 낱낱 부처님 몸에 광명의 불꽃이 치성하며, 설법으로 사람을 제도하여 세계를 청정하게 하니 일흔 다섯이다.

왼 손바닥에 불꽃 바퀴가 두루 증장하여 법계 도량을 변화로 나타내는 구름이 있는데 대 광명을 놓아 많은 보살을 나타내어 보현행을 연설하고 모든 불국토에 두루 들어가서 무한한 중생을 각각 깨우치니 일흔 여섯이요, 음경[105]에 부처님의 음성을 두루 내는 구름이 있는데 마니 등불 꽃빛 광명을 놓으니 모든 부처님들께서 두루 왕래하여 다니시며 처처마다 두루함을 나타내니 일흔 일곱이다.

오른 볼기에 보배 등 화만의 널리 비추는 구름이 있는데 부사의한 보배 불꽃 광명을 놓아 하나 하나의 모습에 모든 부처님들의 자재하신 신통 변화를 나타내니 일흔 여덟이요, 왼 볼기에 모든 법계의 광명으로 허공을 뒤덮는 구름이 있는데 광명 그물을 놓아 갖가지 몸매 구름을 두루 나타내니 일흔 아홉이다.

오른 넓적 다리에 두루 나타내는 구름이 있는데 넓적 다리와 장딴지의 상하가 서로 맞으며, 마니 불꽃 미묘 법 광명을 놓아 순간에 모든 보왕[106]이 노니는 풍채를 두루 나타내니 여든이요, 왼 넓적 다리에 모든 부처님의 무한한 풍채를 나타내는 구름이 있는데, 광대하게 여기저기 다니면서 청정 광명을 놓아 중생에게 비추어 모두 다 위없는 불법을 구하게 하니 여든 하나이다.

오른 편 금색 사슴왕 장딴지에 모든 허공 법계의 구름이 있어 그 모습이 곧고 온전하여 잘 걸어다니는데 염부단 금색 청정 광명을 놓고 큰 소리를 내어 두루 진동하며, 모든 불국토가 허공에 머묾을 나타내어 보배 불꽃으로 장엄하였고 무한한 보살이 몸으로부터 변화로 나타나니 여든 둘이요, 왼편 금색 사슴왕 장딴지에 장엄 구름이 있어 모든 보배의 청정 광명을 놓아 법계에 가득히 불사를 하니 여든 셋이다.

보배로 된 장딴지 털에 법계의 영상을 두루 나타내는 구름이 있으니 보배 광명을 놓아 시방 법계에 가득하여 부처님들의 신력을 나타내고 많은 털구멍에서 광명을 놓는데 모든 불국토가 그 가운데 나타나니 여든 넷이요, 발 아래에 모든 보살을 안주시키는 구름이 있는데 보배 광명을 놓아 시방 세계에 비추니 보배 향기 불꽃 구름이 여기저기 두루하고 다리를 들고 걸을 적에 향기가 널리 흐르며 온갖 보배색이 법계에 충만하니 여든 다섯이다.

오른 발 위에 모든 것에 두루 비추는 광명 구름이 있는데 대 광명을 놓아 법계에 충만하여 모든 불·보살들을 나타내니 여든 여섯이요, 왼 발 위에 모든 부처님을 두루 나타내는 구름이 있는데 보배 광명을 놓아 시시각각 부처님들의 신통 변화와 법에서 앉으신 도량이 미래가 다하도록 끊어짐이 없으니 여든 일곱이다.

오른 발가락 사이에 광명이 온갖 법계를 비추는

구름이 있는데 대 광명을 놓아 모든 부처님께서 갖고 계신 갖가지 보배로 장엄한 풍채를 나타내니 여든 여덟이요, 왼 발가락 사이에 모든 부처님을 나타내는 구름이 있는데 보배의 청정 광명을 항상 놓아 모든 불·보살들의 원만한 음성과 '만' 자 등의 모습을 나타내어 무한한 중생을 이롭게 하니 여든 아홉이다.

오른 발꿈치에 자재하게 비추어 빛나는 구름이 있는데 부처님의 미묘한 보배 광명을 항상 내어 여러 부처님께서 도량에 앉으시어 묘법을 연설함을 나타내니 아흔이요, 왼 발꿈치에 미묘한 음성을 나타내어 묘음으로 온갖 법을 연설하는 구름이 있어 대 광명을 놓아 부처님들의 신력을 나타내니 아흔 하나이다.

오른 발등에 모든 장엄을 나타내는 광명 구름이 있어 염부단 금색 청정 광명을 놓으니 광명의 모습이 큰 구름 같이 두루 모든 부처님의 도량을 덮는데, 아흔 둘이다.

왼 발등에 온갖 색신을 나타내는 구름이 있어 시

시각각 법계에 거닐며, 마니 등의 향기 불꽃 광명을 놓아 모든 법계에 충만하니 아흔 셋이요, 오른 발 네 둘레에 두루 갈무리한 구름이 있는데 보배 광명을 놓아 모든 부처님들께서 도량의 마니 보배 사자좌에 앉으심을 나타내니 아흔 넷이다.

왼 발 네 둘레에 광명이 법계에 두루 비추는 구름이 있는데 대 광명을 놓아 모든 불·보살의 자재한 신력을 나타내어 크고 미묘한 음성으로 법계의 다함없는 법문을 연설하니 아흔 다섯이요, 오른 발가락 끝에 장엄을 나타내는 구름이 있는데 대 광명을 놓아 모든 불·보살들의 다함없는 법과 여러 가지의 공덕과 신통 변화를 나타내니 아흔 여섯이다.

왼 발가락 끝에 모든 부처님의 신통 변화를 나타내는 구름이 있는데 많은 보배색 청정 광명을 놓아 불·보살들이 온갖 불법을 연설함을 나타내니 아흔 일곱이다.

비로자나불께서는 이러한 십 화장 세계에 무수히 거룩한 모습을 갖고 계시니, 신체 부분에 따로 따로 온갖 보배스럽고 뛰어난 풍채로 장엄하셨다."

35. 여래수호광명공덕품

① 이름 풀이
여래는 사람을 내세워 덕을 나타낸 것이다.

수호는 사람에 의한 덕이며 본체니 풍채를 따라서 자태를 추가한 것이다.

광명은 작용이다.

공덕은 덕이다. '미세한 풍채'로부터 빛을 놓아 중생을 유익하게 하니 미세한 풍채의 덕을 나타낸다.

② 설하는 까닭

앞 품에서 풍채를 밝혔고, 이 품에서는 미세한 풍채를 말한다. 풍채와 미세한 풍채가 비록 다르나 다 몸을 장엄하는 것이다. 덕이 풍채보다 떨어지기에 다음으로 밝힌 것이다.

③ 주제와 취지

미세한 풍채의 수승한 덕을 나타냄으로 주제를 삼고, 중생으로 하여금 공경하고 수행케 함으로 취지를 삼는다.

세존께서 보수 보살에게 말씀하셨다.

"여래께 '원만하신 왕'이란 미세한 풍채[107]가 있어 '치성함'이란 대 광명이 나오는데, 내가 보살로 있을 때 도솔천궁에서 대 광명을 놓았으니 '광명 당기왕'이며 수많은 세계를 비추었다.

그 세계의 지옥 중생으로서 이 광명을 만난 이는 온갖 고통이 쉬고 열 가지 청정한 눈을 얻었으니 귀·코·혀·몸·뜻도 마찬가지로 환희하여 뛸듯이 좋아하였다. 지옥에서부터 명이 다하고는 도솔천에 태어났는데, 그 하늘에 '대단히 사랑 받음' 이란 북이 소리를 내어 말하였다.

'그대들은 마음이 게으르지 않고 부처님 처소에서 온갖 선근을 심었고 옛날에 많은 선지식을 친근하였기에 비로자나의 대 신력으로 이 하늘에 태어났느니라.

천자들이여, 비로자나 보살이 '번뇌를 떠난 삼매'에 드셨으니 그대들은 마땅히 공경한 예를 하라.

내가 내는 소리는 온갖 선근의 힘으로 이루어진 것이니, 내가 나라고 설하여도 나와 내 것에 집착하지 않음과 같아 모든 부처님들께서도 마찬가지로 스스로 부처님이라고 말씀하셔서도 나와 내것에 집착하지 않는다.

마치 내 음성이 시방에서 온 것이 아니듯이, 업과 과보와 성불함도 마찬가지로 시방에서 온 것이 아니고, 마치 그대들이 옛날 지옥에 있었을 때에, 지옥과 몸이 시방에서 온 것이 아니며, 다만 전도된 악업과 어리석음에 얽매여서 지옥과 몸이 생긴 것이니, 이는 근본도 없고 온 곳도 없다.

비로자나 보살이 위엄과 덕망의 힘으로 대 광명을 놓으심이 시방에서 온 것이 아니듯이, 나의 하늘 북[108]소리도 마찬가지요, 다만 삼매의 선근력으로 이같이 청정 음성을 내며 갖가지 자재함을 나타내니, 마치 수미산에 삼십삼천과 최상의 궁전과 갖가지 생필품이 있는데 이 생필품이 시방에서 온 것이 아니듯이, 나의 하늘 북 소리도 마찬가지로 시방에서 온 것이 아니다.

너희들은 마땅히 저 보살을 친근히 하고 공양할지언정 다시 오욕락에 탐착하지 말지니, 오욕락에 탐하면 선근을 장애 한다. 여러 천자들이여, 마치 종말의 대 화재가 수미산을 태울 때는 남김없이 다 없애듯이 탐욕이 마음을 얽어맴도 마찬가지로 끝내 염불할 뜻을 내지 못한다.

너희들은 마땅히 은혜를 알고 보답해야 할지니, 어떤 중생이든 은혜를 알고 보답할 줄 모르면 비명 횡사하여 지옥에 태어나는데, 너희들이 옛날 지옥에 있다가 광명을 받고 여기 태어났으니, 마땅히 빨리 회향하여 선근을 더할 것이다.

하늘 북에서 나는 음성은 무한한 겁에도 다함이 없고 끊어짐이 없으며 오고 감이 없으니, 만약 오고 감이 있다면 아주 단절되거나 항상함이 있을 것이다. 모든 부처님은 끝내 아주 단절되거나 항상한 법을 연설하지 않으시니, 방편으로 중생을 성숙시키는 일은 제외할 것이다.

마치 나의 소리가 무한한 세계에서 중생심을 따라 다 듣게 하듯이, 모든 부처님께서도 마찬가지로 중생들의 마음대로 다들 보게 하신다.

여기 유리 거울이 있어 '잘 비침'이라 하는데, 끝없는 국토에 있는 온갖 산천과 중생과 내지 지옥·축생·아귀들의 영상이 그 속에 나타날 때, 저 영상들이 거울 속에 드나든다고 말하겠는가? 온갖 업도 마찬가지로 비록 업의 과보를 낸다 하나, 오고 감이 없으니 마치 마술사가 사람들의 눈을 속이듯이 온갖 업도 마찬가지다. 만약 이 같이 알면 진실한 참회요, 모든 죄악이 다 청정해질 것이다'

이런 법을 설할 때에 도솔 천자들은 무생법인을 얻었다.

천자들은 보현 보살의 광대한 회향을 듣고 십지를
얻어 온갖 힘으로 장엄한 삼매를 얻었으며, 중생 수
와 같은 청정 삼업으로써 모든 중대한 업장을 참회
하고 바로 수많은 칠보 연꽃을 보았는데 하나 하나
의 꽃 위에서 많은 보살들이 결가부좌하여 대 광명
을 놓았다. 그 광명 속에 중생 수와 같은 부처님들께
서 결가부좌하여 중생심을 따라 설법하시나 오히려
'번뇌를 끊는 삼매' 의 미진한 정도도 나타내지 못하
였다.

가령 누군가 억 나유타 불국토를 부수어 먼지를
만들었다면, 한 먼지를 한 국토라 하고, 다시 그러한
먼지 수처럼 많은 국토를 모두 부수어 먼지를 만들
고, 그런 먼지들을 왼 손에 놓고 동방으로 가면서,
그와 같은 먼지 수 국토를 지나가서 한 먼지를 떨어
뜨리고, 이렇게 하면서 이 먼지가 다하도록 동방으
로 간다. 또 남방·서방·북방과 네 간방과 상하로
도 그렇게 하였다 하고, 이 같이 시방 세계들을 먼지
가 떨어진 것이나 떨어지지 않은 것을 다 모아서 한
불국토를 이룬다 하자. 그러면 보수여, 그대의 뜻은

어떠한가? 이와 같은 불국토가 광대 무량함을 헤아
릴 수 있겠는가?"

보수 보살이 대답하였다.

"불가사의합니다. 이러한 불국토는 광대 무량하
여 희유하고 특이하고 불가사의하여, 만약 어떤 중
생이 이 비유를 듣고 믿고 이해함을 내면 더욱 희유
하고 특이하겠습니다."

부처님께서 보수 보살에게 말씀하셨다.

"그렇다. 그대의 말과 같다. 만약 선한 이가 이 비
유를 듣고 믿는다면 내가 그에게 수기하되 결정코
최상의 깨달음을 이루며 마땅히 부처님의 위없는
지혜를 얻을 것이라 할 것이다."

36. 보현행품

1 이름 풀이

보는 덕이 법계에 두루한 것이다.

현은 지극히 수순하여 유연함을 이른다.

행은 성품을 의지해 수행에 나아가는 것이다.

별도로, 품을 '보현'이라 이름함은 사람을 표해 법을 나타낸 것이기 때문이다.

2 설하는 까닭

앞의 여래수호광명공덕품은 불과가 지극한 성지(性智)의 광명으로써 중생을 유익하게 함을 밝혔고, 이 품은 보현행으로써 중생을 이롭게 함을 말한다. 이지(理智)만 있고 행이 없으면 지혜가 세속에 처함에 원만치 못하고, 행만 있고 이지가 없으면 그 행이 세속을 벗어날 수 없다. 그러니 이치와 행의 바탕이 철두철미하여야 비로소 둘이 없는 자유로운 문을 이루기에 이 보현행품을 설하는 것이다.

3 주제와 취지

보현행을 밝힘으로 주제를 삼고, 이 보현행을 밝혀 성기(性起)의 과용(果用)을 대하여 나타내는 뜻에 취지가 있다.

보현 보살께서 다시 보살 대중에게 말씀하시길 "앞서 말한 것은 다만 중생들의 근기에 따라서 부처님 경계의 미미한 정도만 말한 것인데, 왜냐하면 부처님들은 중생들이 지혜가 없어 악한 짓을 하고 나와 내 것을 따지며 몸에 집착하고, 생사의 흐름을 따르고 불도를 멀리하기에 세상에 나신 것이다.

나는 한 법도 보살들이 다른 이에게 성내는 것보다 더 큰 과실이 됨을 못 봤는데, 성내면 백만의 장애 문을 이루므로 온갖 보살행을 빨리 만족하고자 하면 열 가지 법을 부지런히 닦아야 하니, 이른바 마음으로 많은 중생에게 무관심하지 않고 보살에게 부처님이라는 생각을 내며, 불법을 길이 비방하지 않고 모든 국토가 다함이 없음을 알며, 보살행을 깊고도 쾌히 믿고 평등한 허공법계의 보리심을 버리지 않으며, 깨달음을 관찰하여 부처님의 십력에 들어간다. 막힘 없는 변재를 부지런히 수습하며, 중생을 교화함에 싫증 내지 않고, 모든 세계에 머물되 집착하지 않으니, 이것이 열이니라.

보살이 이 법을 듣고 나서는 다 발심하여 공경히 받아 기억하여야 하니, 이 법을 지닌 자는 노력을 조금만 해도 빨리 최상의 깨달음을 얻고 다 모든 불법을 갖추어 삼세의 불법과 같게 된다" 라고 하셨다.

그 때 부처님의 신력인 때문이며 당연히 그런 까닭으로 시방 세계가 육종으로 진동하고 하늘보다 뛰어난 온갖 장엄구를 비 내리듯 하며, 모든 음악 구름을 비 내리며 많은 보살 구름을 비 내리고 말로 할 수 없는 부처님의 육신 구름을 비 내리듯 했다.

이 세계 사천하의 보리수 아래 보리장에 있는 보살 궁전에서 부처님께서 등정각을 이루시고 설법하심과 같이, 시방 세계에서도 다 마찬가지였는데, 그때 보현 보살께서 많은 중생들을 설법으로 깨우치고자 게송으로 설하셨다.

하나의 미세한 먼지 속에서
많은 세계들을 다 보니
중생들이 혹 들으면
마음이 혼란하여 발광하리.

온갖 세간 깨달으니
헛이름이요 실다움이 없으며
중생과 세계가 꿈과 같고
해 그림자 같네.

말로 할 수 없는 많은 겁이
곧 순식간이니
길다거나 짧게 보지 말라

궁극에는 찰나 법이로다.

두루 시방 국토에
무한한 몸들을 나타내되
이 몸은 인연으로 생겨
궁극에 집착할 것 없음을 아네.

모든 세간이
아지랑이와 해 그림자 같고
메아리와 꿈과 같으며
환상과 변화와 같음을 분명히 알 것이다.

마치 청정수에 비친
영상이 오고 감이 없는 것과 같이
법신이 세간에 두루함도
마찬가지임을 마땅히 알 것이다.

온갖 삿된 소견 없애
올바른 견해 열어 보이니

법성[109]은 오고 감이 없어서
'나'와 내 것에 집착 않네.

보살이 세간을 관찰하니
망상의 업으로 일어남이라
잘못된 생각이 끝없는 때문에
세간도 또한 무한하네.

37. 여래출현품

① 이름 풀이

여래는 법이 있는 사람이다.

출현은 사람에 의지하는 법이다. '법신' 에 의한 여래는 온갖 법이 여여한 뜻이니 진리에 맞는 것이 항상 나타남을 '출현' 이라 한다. '보신' 에 의하면 여실한 도를 타고 와서 정각을 이룬 때 문에 '여래' 라 하고, 본성 공덕이 한 때에 몰록 나타나기에 '출현' 이라 한다. '화신' 에 의하면 온갖 것을 아는 지혜의 수레를 타고 와서 중생을 교화하기에 '여래' 라 하니 근기에 응한 대 작용 이 일시에 출현한다.

② 설하는 까닭

앞의 보현행품은 다섯 지위 가운데 문수·보현 및 불과의 세 법이 이미 두루함을 밝혔고, 이 여 래출현품에서는 불과의 행이 원만함을 밝힌다.

③ 주제와 취지

평등출현으로 주제를 삼고, 차별과를 융통함으로 취지를 삼는다.

이 때 세존께서 미간 백호 광명을 놓으시니 이름 이 '여래출현' 으로, 시방 세계를 두루 비추며 오른 쪽으로 열 번 돌고 무한히 자재함을 나타내었다. 무 수한 보살 대중을 깨우치고 시방 세계를 진동하며, 온갖 악도의 고통을 없애고 악마의 궁전을 가렸으 며, 부처님들께서 보리좌에 앉아 정각을 이루심과 회상을 나타내고는 와서 보살 대중을 오른쪽으로 돌고 여래성기묘덕 보살의 머리 위로 들어갔다.

또 입으로 대 광명을 놓으시니 '막힘 없고 두려움

없음' 으로 미간 백호 광명과 같이 하고는 보살 대중을 오른쪽으로 돌아 보현 보살의 입으로 들어갔다. 그 광명이 든 뒤에 보현 보살의 몸과 사자좌가 본래 있던 것과 다른 보살의 몸이나 자리 보다도 백 갑절이나 뛰어났거니와, 오직 부처님의 사자좌는 제외한다.

이 때 여래성기묘덕 보살이 보현 보살께 여쭈었다.

"부처님께서 나타내 보이시는 광대한 신통 변화가 많은 보살을 환희케 하시며, 불가사의하여 세인들이 알 수 없는데 어떤 길조입니까?"

보현 보살께서 대답하셨다.

"내가 옛날에 많은 부처님을 친견할 때 이 같이 광대한 신통 변화를 보이시고는 바로 부처님께서 출현하는 법문을 말씀하셨는데 지금 이런 길조를 나타내시니 마땅히 그 법을 설하시리라."

그 때 여래성기묘덕 보살이 보현 보살께 여쭈었다.

"보살은 마땅히 어떻게 부처님께서 출현하시는 법을 알고 계신지 말씀해주소서."

1. 부처님께서 출현하시는 법

보현 보살께서 여래성기묘덕 보살과 많은 보살 대중에게 설하셨다.

"불자여, 이는 불가사의하다. 이른바 부처님께서는 무한한 법으로써 출현하시는데 한 가지 인연이나 한 가지 일로써 부처님께서 출현하여 이루지 않고 십 무량 백천 아승지 일로써 이루신다.

왜냐하면 과거에 무한히 많은 중생을 거두려는 보리심으로 이룬 때문이며, 깨끗하고 뛰어난 뜻으로 이룬 때문이요, 많은 중생을 건지려는 대자대비로 이룬 때문이며, 상속한 행원으로 이룬 때문이요, 온갖 복을 닦으면서 싫증 내지 않는 마음으로 이룬 때문이며, 모든 부처님께 공양하고 중생을 교화함으로 이룬 때문이요, 지혜와 방편과 청정한 도로써 이룬 때문이며, 청정한 공덕장으로 이룬 때문이요, 장엄한 도의 지혜로 이룬 때문이며, 통달한 가르침의 의의로 이룬 때문이니, 이 같이 무한한 아승지 법문이 원만하여야 부처님을 이룬다."

이 때 보현 보살께서 이 뜻을 다시 밝히고자 게송

으로 설하셨다.

법성은 지음도 없고 변하여 바뀌지도 않아
마치 허공이 본래 깨끗함과 같으니
모든 부처님의 성품이 청정함도 이와 같아
본성이 성품도 아니고 있고 없음을 떠났네.

법성은 언론에 있지 않으니
말이 없고 말을 떠나 항상 적멸하고
부처님의 깨달음의 경지도 마찬가지로
온갖 문장으로 변론하지 못하네.

누군가 부처님 경계 알고자 하면
그 뜻을 허공처럼 청정하게 할지니
망상과 집착 멀리 떠나
마음 향하는 곳 막힘 없이 할 것이다.

2. 부처님의 신업

"보살들은 마땅히 어떻게 부처님의 몸을 보아야 하는가?

무한한 곳에서 부처님의 몸을 친견하여야 하니, 마땅히 하나의 법이나 일·몸·국토·중생에서 부처님을 친견할 것이 아니고, 온갖 곳에 두루하여 부처님을 친견하여야 한다.

마치 허공이 모든 색과 색 아닌 곳에 두루 이르나, 이르는 것도 이르지 않는 것도 아니니, 허공은 몸이 없는 때문이요, 부처님의 몸도 마찬가지로 온갖 장소와 중생·법·국토에 두루하나, 이르는 것도 이르지 않는 것도 아니니 부처님은 몸이 없기 때문이니, 중생을 위하여서 그 몸을 나타내시는 것이다.

이것이 부처님 몸의 첫째 모습이니 모든 보살들은 마땅히 이 같이 보아야 한다.

또 마치 허공이 넓고 물질이 아니되, 온갖 물질을 능히 나타내면서 분별하지 않고 실없는 말도 없듯이 부처님의 몸도 마찬가지로 지혜의 광명이 두루 비춤으로써 중생들이 세간과 출세간의 온갖 선근의 업을 이루게 하면서도 분별하지 않고 실없는 말도 없다. 왜냐하면 본래 온갖 집착과 실없는 말을 영원히 끊었기 때문이다.

이것이 부처님 몸의 둘째 모습이니 보살들은 마땅히 이 같이 보아야 한다.

또 마치 해가 뜨면 염부제의 무한한 중생이 이로우니, 이른바 어둠을 밝히고 젖은 것을 말리며 초목을 키우고, 곡식을 성숙케 하며 행인이 길을 보게 하고, 무한한 광명을 두루 내기 때문이다. 부처님의 지혜 해도 마찬가지로 무한한 일로 두루 중생을 이롭게 하니, 이른바 악을 멸하고 선을 내며, 어리석음을 깨뜨리고 지혜롭게 하여 대비로 건지고, 천안[110]을 얻어서 나고 죽는 곳을 보게 하며, 지혜를 닦고 밝혀서 깨달음의 꽃을 피우고 발심하여 본행[111]을 이루게 하니, 이는 부처님의 광대한 지혜의 해가 무한한 광명을 놓아 두루 비추기 때문이다.

이것이 부처님 몸의 셋째 모습이니 보살들은 마땅히 이 같이 보아야 한다.

또 염부제에서 해가 뜨면 먼저 수미산 등의 온갖

큰 산에 비치고, 차례로 흑산과 높은 고원에 비치며 나중에 모든 대지에 비치지만 해가 여기 먼저 저기 먼저 비추리라고는 생각하지 않고, 산과 땅이 고하가 있으므로 먼저와 나중이 있게 되는 것처럼 부처님도 마찬가지로 끝없는 법계 지혜의 법륜을 이루어 막힘 없는 지혜의 광명을 놓을 때 먼저 보살 등의 큰 산을 비추고, 차례로 연각에게 비추며, 다음에 성문에게 비춘다.

그 다음에 선근이 결정된 중생에게 비추되, 그 마음 그릇을 따라 광대한 지혜를 보인 연후에 모든 중생에게 두루 비추고, 못한 이에게도 미치어 미래에 좋은 인연을 지어 준다. 그러나 부처님의 대 지혜 광명이 먼저 보살의 크게 수행한 이에게 비추고, 나중에 못한 중생에게 비추리라고는 생각지 않듯이 다만 광명을 놓아 평등하게 두루 비추어 막힘도 장애도 없고 분별도 않는다.

마치 해와 달이 수시로 출현하여 큰 산과 깊은 골짜기를 사심 없이 두루 비춤과 같이 부처님의 지혜도 마찬가지로 모든 것을 두루 비추고 분별하지 않지만, 중생들의 소질과 의욕이 같지 않음을 따라 지혜의 광명에도 갖가지로 차이가 있는 것이다.

이것이 부처님 몸의 넷째 모습이니 마땅히 이 같이 보아야 한다.

또 일출을 배냇 소경은 일찍이 보지 못하였으나 햇빛의 도움을 받으니, 왜냐하면 이로 인해 밤낮의 시간을 알아 갖가지 의식을 해결하여 몸을 다루고 온갖 근심을 벗어나기 때문이다. 부처님의 지혜 해도 마찬가지로, 믿고 이해하지 못하여 파계하고 바른 소견이 없이 부정하게 생활하는 배냇 소경의 무리들은 믿음의 눈이 없어 보지 못하나 지혜 태양의 이익을 받으니, 부처님의 신력으로써 저 중생들이 갖고 있는 육신의 고통과 온갖 번뇌와 미래에 괴로움이 될 원인을 다 없애기 때문이다. 부처님의 지혜 태양은 이렇게 배냇 소경인 중생을 이롭게 하여 선근을 얻어 성숙시킨다.

이것이 부처님 몸의 다섯째 모습이니 마땅히 이 같이 보아야 한다.

또 가령 달에는 네 가지 특이한 미증유의 법이 있

으니, 하나는 모든 별의 광명을 가리고, 둘은 시기를 따라서 차거나 기울거나 하며, 셋은 염부제의 맑고 청정한 물 속에는 그림자가 모두 나타나고, 넷은 일체 보는 자가 자기의 눈 앞에 있다 하지만 달은 분별하지 않고 실없는 말도 없다. 부처님 몸의 달도 마찬가지로 네 가지 특별한 미증유 법이 있으니, 이른바 모든 성문과 독각의 배우는 이와 배울 것 없는 이들을 가려 그들에게 합당한대로 수명을 보이니, 수명의 길고 짧음이 있지만 부처님의 몸은 증감이 없다.

모든 세계의 마음이 청정한 중생들의 깨달음 그릇에는 그림자가 모두 나타나 각기 '내 앞에 계신다'고 하니, 그들의 좋아함을 따라서 설법하며 지위를 따라서 해탈케 하고, 교화 받을 만한 이는 부처님의 몸을 보게 하지만, 부처님의 몸은 분별하지 않고 실없는 말도 없으시되 이익은 다 끝까지 얻는다.

이것이 부처님 몸의 여섯째 모습이니 마땅히 이같이 보아야 한다.

또 저 삼천대천 세계의 대 범천왕이 적은 방편으로써 대천 세계에 몸을 두루 나타내도 중생들이 다들 범왕이 자기 앞에 있다고 하지만, 이 범천왕은 몸을 나누지도 않았고 여러 가지 몸도 없다. 부처님들도 마찬가지로 분별하지 않고 실없는 말도 않으며 분신하지도 않고 여러 가지 몸도 없으시나 중생들의 좋아함을 따라서 몸을 나타내면서도 조금도 몸을 나타낸다는 생각을 하지 않으신다.

이것이 부처님 몸의 일곱째 모습이니 마땅히 이같이 보아야 한다.

또 어떤 의사가 온갖 약과 주문을 잘 알며 염부제에 있는 많은 약들을 다 쓰지 않음이 없고, 전생의 선근의 힘과 크고 밝은 주력으로써 방편을 삼아 만난 자들은 다들 병이 쾌유하였는데, 저 의사가 자신의 명이 다한 줄을 알고 생각하기를 '내가 명이 다한 뒤에는 모든 중생이 의지처가 없으리니, 방편을 나타내리라' 고 하고는 약을 만들어 몸에 바르고 주력으로 부지하였다.

죽은 뒤에도 몸이 분산하지 않고 시들지도 마르지도 않아서 위의[112]나 보고 들음이 본래와 다르지 않고, 병을 치료만 하면 다 쾌유하였듯이 부처님이신

위없는 대 의왕도 마찬가지로 무한한 백천억 나유
타겁에 법약을 수련하여 이루시니, 모든 방편의 정
교함을 수학하여 피안에 이르셨고, 모든 중생들의
온갖 번뇌의 병을 능히 없애고 수명도 무한하며, 몸
이 청정하여 모든 불사를 쉬지 않으시니 만나는 자
들은 번뇌 병이 다 소멸한다.

　이것이 부처님 몸의 여덟째 모습이니 마땅히 이
같이 보아야 한다.

　또 큰 바다에 마니 보배가 있으니 '온갖 광명을 모
으는 비로자나 광'이라고 이름하는데 어떤 중생이
나 그 빛이 닿으면 다 그 색과 같아지고 눈이 청정해
지며, 또 그 광명을 따라 비추는 데는 안락이라는 마
니 보배가 비 내리듯 하여 중생들의 괴로움을 없애
고 조화롭게 하니, 부처님들의 몸도 마찬가지로 큰
보배 무더기로써 온갖 공덕의 대 지혜 장이 된다. 누
군가 부처님 몸의 보배 지혜 광명이 닿으면 부처님
몸의 색과 같아지고 법안이 청정해지며, 그 광명이
비추는 곳에는 중생들이 가난한 괴로움을 여의게
되거나 내지 부처님 깨달음의 즐거움을 갖추니, 부

처님의 법신은 분별하지 않고 실없는 말도 없지만 두루 모든 중생을 위하여 대 불사를 하신다.

이것이 부처님 몸의 아홉째 모습이니 보살들은 마땅히 이 같이 보아야 한다.

또 큰 바다에 여의 마니 보배가 있으니 '모든 세간의 장엄장'으로 백만 공덕을 갖추어 이루어 거처하는 곳마다 중생들의 재해는 제거되고 소원을 만족케 하지만 박복한 중생들은 보지도 못하듯이 부처님의 몸 여의 보배도 마찬가지로 '많은 중생들로 하여금 모두 다 환희케 함'이라 하니, 만약 그 몸을 보거나 명성을 듣고 덕을 찬탄하면 생사의 근심을 길이 떠난다. 가령 모든 세계의 중생들이 일시에 전념하여 부처님을 친견하고자 하더라도 소원이 다 만족하게 되지만 박복한 중생들은 친견할 수가 없거니와, 부처님의 자재하신 신력으로 조복받을 수 있는 이는 제외되듯이 만약 중생이 부처님 몸을 친견하면 곧 선근을 심어서 성숙될 것이며 성숙시키기 위하여서 부처님의 몸을 보게 한다.

이것이 부처님 몸의 열째 모습이니 보살들은 마땅

히 이 같이 보아야 한다."

　그 때 보현 보살께서 이 뜻을 거듭 펴고자 게송으
로 설하셨다.

　마치 염부제에 해가 뜸에
　광명으로 남김없이 어둠을 깨고
　산의 나무와 못의 연꽃 온갖 물상들
　갖가지 종류들이 다 이익 받네.

　배냇 소경들은 해를 못 보나
　햇빛은 같이 이익을 주니
　때를 알고 음식을 먹게 하며
　길이 온갖 근심 떠나 몸을 안락케 하네.

　믿음이 없는 중생들 부처님 친견 못하나
　부처님 또한 그들도 이롭게 하시어
　명성 듣고 광명 비침에
　이로 인해 깨달음 얻게 되네.

3. 부처님의 어업

"어떻게 부처님의 음성을 알아야 하는가? 부처님의 음성이 그들의 마음에 좋아함을 따라 환희케 함을 알아야 하니 설법을 명백하게 하기 때문이며, 그들의 믿고 이해함을 따라 환희케 함을 알아야 하니 마음이 청량해지기 때문이요, 부처님의 음성은 교화하는 시기를 놓치지 않음을 알아야 하니 들을 만한 이는 다 듣기 때문이며, 생멸이 없음을 알아야 하니 메아리와 같기 때문이다.

'너희들은 이승의 지위를 초과하여 다시 '대승'이란 수승한 길이 있음을 마땅히 알 것이니, 보살의 행으로 육바라밀을 수순하며, 보살행을 끊지 않고 보리심을 버리지 않으며, 무한한 생사에 처하면서도 싫증 내지 않고 이승을 뛰어 넘기에 큰 수레ㆍ제일의 수레ㆍ수승한 수레ㆍ최고 수승한 수레ㆍ높은 수레ㆍ위없는 수레ㆍ많은 중생을 이롭게 하는 수레라고 한다. 만일 중생의 믿음과 이해가 광대하고 모든 근기가 용맹하여 숙세에 좋은 선근을 심었으면 여래의 신력으로 가피를 받고, 또 수승한 욕구가 있어 불과를 쾌히 희구할 것이다'라고 하니 이 음성을 듣고는 보리심을 내는데, 부처님의 음성은 심신에서 나지도 않지만 무한한 중생을 능히 유익하게 한다.

이것이 부처님 음성의 첫째 모습이니 보살들은 마땅히 이렇게 알아야 한다.

또 메아리는 골짜기와 음성에 의해 생기니, 형상이 없어 볼 수도 없고 또한 분별하지도 않지만 온갖 말을 능히 따르듯이 부처님의 음성도 마찬가지로 형상이 없어 볼 수가 없으며, 장소가 있지도 않지만 중생들의 욕망과 이해를 따라 남으로 그 성품이 끝까지 말함도 보임도 없어 설명하여 전할 수 없다.

이것이 부처님 음성의 둘째 모습이니 보살들은 마땅히 이 같이 알아야 한다.

또 하늘에 깨우침이란 큰 북이 있어서 모든 천자들이 게으를 때는 허공에서 소리를 내어 말하기를 '너희들은 마땅히 알라. 모든 욕망은 다 무상하고 허망하여 뒤바뀐 것으로써 일시에 무너지고 어리석은 사람을 속여서 애착하게 하니 방일하지 말라. 만일 방일하면 악도에 떨어져 후회해도 소용없다'고 하니 게으른 자들이 이 소리를 듣고는 매우 걱정하고 두려워 궁전의 욕망을 버리고 천왕에게 나아가 법을 구하여 불도를 수행하였다. 저 하늘 북 소리가 주동도 하지 않고 짓지도 않으며 일어나지도 사라지지도 않지만 한없는 중생들을 이롭게 하니, 부처님도 마찬가지로 나태한 중생을 깨우치려고 무한히 미묘한 법음을 내어 법계에 두루하여 깨닫게 한다.

이것이 부처님 음성의 셋째 모습이니 보살들은 마땅히 이렇게 알아야 한다.

또 자재천왕에게 '좋은 입'이란 천녀가 있는데, 입으로 한 소리를 내면 백천 가지 음악과 상응하며 낱낱 음악 가운데 다시 백천의 다른 소리가 있다.

천녀가 한 음성으로부터 이 같이 무한한 음성을 내듯이, 여래도 한 음성에서 무한한 음성을 내어 중생들의 차별심을 따라 해탈케 한다.

이것이 여래 음성의 넷째 모습이니 보살들은 마땅히 이 같이 알아야 한다.

또 대범천왕이 범천의 소리를 내면, 모든 범천의 대중들이 듣지 못하는 이가 없으니, 그 음성도 대중

밖을 벗어난 것이 아니지만, 범천의 대중들이 다 생각하기를 '대범천왕이 유독 나만을 위해 설하신다'고 한다. 그렇듯이 부처님의 묘한 음성도 마찬가지로 도량의 대중들이 듣지 못함이 없으니, 그 음성도 대중 밖을 벗어난 것이 아니지만, 근기가 미숙한 이는 듣지 못하고 듣는 이는 다 생각하기를 '부처님께서 유독 나만을 위해 설하신다'고 하는데 부처님의 음성은 나고 머묾이 없지만 능히 모든 일을 이룬다.

이것이 부처님 음성의 다섯째 모습이니 보살들은 마땅히 이 같이 알아야 한다.

또 다 같은 물맛도 그릇에 따라 물에 차별이 있지만 물은 골똘히 생각지도 분별하지도 않듯이 부처님의 음성도 마찬가지로 오직 같은 해탈 맛에서 중생들의 마음 그릇이 다름에 따라 무한한 차별이 있지만 골똘히 생각지도 분별하지도 않는다.

이것이 부처님 음성의 여섯째 모습이니 보살들은 마땅히 이 같이 알아야 한다.

또 아나바달다 용왕이 짙은 구름을 일으켜 염부제에 두루 단비를 내리면, 모든 백곡의 농작물이 잘 자라고 하천과 저수지가 가득 차듯이 이 큰 비는 용의 심신으로부터 나는 것이 아니지만, 갖가지로 중생을 이롭게 한다. 부처님도 마찬가지로 대자비의 구름을 일으켜 시방 세계에 두루하고 위없는 감로의 법비를 널리 내려 많은 중생이 환희하고 선한 일을 키우게 하는데, 부처님의 음성은 안팎으로부터 나오는 것이 아니나 능히 여러 중생을 이롭게 한다.

이것이 부처님 음성의 일곱째 모습이니 보살들은 마땅히 이 같이 알아야 한다.

또 마나사 용왕은 비를 내리고자 할 때에 바로 내리지 않고, 먼저 큰 구름을 일으켜 허공을 가득 덮고 이레를 지체하면서 중생들의 일이 끝나길 기다리니, 이는 용왕이 대 자비심이 있어 중생들을 혼란시키지 않을 양으로 이레를 기다리고 가랑비를 내려 땅을 적시고 부드럽게 하는 것이다. 부처님도 마찬가지로 장차 법의 비를 내리려 하되 바로 내리지 않고, 먼저 법의 구름을 일으켜 중생을 성숙시키며, 놀라지 않게 성숙되길 기다려서 감로의 법비를 내려 심원하고 미묘한 법을 연설하시니, 부처님의 온갖 지혜 가운데 최상의 지혜인 위없는 법비를 점점 만족케 하신다.

이것이 부처님 음성의 여덟째 모습이니 보살들은 마땅히 이 같이 알아야 한다.

또 바다 가운데 대장엄용왕이 있으니 큰 바다에서 비를 내릴 때 백천 가지 장엄한 비를 내리지만 물은 분별하지 않고 다만 용왕의 부사의력으로 장엄하며 무한한 차별이 있게 하듯이 부처님도 마찬가지로 중생들에게 설법하실 때에 팔만 사천 가지 다른 음성으로 팔만 사천 가지 행을 말씀하시며 무한한 백천 억 나유타 음성으로 각기 다르게 설법하시어 다들 환희하지만 부처님의 음성은 분별하지 않고 다만 부처님들께서 심원한 법계를 원만히 청정케 하고 중생들의 근기에 마땅함을 따라서 갖가지 음성을 내어 환희케 하신다.

이것이 부처님 음성의 아홉째 모습이니 마땅히 이 같이 알아야 한다.

또 저 사갈라 용왕이 대 자재력으로 중생들을 이롭게 하여 사천하로부터 타화자재천에 이르기까지 한없이 다른 색의 큰 구름 그물을 일으켜 두루 덮고는 갖가지 색의 번개와 갖가지 천둥소리를 내어 중생의 마음을 따라 기쁘게 하니, 이른바 천녀의 노래 소리나 하늘의 음악 소리·아름다운 새가 우는 소리 같은 다양한 소리이다. 우뢰 소리가 진동하고는 다시 시원한 바람을 일으켜 중생의 마음을 기쁘게 하고, 또 다시 갖가지 비를 내려 한없는 중생을 이롭고 안락케 하는데, 타화자재천에서 지상까지 온갖 곳에 내린 비가 같지 않으나 용왕의 마음은 평등하여 차별이 없고 다만 중생들의 선근이 달라서 비에 차별이 있는 것이다.

부처님도 그와 같아서, 정법으로 중생을 교화하심에 먼저 몸 구름을 일으켜 법계를 두루 덮고는 갖가지 광명의 번개와 삼매의 천둥소리를 내고는 장차 법비를 내릴 때에 먼저 상서를 나투어 중생을 깨우치시니, 이른바 막힘 없는 큰 자비심으로 '많은 중생에게 부사의한 환희심을 내어 기쁘게 함'이란 부처님의 대 지혜 풍류를 나타내신다. 이런 현상이 나타나고 나서 많은 보살과 중생들의 심신이 다 맑고 시원해진 연후에 부사의하고 광대한 법비를 내려 청정케 하신다. 부처님께서 중생들의 마음을 따라서 이렇게 광대한 법비를 내려 온갖 끝없는 세계에 충만한데, 부처님은 그 마음이 평등하여 법에 인색하지 않으시지만 중생들의 근기와 욕망이 같지 않아 내리는 법비에 차별이 있음을 보이시는 것이다.

이것이 부처님 음성의 열째 모양이니 보살 마하살들은 마땅히 이렇게 알 것이다."

그 때 보현 보살께서 이 뜻을 거듭 밝히고자 게송으로 설하셨다.

가령 마나사 용왕은
이레 동안 구름 일으키나 비 안 내리고
중생들의 일이 다 마친 연후에
비 내려 이익 주네.

부처님의 법문도 마찬가지로
먼저 중생을 교화하여 성숙시킨 연후에
심원한 법을 말하여

듣는 이를 두렵지 않게 하시네.

4. 부처님의 의업

"보살은 부처님의 심성과 사려와 인식을 다 얻을 수 없어 다만 무한한 지혜로써 부처님의 마음을 알아야 하니, 마치 허공이 모든 물체의 의지가 되지만 허공은 의지처가 없듯이 부처님의 지혜도 마찬가지로 온갖 세간과 출세간 지혜의 의지가 되나 부처님의 지혜는 의지처가 없다.

이것이 부처님 마음의 첫째 모습이니 마땅히 이같이 알아야 한다.

또 큰 바다의 물이 사천하의 땅과 팔십억의 온갖 작은 섬 밑으로 흘러서 땅을 파면 다 물을 얻지만 큰 바다는 물을 낸다고 분별하지 않듯이 부처님의 지혜 바다 물도 마찬가지로 여러 중생심 가운데로 흘러들므로 중생들이 경계를 관찰하거나 법문을 수습하면 지혜가 청정하고 명료하게 되지만 부처님의 지혜는 둘이 없이 평등하여 분별하지 않으면서도 중생들의 마음씀이 달라 얻는 지혜도 각각 같지 않다.

또 가령 큰 바다에 보배 구슬 넷이 있어 무한한 덕을 갖추고서 바다의 온갖 보배를 내듯이 만약 바다에 이 보배 구슬이 없다면 한 보배도 얻을 수 없으니 네 개의 구슬 중 하나는 '모음의 보배' 요, 둘은 '무진장' 이요, 셋은 '치성함을 멀리 떠남' 이요, 넷은 '장엄을 갖춤 '이다. 이 네 보배 구슬을 범부들이나 용의 무리들은 보지 못하고 사가라 용왕이 우아하고 반듯하다고 해서 궁중의 깊은 곳에 간직한 때문이다. 부처님 지혜의 바다도 마찬가지로 네 가지의 대 지혜 보배 구슬이 있으니, 집착하지 않는 정교한 방편인 대 지혜의 보배와 함이 있거나 없는 법을 잘 분별하는 대 지혜의 보배이며, 또 무한한 법을 분별하여 설하여도 법성을 깨뜨리지 않는 대 지혜의 보배와 때와 때 아님을 알아서 그르치지 않는 대 지혜의 보배이다.

만약 부처님의 대 지혜 바다에 이 네 보배 구슬이 없다면 한 중생도 대승에 들 수 없어 이를 박복한 중생은 보지 못하니, 부처님의 깊은 창고에 둔 때문이다. 이 네 지혜 보배는 조촐하고 절묘하여서 보살들을 두루 이롭게 하여 다 지혜의 광명을 얻게 한다.

또 삼천대천 세계에 종말의 불이 일어날 때에 모든 초목과 총림[113]이 타고, 철위산과 대철위산까지도 남김없이 다 타 버리듯이 가령 누군가 손으로 마른 풀을 들어 저 불구덩이에 던진다면 타지 않겠는가? 혹 마른 풀은 타지 않더라도, 부처님의 지혜는 삼세의 모든 중생과 국토와 겁과 법을 분별하여 하나도 모를 것이 없으시니, 혹 모르는 것이 있다고 하면 옳지 않으니 지혜가 평등하여 통찰력이 있으시기 때문이다.

마치 큰 경전이 있어 양이 삼천대천 세계와 같고 삼천대천 세계의 일을 옮겨 썼으니, 이른바 대철위산의 일을 쓴 것은 양이 대철위산 만하고, 땅덩이 가운데 일을 쓴 것은 양이 땅덩이 만하며, 중천 세계의 일을 쓴 것은 양이 중천 세계 만하고, 소천 세계의 일을 쓴 것은 양이 소천 세계 만하다.

이 같이 사천하나 큰 바다·욕계·색계·무색계의 궁전을 낱낱이 옮겨 쓰면 그 양이 다 같으니, 이 큰 경전의 양이 비록 대천 세계와 같지만, 전부 한 미세한 먼지 속에 있으며, 한 미세한 먼지와 같이 온갖 미세한 먼지들도 마찬가지다. 이 때 어떤 총명한 이가 청정한 천안통을 이루어 이 경전이 미세한 먼지 속에 있어 중생들에게 도움을 주지 못함을 보고는 '내가 힘써 노력하여 저 먼지를 깨뜨리고 경전을 내어서 많은 중생을 이롭게 하리라' 고 생각했다. 그리고는 바로 방편을 내어서 미세한 먼지를 깨뜨리고 경전을 꺼내어 중생들이 두루 이익을 얻게 하였으니, 한 먼지와 같이 온갖 미세한 먼지도 다 그렇게 하였다.

부처님의 지혜도 마찬가지로 무한히 막힘 없어서 많은 중생을 두루 이롭게 함이 중생들의 몸 가운데 갖추어 있건만, 범부가 망상과 집착으로 지각치 못하여 이익을 얻지 못한다. 이 때 부처님께서 막힘 없이 깨끗한 지혜의 눈으로 여러 중생을 두루 관찰하고 이런 말씀을 하셨다.

'괴이하다. 이 많은 중생들이 깨달음의 지혜를 갖추고 있건만 어찌하여 무지하고 미혹하여 알아보지 못하는가. 내가 마땅히 성자의 도를 가르쳐서 망상

과 집착을 길이 떠나고 자신에게 깨달음의 큰 지혜가 부처님과 같아서 다름이 없음을 보게 하리다.'

그리고 바로 중생들이 성자의 도를 닦아서 망상을 길이 떠나고, 부처님의 무한한 지혜를 얻게 한다.

보살은 마땅히 이 같이 무한하고 막힘 없으며 부사의하게 광대한 모습으로써 부처님의 마음을 알아야 한다."

이 때 보현 보살께서 이 뜻을 거듭 밝히고자 게송으로 설하셨다.

마치 여기 크나큰 경전의
양이 삼천 세계와 같은데
미세한 먼지 속에 있으며
온갖 먼지도 다 그러해.

한 총명한 이가
맑은 눈으로 밝게 보고
먼지를 쪼개 경전을 내어
두루 중생을 이롭게 하네.

부처님 지혜도 마찬가지로
중생 마음에 두루 있되
망상에 뒤얽혀
지각치 못하네.

5. 부처님의 경계

"어떻게 부처님의 경계를 알아야 하는가?

모든 세간의 경계가 무한하듯이 부처님의 경계도
무한하고, 과거·현재·미래의 경계가 무한하듯이
부처님의 경계도 무한하다.

마땅히 마음의 경계가 부처님의 경계임을 알아야
하니, 마음의 경계가 무한하고 끝없고 얽매임도 벗
어남도 없는 것같이, 부처님의 경계도 마찬가지임
을 알아야 한다. 왜냐하면 있는 그대로 사유 분별함
으로써 있는 그대로 무한히 나타나기 때문이다. 마
치 큰 용왕이 마음 여하에 따라 비를 내리지만, 그
비는 안팎에서 나오는 것이 아니듯이 부처님의 경
계도 마찬가지로 분별을 따라서 그대로 무한히 시
방에 나타나지만 다 온 곳이 없다."

그 때 보현 보살께서 이 뜻을 거듭 밝히고자 게송으로 설하셨다.

바다의 진기함 무한하며
중생과 대지 또한 그러하니
물의 성품 한 맛으로 같아 차별 없으나
그 가운데 생성되는 것은 이익을 봄이 각각이네.

6. 부처님의 행

"어떻게 부처님의 행을 알아야 하는가? 보살은 마땅히 막힘 없는 행이 부처님의 행임을 알아야 하며, 진여의 행이 부처님의 행임을 알아야 한다.

마치 법계는 무한함도 무한하지 않음도 아니니, 형상이 없는 때문이듯 부처님의 행도 마찬가지로 무한함도 무한하지 않음도 아니니 형상이 없기 때문이다.

마치 새가 백 년을 지나도록 허공을 날아도 이미 지난 곳이나 지나지 못한 곳이나 다 헤아릴 수 없으니 허공계가 끝이 없기 때문이듯 부처님의 행도 마찬가지로 누군가 백천억 나유타겁을 지내도록 분별하여 연설했다 하여도 이미 설한 것이나 설하지 않은 것이나 헤아릴 수 없으니 부처님의 행이 끝이 없기 때문이다.

비유하면 금시조왕은 허공을 비행하면서 깨끗한 눈으로 바닷속 용궁을 살피고 용맹한 힘으로 좌우의 날개를 휘둘러 바닷물을 두 쪽으로 가르고 명이 다한 용을 잡아가듯 부처님이신 금시조왕도 마찬가지로 막힘 없는 행에 머물러 깨끗한 부처님 눈으로 법계의 궁전에 있는 여러 중생을 관찰한다. 혹 미리 선근을 심어 이미 성숙하였으면 부처님께서 용맹한 십력을 떨치어 지(止)와 관(觀)의 두 날개로 생사의 바닷물을 둘로 가르고, 들어다가 불법 가운데 두어 온갖 망상과 실없는 말을 끊어버리고 부처님의 분별함이 없고 막힘 없는 행에 안주하게 한다.

마땅히 이 같이 무한한 방편과 성상으로써 부처님의 행을 깨달아 보아야 한다."

이 때 보현 보살께서 이 뜻을 거듭 밝히고자 게송으로 말씀하셨다.

마치 새가 억천 년을 날아도
허공은 앞뒤로 같아 차별 없음과 같이
많은 겁 동안 부처님의 행을 연설하되
이미 설한 것이건 아니건 헤아릴 수 없네.

금시조가 허공에서 큰 바다 살피고
물 헤쳐 용을 포획하듯
부처님도 선근 중생 가려내어서
생사의 바다 벗어나게 하여 온갖 미혹 없애네.

마치 일월이 허공을 돌며
온갖 것을 비추고도 분별 않듯
세존께서 법계에 두루 다니시어
중생을 교화해도 동요됨이 없으시네.

7. 부처님의 정각

"어떻게 부처님의 정각을 알아야 하는가? 부처님께서 바른 깨달음을 이루심은 무한하고 한계가 없고, 양극단을 멀리 떠나서 중도에 머물며, 모든 언어를 초과한 줄을 알아야 하고, 많은 중생들의 마음씀과 근성과 욕망과 번뇌와 습기를 알아야 하니, 요점을 말하면 순간에 삼세의 온갖 법을 알아야 한다.

가령 허공은 모든 세계가 이루어지고 무너지고 간에 늘어나거나 줄어듦이 없으니 나는 일이 없는 때문이듯 부처님의 보리도 마찬가지로 정각을 이루시건 못하시건 간에 늘거나 줄어듦이 없다. 왜냐하면 보리는 형상도 형상 아님도 없으며 하나도 갖가지도 없기 때문이다.

보살은 마땅히 부처님 몸의 한 털구멍 속에 많은 중생들 수와 같은 부처님의 몸이 있음을 알아야 하는데 성불하신 몸은 끝까지 생멸이 없기 때문이며, 한 털구멍이 법계에 두루하듯이 모든 털구멍도 마찬가지니 하찮은 곳도 부처님의 몸이 없으신 데가 없다.

보살은 자기의 마음에 시시각각 항상 불성이 있어 정각을 이룸을 알아야 하니, 왜냐하면 부처님은 이 마음을 떠나지 않고 정각을 이루신 때문이다. 자기의 마음과 같이 많은 중생들의 마음도 마찬가지로 다 불성이 있어 정각을 이루니 광대하고 두루하여 있지 않은 데가 없으며, 떠나지 않고 끊이지 않아 쉬지 않고 부사의한 방편 법문에 들어간다.

보살은 마땅히 이 같이 부처님께서 정각을 이루신 것을 알아야 한다."

이 때 보현 보살께서 이 뜻을 거듭 밝히고자 게송으로 설하셨다.

깨친 이 온갖 법 확실히 아시니
둘이 없고 둘을 떠나 다 평등하며
자성이 허공과 같이 청정하여
나와 나 아님을 분별치 않으시네.

8. 부처님의 법륜

"어떻게 부처님의 법륜 굴리심을 알아야 하는가?

부처님께서는 마음의 자재력으로써 일어남도 굴림도 없이 법륜을 굴리시니 온갖 법이 늘 일어남이 없음을 아시기 때문이며, 말씀 없이 법륜을 굴리시니 온갖 법이 말로 할 수 없음을 아시기 때문이요,

끝까지 적멸하게 법륜을 굴리시니 온갖 법이 열반의 성품임을 아시기 때문이요, 소리가 메아리와 같음을 알고 법륜을 굴리시니 온갖 법의 진실한 성품을 아시기 때문이요, 남김 없고 다함 없이 법륜을 굴리시니 안팎으로 집착이 없으시기 때문이다.

비유하면 미래가 다하도록 온갖 언어로 설하여도 다 할 수 없으니, 부처님의 법륜을 굴리심도 마찬가지로 모든 문자로 잘 정돈하여 쉬지 않고 나타내 보여도 다 할 수 없다."

하나 하나 음성 가운데 각기 다른
무한한 말들을 다시 연설하되
세상에 자재하여 분별하지 않고
그 욕망대로 두루 듣게 하시네.

9. 부처님의 열반

"어떻게 부처님의 열반을 알아야 하는가?

부처님은 중생들로 하여금 마음 편하게 하려고 세상에 출현하시며 연모하게 하려고 열반을 보이시지만, 부처님은 실로 세상에 출현하심도 열반하심도 없다. 왜냐하면 부처님은 청정한 법계에 늘 계시면서 중생들의 마음을 따라서 열반을 보이시기 때문이다.

가령 해가 떠서 두루 세간을 비추되 모든 깨끗한 물이 있는 그릇에는 그림자가 나타나서 많은 곳에 두루하지만 오고 감이 없듯이 그릇이 깨지면 그림자가 나타나지 않는데, 그것이 해의 잘못인가? 부처님의 지혜 해도 마찬가지로 법계에 두루 나타나되 선후가 없으시니, 여러 중생들의 깨끗한 마음 그릇에는 부처님께서 나타나지 않으심이 없어서, 마음 그릇이 깨끗하면 항상 부처님 몸을 친견하나 흐리면 보지 못한다.

만약 열반으로써 제도할 중생이 있으면 부처님께서 바로 열반하시나, 실로 부처님께서는 생사와 열반이 없으시니, 마치 불이 모든 세간에서 불타다가 혹 한 곳에서 꺼지면 모든 세간의 불이 다 꺼지는가? 아니다. 부처님도 마찬가지로 모든 세계에서 불사를 하시다가, 혹 한 세계에서 할 일을 마치면 열반을 보이시지만, 모든 세계의 부처님들께서 다 열반하심은 아니다.

보살은 마땅히 이 같이 부처님의 완전한 열반을 알아야 한다.

또 가령 마술사가 마술로 삼천대천 세계의 여러 곳에서 환상의 몸을 나타낼 적에 여러 겁을 머무나, 다른 곳에서 마술이 끝나면 몸을 숨기고 나타내지 않듯이 저 마술사가 한 곳에서 몸을 감춘다고 모든 곳에서 다 없어진다고 하겠는가? 아니다. 부처님도 마찬가지로 무한한 지혜 방편인 갖가지 마술로 온갖 법계에 두루 몸을 나타내어 미래가 다하도록 하여도 한 곳에서 중생들의 마음을 따라서 하는 일이 끝나면 열반하시지만 어찌 한 곳에서 열반하신다고 해서 모든 곳에서 다 열반하신다고 하겠느냐?

보살은 마땅히 이 같이 부처님의 완전한 열반을 알아야 한다.

부처님의 몸은 방소가 있는 것이 아니어서 진실도 허망함도 아니시다. 다만 부처님들의 본원력으로써 중생이 제도를 받을 만하면 나타나시니, 마땅히 이 같이 부처님의 열반을 알아야 한다."

불이 세간에서 타다가
한 도시에서 혹 꺼지듯
부처님 몸 법계에 두루하시어
교화가 끝난 데서는 열반을 보이시네.

마술사가 온갖 곳에서 몸을 나투어
할 일이 마친 곳에선 없어지듯
부처님 교화 끝나신 곳도 마찬가지나
다른 국토에선 항상 부처님 친견하네.

10. 부처님의 선근

"부처님을 가까이 친견하고 법을 들으며 심은 선근을 어떻게 알아야 하는가? 마땅히 부처님 처소에서 친견하고 법을 들으며 심은 선근이 다 헛되지 않은 줄을 알아야 한다.

가령 장부가 금강을 조금만 삼켜도 끝내 소화되지 않고 몸을 뚫고서 밖에 나오는데 금강은 육신의 더러움에 함께 섞이지 않기 때문이듯이 부처님께 조그만 선근을 심은 것도 마찬가지여서 온갖 함이 있는 행과 번뇌의 몸을 통과하여 함이 없는 가장 높은 지혜에 이르니, 왜냐하면 이 작은 선근은 함이 있는 온갖 행의 번뇌와 함께 머물지 않기 때문이다.

가령 마른 풀을 수미산처럼 쌓았더라도 거기다 겨자씨 만한 불을 던지면 전소되고 마니, 불이 능히 태우기 때문이듯 부처님께 조그만 선근을 심은 것도 마찬가지로 반드시 온갖 번뇌를 태워버리고 필경에 남음이 없는 열반을 얻으니, 이 작은 선근이 끝까지 가는 특성 때문이다.

설산에 '선견'이란 약왕수[114]가 있어서 보면 눈이 깨끗해지며, 들으면 귀가 깨끗해지고, 맡으면 코가 깨끗해지고, 맛보면 혀가 깨끗해지며, 닿으면 몸이 깨끗해지고, 누군가 그 흙을 가져도 병이 낫게 된다. 부처님의 위없는 최상의 묘약도 마찬가지로 많은 중생을 이롭게 하니, 누군가 부처님의 몸을 보면 눈이 깨끗해지고, 명호를 들으면 귀가 깨끗해지며, 계의 향기를 맡으면 코가 깨끗해지고, 불법을 맛보면

혀가 깨끗해지며, 큰 혀를 갖추고 말하는 법을 알고, 부처님의 광명에 닿으면 몸이 깨끗하여 마침내 위없는 법신을 얻으며, 부처님을 생각하는 이는 염불삼매가 청정하여진다.

혹 부처님께서 지나가신 땅이나 탑에 공양하더라도 또한 선근을 갖추어서 온갖 번뇌와 근심을 없애고 성현의 즐거움을 얻으며, 누군가 부처님을 친견하거나 듣고 업장이 두터워 쾌히 믿지 못하더라도 또한 선근을 심게 되니 헛되지 않을 것이요, 마침내 열반에 드니 보살이 마땅히 이 같이 부처님 처소에서 친견하고 법을 들으면 그 선근으로 온갖 악한 법을 여의고 선한 법을 갖추리라.

이 법문은 부처님께서 다른 중생에게는 설하지 않으시고, 오직 대승을 실천하는 보살에게 설하시며 부사의한 수레를 타는 보살에게 설하시므로 나머지 중생들의 손에는 들어가지 않으나 오직 보살마하살만은 제외한다.

가령 전륜왕이 가지고 있는 일곱 가지 보배로 말미암아 전륜왕임을 나타내 보이니, 이는 다른 중생들의 손에는 들어가지 않으나 오직 첫째 부인의 소생인 태자로서 성왕의 모습을 갖춘 이는 제외할 것이다. 만약 전륜왕이 이런 태자로서 많은 덕을 갖춘 자가 없으면, 왕의 명이 마친 뒤 이 일곱 보배는 7일간에 다 없어지며, 이 경의 보물도 마찬가지로 다른 중생들의 손에는 들어가지 않으나, 오직 부처님의 친자로 불가에 나서 부처님의 모습과 선근을 심은 이는 제외할 것이다. 만약 이 같은 부처님의 친자가 없으면 이런 법문이 오래지 않아 없어지니, 왜냐하면 모든 이승은 이 경을 듣지도 못하거든 하물며 수지 독송하고 분별 해석함이겠는가. 오직 보살만이 능히 이 같이 할 수 있으므로 보살이 이 법문을 듣고는 크게 환희하고 존중심으로 공경히 받들면 최상의 깨달음을 빨리 얻게 된다.

보살들이 설사 무한한 백천억 나유타겁에 육바라밀을 행하고 갖가지 보리분법을 수습하였다고 하자. 그래도 만일 여래의 부사의한 대 위덕 법문을 듣지 못하였거나, 듣고도 믿어 알지 못하며 따르지 않고 들지 못한다면 진실한 보살이라 하지 못하니, 불가에 태어나지 못한다. 이 부처님의 무한히 부사의하고 막힘 없는 지혜의 법문을 듣고, 듣고 나서는 믿고 이해하여 따라서 깨쳐 들면 이 사람은 불가에 나서 모든 부처님의 경계를 따르고 온갖 보살 법을 갖추리라. 온갖 것을 아는 지혜의 경계에 안주하고 온갖 세간 법을 벗어나며 모든 부처님의 행을 내고, 스승에 의하지 않는 법에 머물러 부처님의 막힘 없는 경계에 깊이 들어가리라.

보살이 이 법을 들으면 능히 평등한 지혜로 무한한 법을 알고 정직한 마음으로 온갖 분별을 떠나며, 훌륭히 뛰어난 욕구로 부처님을 친견하고, 의지를 움직임으로 평등한 허공계에 들며, 자재한 생각으로 끝없는 법계에 행한다.

지혜의 힘으로 온갖 공덕을 갖추고 보리심으로 모든 시방의 그물에 들어가며, 크게 관찰함으로 삼세 부처님들의 동일한 체성을 안다. 선근을 회향하는 지혜로 이 같은 법에 두루 들되 들지 않으면서 들며, 한 법에도 반연하지 않고 늘 한 법으로써 온갖 법을 관찰하니 보살이 이 같은 공덕을 이루고는 조그만

공으로도 스승 없이 자연히 지혜를 얻는다."
　그 때 보현 보살께서 이 뜻을 거듭 펴고자 게송으로 설하셨다.

　마치 누군가 적은 금강을 삼켜도
　끝내 소화되지 않고 나오는 것 같이
　부처님께 공양한 온갖 공덕도
　미혹 끊고 금강 지혜에 이르리.

　마른 풀이 수미산 같이 쌓여도
　겨자 만한 불로 다 태우듯
　부처님께 공양한 적은 공덕도
　반드시 번뇌를 끊어 열반에 이르리.

　설산에 선견이란 약이 있어서
　보고 듣고 맡으면 병이 소멸되니
　누군가 부처님 친견하거나 들으면
　수승한 공덕 얻어 부처님 지혜에 이르리.

이 같이 비밀하고 매우 깊은 법
백 천만 겁에도 듣기 어려우니
정진과 지혜로써 조복한 자라야
심오한 이치 들으리.

38. 이세간품

① 이름 풀이

이는 행의 바탕이 청정한 뜻이다.

세는 시간이다.

간은 가운데이니 다만 시간 가운데 존재하는 것이 세간이다. '세간' 은 초월해야하는 법으로 세상에 처해 물듦이 없음을 '이세간' 이라고 한다.

② 설하는 까닭

앞의 여래출현품은 출현의 불과가 수승한 것이고, 지금은 저에 의지해 행을 일으킴이 원융함을 밝힌다. 또 이 품은 보현의 평상행이다.

③ 주제와 취지

단박에 여섯 지위를 드러내어 이치와 현상을 다 초월함으로 주제를 삼는다. 또 사물의 본성이 온갖 것을 멀리 벗어남을 깨쳐 단박에 참된 벗어남을 이룸으로 취지를 삼는다.

부처님께서는 마갈타국 아란야법 보리장의 보광명전에서 연화장 사자좌에 앉으셨는데, 절묘한 깨달음이 원만하시어 말로 할 수 없이 수많은 보살들과 함께 계셨으니, 다들 일생에 최상의 깨달음을 이루실 이들로 각기 타방 국토로부터 와서 모였다.

그 때 보현 보살께서는 '부처님의 꽃으로 장엄함' 이란 광대한 삼매에 드셨는데 때맞춰 시방 세계가 여섯 종류인 열 여덟 모양으로 진동하면서 들리지 않음이 없이 큰 소리가 난 뒤 삼매에서 나오셨다.

보혜 보살이 대중이 다 모였음을 알고 보현 보살께 법을 청하였다.

보현 보살께서 말씀하셨다.

"열 가지 선지식이 있으니, 이른바 보리심에 안주하게 하는 선지식이요, 선근을 내게 하는 선지식이고, 모든 바라밀을 행하게 하는 선지식이며, 온갖 법을 해설하게 하는 선지식이고, 많은 중생을 성숙케 하는 선지식이며, 확고한 변재를 얻게 하는 선지식이고, 모든 세간에 집착하지 않게 하는 선지식이며, 오랜 기간에 수행하되 싫증 내지 않게 하는 선지식이고, 보현행에 안주하게 하는 선지식이며, 모든 부처님의 지혜로 들게 하는 선지식이다.

보살이 열 가지로 마음의 안락이 있으니, 이른바 나와 남을 보리심에 머물게 하여 마음이 안락해지며, 끝까지 분쟁을 떠나게 하여 마음이 안락해지고, 범부의 법을 떠나게 하여 마음이 안락해지며, 선근을 부지런히 닦게 하여 마음이 안락해지고, 바라밀도에 머물게 하여 마음이 안락해지며, 불가에 태어나게 하여 마음이 안락해지고, 자성이 없는 진실한 법에 깊이 들게 하여 마음이 안락해지며, 모든 불법을 비방하지 않게 하여 마음이 안락해지고, 온갖 것을 아는 지혜의 보리원을 만족케 하여 마음이 안락해지며, 모든 부처님의 다함없는 지혜의 장에 깊이 들게 하여 마음이 안락해지니, 만약 보살이 이 법에 안주하면 부처님의 위없는 대 지혜의 안락을 얻는다.

보살은 열 가지 중생을 이룸이 있으니, 이른바 보시로 중생을 이루고, 몸으로 중생을 이루며, 설법으로 중생을 이루고, 동행함으로 중생을 이루며, 집착하지 않음으로 중생을 이루고, 보살행을 가르쳐 보임으로 중생을 이루며, 모든 세계를 불타듯이 보임으로 중생을 이루고, 불법의 대 위덕을 보임으로 중생을 이루며, 갖가지 신통 변화로 중생을 이루고, 미묘하고 정교한 방편으로 중생을 이룬다.

보살은 열 가지 싫증 내지 않는 마음이 있으니, 이른바 모든 부처님께 공양하는데 싫증 내지 않는 마음과 선지식을 가까이 함에 싫증 내지 않는 마음과 온갖 법을 구함에 싫증 내지 않는 마음과 정법을 듣거나 설함에 싫증 내지 않는 마음과 많은 중생을 교화하고 조복함에 싫증 내지 않는 마음과 많은 중생을 부처님의 보리에 두는 데 싫증 내지 않는 마음과 낱낱 세계에서 말로 할 수 없이 말로 할 수 없는 겁 동안 보살행을 행함에 싫증 내지 않는 마음과 모든 세계에 다님에 싫증 내지 않는 마음과 온갖 불법을 사유 관찰함에 싫증 내지 않는 마음이다. 만약 이 법에 안주하면 부처님의 싫증 내지 않고 위없는 대 지혜를 얻는다.

보살은 열 가지 바라밀이 있으니, 무엇이 열 가지인가. 이른바 보시바라밀로 온갖 소유를 다 버리며, 지계바라밀로 부처님의 계를 깨끗이하고, 인욕바라밀로 부처님 인욕에 머물며, 정진바라밀로 온갖 하는 일에 물러나지 않고, 선정바라밀로 한 경계를 생각하며, 반야바라밀로 온갖 법을 여실히 관찰하고, 지혜바라밀로 부처님의 힘에 들어가며, 서원바라밀로 보현의 모든 대원을 원만히 하고, 신통바라밀로 온갖 자재한 작용을 보이며, 법바라밀로 두루 모든 불법에 들어간다. 만약 보살들이 이 법에 안주하면 부처님의 위없는 대 지혜 바라밀을 갖춘다.

보살은 열 가지 분명히 앎이 있으니, 이른바 온갖 법이 한 모양임을 알고, 온갖 법이 무한한 모양임을 알며, 온갖 법이 한 생각에 있음을 알고, 여러 중생들의 마음씀이 막힘 없음을 알며, 모든 근기가 평등함을 알고, 번뇌의 습기 행을 알며, 여러 중생들의 마음씀을 알고, 선하고 악한 행을 알며, 모든 보살의 원행이 자재하게 머물러 지니고 변화함을 알고, 일체 부처님들께서 십력을 갖추고 정등각을 이루심을 아니, 만약 보살들이 이 법에 안주하면 온갖 법의 정교한 방편을 얻는다.

　또 생각하되, '내가 옛날 위없는 대 보리심을 내기 전에는 온갖 두려움이 있었으니, 살지 못할까 두려움·악명의 두려움·죽음의 두려움·악도에 떨어질까 두려움·대중 위신의 두려움이다. 한 번 발심하고는 다 벗어나 놀라지 않고 무섭지도 않아 온갖 악마와 외도들이 무너뜨릴 수 없다'고 생각하고 크게 기뻐 안심이 되었으며, 또 '마땅히 많은 중생들이 위없는 보리를 이루게 하고, 보리를 이룬 뒤에는 저 부처님 처소에서 보살행을 닦으며, 육신의 명이 다하도록 대 신심으로 부처님께 온갖 공양구를 마련하여 공양하리라. 열반하신 뒤에는 각기 무한한 탑을 쌓아 사리에 공양하고, 유법을 수지하여 지키리라'고 생각하고 크게 기뻐 안심하였다.

또 '마땅히 많은 중생들의 근심을 끊고 욕구를 청정히 하며, 마음을 열고 번뇌를 없애리라. 많은 중생들의 나쁜 길을 닫고 좋은 길을 열며 칠흑의 어두움을 깨어 광명을 주며, 온갖 악마의 소행을 떠나고 안락한 곳에 이르게 하리라'고 생각하고 크게 기뻐 안심한다.

보살이 또 '부처님은 우담바라꽃과 같아서 만나기 어려우나 내가 미래에 부처님을 친견하고자 하면 바로 친견이 되며, 나를 항상 버리지 않으시고 늘 나의 거처에 머물러서 친견하고 나를 위해 설법하여 끊어지지 않게 될 것이며, 법을 듣고는 마음이 청정하여 아첨을 멀리 떠나고 솔직하여 거짓이 없으며 시시각각 항상 부처님을 친견하게 되리라'고 생각하고 크게 기뻐 안심한다. 또한 '미래에 마땅히 정각을 이루고 부처님의 신력으로써 많은 중생을 위하여, 청정하고 두려움 없이 대 사자후를 하리다. 본래의 큰 원으로 법계에 두루하여 대 법고를 치고 법비를 내려 크게 법보시를 하리다. 무한한 겁에 정법을 연설하지만 대 자비로 유지되어 몸과 말과 뜻에 싫증 내지 않으리라' 고 생각하고 크게 기뻐 안심한다. 이것이 보살의 열 가지 크게 기뻐 안심함이니 만약 이 법에 안주하면 곧 위없는 정각의 지혜를 이루어 크게 기뻐 안심한다.

보살은 열 가지 두려움 없는 마음을 내니, 이른바 온갖 장애의 업을 멸하는데 두려움 없는 마음을 내며, 부처님 열반하신 뒤에 정법을 지킴에 두려움 없는 마음을 내고, 온갖 악마를 항복시킴에 두려움 없는 마음을 내며, 신명을 아끼지 않음에 두려움 없는 마음을 내고, 온갖 외도의 잘못된 논리를 깨뜨림에 두려움 없는 마음을 내며, 많은 중생을 기쁘게 함에 두려움 없는 마음을 내고, 회상의 대중들을 다 기쁘게 함에 두려움 없는 마음을 내며, 모든 하늘과 용과 야차와 건달바와 아수라와 가루라와 긴나라와 마후라가를 조복함에 두려움 없는 마음을 내고, 이승의 지위를 벗어나 깊은 법으로 들어감에 두려움 없는 마음을 내고, 말로 할 수 없이 말로 할 수 없는 겁에 보살행을 행하고도 싫증 내지 않고 두려움 없는 마음을 낸다.

만약 보살들이 이 법에 안주하면 부처님의 위없는 대 지혜의 두려움 없는 마음을 얻는다.

보살은 열 가지 마음이 있는데, 이른바 대지와 같은 마음이니 많은 중생들의 온갖 선근을 유지하여 키우는 때문이요, 큰 바다 같은 마음이니 모든 부처님의 무한한 대 지혜 법의 물이 다 유입하는 때문이며, 수미산과 같은 마음이니 많은 중생을 출세간에서 최상의 선근에 두는 때문이요, 마니 보배와 같은 마음이니 욕구가 청정하여 더러워지지 않는 때문이며, 금강과 같은 마음이니 확고히 온갖 법에 깊이 들어가는 때문이요, 철위산과 같은 마음이니 악마와 외도들이 동요하지 못하는 때문이며, 연꽃과 같은 마음이니 온갖 세간 법이 더럽히지 못하는 때문이요, 우담바라꽃과 같은 마음이니 많은 겁에서 만나기 어려운 때문이며, 청정한 해와 같은 마음이니 어

286

둠을 깨뜨리는 때문이요, 허공과 같은 마음이니 헤아릴 수 없는 때문이다. 만약 보살들이 이 가운데 안주하면 부처님의 위없는 대 청정심을 얻는다.

보살이 열 가지 일로써 일곱 걸음을 걸었으니, 이른바 보살의 힘을 나타내기 위해 일곱 걸음을 걸었고, 일곱 가지 재물로 보시함을 나타내기 위해 일곱 걸음을 걸었으며, 지신(地神)의 소원을 만족시키기 위해 일곱 걸음을 걸었고, 삼계를 초월한 모습을 나타내기 위해 일곱 걸음을 걸었으며, 보살의 최고 수승한 행인 코끼리·소·사자의 행을 뛰어넘음을 나타내기 위해 일곱 걸음을 걸었고, 금강 지위의 모습을 나타내기 위해 일곱 걸음을 걸었다.

중생에게 용맹한 힘을 줌을 나타내기 위해 일곱 걸음을 걸었고, 일곱 가지 깨달음의 보배를 수행함을 나타내기 위해 일곱 걸음을 걸었으며, 얻은 법이 남의 가르침을 말미암지 않음을 나타내기 위해 일곱 걸음을 걸었고, 세간에서 최고 수승해 비할 바 없음을 나타내기 위해 일곱 걸음을 걸으셨는데 이것이 열이니 보살이 중생을 조복하기 위하여 이같이 나타낸다."

이 품을 설하실 때에 부처님의 신력과 법이 당연히 그러함으로 시방 세계가 크게 진동하고 대 광명이 두루 비추었다.

그 때 시방의 부처님들께서 보현 보살의 앞에 나타나시어 찬탄하셨다.

"훌륭하도다. 그대가 이 법을 잘 배워 설하고 그대의 위력으로 이 법을 능히 지켜서 보유하는구나. 우리가 다 따라 기뻐하고 같은 마음으로 이 경을 보호하여 현재와 미래의 듣지 못한 보살들로 하여금 다들 듣게 하리라."

이 때 보현 보살께서 부처님의 신력을 받아 시방의 모든 대중과 법계를 관찰하고 게송으로 설하셨다.

무한한 억 겁에 덕을 연설함이
바다의 한 방울 물과 같지만 적지 않아
그 공덕 견줄 수도 비유할 수도 없어
부처님의 신력으로 지금 간략히 설하리.

마음은 높낮이가 없고
구도에 싫증이 없으며
두루 모든 중생들이 선에 머물러
청정한 법을 늘리게 하리.

깨끗한 해와 달이
밝은 거울 허공에 있는 듯
물 속에 그림자 나타내지만
물과 섞이지 않네.

보살의 깨끗한 법륜도
마찬가지로
세간의 마음 물에 비치지만
세간에 섞이지 않네.

누군가 아지랑이를 보고
물로 여겨
쫓아가지만 마시지 못하고
점점 갈증만 더하네.

중생들의 번뇌도
마찬가지니
보살이 불쌍히 여겨
구하고 벗어나게 하네.

39. 입법계품

① **이름 풀이**

입은 쾌히 믿는 자가 미혹을 벗어나 비로소 깨치는 것이다.

법은 심신의 경계가 성품이 스스로 의지가 없는 것이다.

계는 진실과 거짓, 옳고 그름의 장애가 없음을 말한다. 순전히 지혜로 미혹한 마음의 경계가 아님을 '법계' 라 한다.

② **설하는 까닭**

앞에서 자기의 여래가 출현함과, 또 마음이 물듦이 없음을 '이세간' 이라 함을 밝혔다. 이 품은 순전히 법계와 무허망계다. 또 앞에서 법에 의탁하여 수행해 나아감을 밝혔으나, 지금은 사람에 의지하여 증득해 들어감이니 뜻의 순서다.

③ **주제와 취지**

이미 '입법계' 로 제목하여 주제를 삼았는데, 선재가 산과 바다를 보거나 혹은 집을 봄이 다 '입법계' 이다.

가. 근본 법회

세존께서는 실라벌국 서다림 급고독원의 대장엄 중각에서 오백 보살마하살과 함께 계셨으니, 보현과 문수가 상수 보살이 되었고, 이 때 모든 보살과 대덕 성문과 세간주와 그 권속들은 다 마음으로 법을 청하길 원하였다.

그 때 부처님께서 보살들의 마음을 아시고는 대비

로 몸을 삼고 대비법으로 방편을 삼아 허공에 충만
하여 '사자가 기운 뻗는 삼매'에 드시자 온갖 세간
이 다 장식되고 누각이 갑자기 넓고 풍부해져서 끝
이 없었다. 이 서다림 급고독원에서 불국토가 깨끗
이 장엄된 것을 보듯이, 시방 세계에서도 부처님의
몸이 서다림에 머무심에 보살들이 다 가득찼다.

그 때 새로운 대중들이 시방 세계로부터 부처님
처소에 이르러 부처님께 절하고 보배 연화장 사자
좌를 변화로 만들고 권속들과 같이 결가부좌하였다.
이 같이 무수한 보살들이 서다림에 충만함은 다 부
처님의 신력 때문이었다.

보살들이 부처님의 신력을 받아 게송으로 설하였다.

마치 물을 맑히는 구슬이
더러운 물을 능히 맑히듯
부처님 친견함도 마찬가지로
감관이 다 청정해지네.

차라리 무한한 겁에

악도의 고통을 받을지언정
끝까지 부처님 버리고
벗어나기를 바라진 않으리.

나. 지말 법회

1. 문수 보살

문수 동자는 '잘 머무름[115]' 누각으로부터 나와서, 공덕으로 장엄한 보살들과 같이 부처님을 오른쪽으로 무한히 돌며 갖가지 공양구로 공양하기를 마치고는 물러나 남쪽으로 세상을 향해 갔다.

사리불 존자가 그것을 보고 '문수를 따라 남으로 가리라' 고 생각하고는 6천 비구들과 함께 부처님의 허락을 받아 문수께 가서 뵙기를 청하였는데, 그 때 문수 동자는 무한히 자재한 보살들에게 둘러싸여 대중들과 함께 코끼리가 돌 듯이 보았다.

비구들이 절하고 합장하여 말씀드렸다.

"저희들이 지금 우러러 뵙고 공경히 예배한 것과 나머지 모든 선근을 어지신 문수와 사리불과 석가모니 부처님께서 분명히 아십니다. 어지신 이가 갖추신 그런 몸과 음성·상호·자재하심을 저희들도 다 갖추어 얻게 하여지이다."

문수 보살께서 비구들에게 말씀하셨다.

"비구들이여, 선남자 선여인이 열 가지 대승을 향하는 법을 이루면 부처님의 지위에 빨리 들어가리니 하물며 보살의 지위이겠는가?

이른바 온갖 선근을 쌓거나, 부처님을 친견하여 시중 들고 공양하며, 불법을 구함에 싫증 내지 않고, 온갖 바라밀을 행하며, 보살의 삼매를 이룸에 싫증 내지 않고, 모든 삼세에 차례로 들어감과 시방의 불국토를 두루 깨끗이 함에 싫증 내지 않고, 많은 중생을 교화하고 조복하며 모든 국토의 온갖 겁에서 보살행을 이룸에 싫증 내지 않고, 한 중생을 이루기 위하여 무수한 바라밀을 닦으며 부처님의 십력을 이루고 이 같은 차례로 모든 중생계를 이루기 위하여 부처님의 온갖 힘을 이룸에 싫증 내지 않는다."

비구들은 이 법을 듣고 바로 삼매를 얻었으니, '막힘 없는 눈으로 모든 부처님의 경계를 봄' 이었다.

문수 보살은 비구들을 권하여 보리심을 내게 하고는, 점점 남으로 가면서 세상을 지나다가 복성의 동쪽에 이르러 장엄당 사라숲에 머물렀다. 이 곳은 옛날 부처님들께서 교화하시던 대탑이 있는 곳이며, 보살행을 닦아 무한히 주기 어려운 것을 주시던 곳이다.

문수 보살께서 권속들과 같이 이 곳에 이르러 '법계를 두루 비추는 경'을 말씀하시니, 복성인들이 문수 동자가 장엄당 사라숲 속 대탑 있는 곳에 오셨다는 말을 듣고 모였다. 대지 우바새와 대혜 우바이 등이 각기 오백 권속들과 함께 문수 동자 있는데 와서 절하고 오른쪽으로 세 번 돌며 한 곁에 물러나 앉았고, 선재를 위시한 오백 동자와 선현 등 오백 동녀도 와서 마찬가지로 하고 앉았다.

문수 동자는 복성인들이 다 모였음을 알고 그들이 좋아하는 대로 자재한 몸을 나투고는 다시 선재를 살피면서 무슨 인연으로 그런 이름을 갖고 있는지 살펴보았다. 이 동자가 입태시 집안에 자연히 칠보 누각이 생기고 갖가지 보배와 재물들이 모든 창고에 가득하여 부모 친족과 관상가가 이 아이를 선재라고 부른 줄을 알았다.

이 동자는 일찍이 과거에 많은 부처님께 공양하여 선근을 많이 심었고, 믿고 이해함이 광대하여 늘 여러 선지식을 친근하였으며, 몸과 말과 뜻으로 짓는 일이 허물이 없이 보살도를 깨끗이 하고 온갖 것을 아는 지혜를 구하여 불법의 그릇이 되었고, 마음이 청정하기가 허공과 같으며 보리에 회향하여 장애가 없음을 알았으니 문수 보살은 선재 동자를 관찰하고 위안하여 이끌어주면서 설법하셨다.

선재 동자가 여쭈었다.

"거룩하신 이여, 바라옵건대 저에게 자세히 설해 주소서. 보살은 어떻게 보살행을 배우고, 닦으며, 나아가고, 어떻게 보살행을 행하며, 깨끗이 하고 들어갑니까? 어떻게 보살행을 이루며, 따라가고, 생각하며, 어떻게 보살행을 더 넓히고, 보현의 행을 속히 원만케 합니까?"

문수 보살께서 선재 동자를 위하여 게송으로 말씀하셨다.

그대 모든 국토에 두루하여

오랜 시간 동안

보현행을 닦아

보리도를 이룰지어다.

문수 보살께서 이 게송을 설하시고 선재 동자에게 말씀하셨다.

"훌륭하구나. 선남자여, 그대가 보리심을 내고 보살행을 구하는구나. 누구나 보리심을 냄은 매우 어려운 일이며, 발심하고 나서 또 보살행을 구함은 더욱더 어렵다.

온갖 지혜 가운데 최상의 지혜를 이루려거든 결정코 선지식을 구해야 할 것이며, 선지식을 구함에 고달파 게으름을 내지 말고 보고는 싫증내지 말 것이며, 선지식의 가르침은 다 따르고 정교한 방편에 허물을 보지 말라. 여기서 남쪽에 승락국이 있고 그 나라의 묘봉산에 덕운 비구가 계시니 가서 보살도를 여쭈면 마땅히 설해 주실 것이다."

선재 동자는 뛸듯이 기뻐하면서 문수 보살께 절하

고 수없이 돌고는 은근히 우러러보면서 눈물을 흘리며 작별 인사를 하고 남으로 떠났다.

2. 덕운 비구 : 제1. 처음 보리심을 내는 주〔初發心住〕선지식

승락국을 향하여 가던 중 묘봉산에 올라 애타게 덕운 비구를 찾다가 칠일이 경과한 뒤 다른 산 위에서 그 비구가 거니는 것을 보고는 절하고 오른쪽으로 세 번 돌며 앞에 서서 보살도를 여쭈니, 덕운 비구께서 선재에게 말씀하셨다.

"훌륭하구나. 선남자여, 그대가 보리심을 내고 또 보살행을 물으니 이런 일은 어려운 중에도 어렵다.

나는 자재하고 확고한 이해력을 얻어서 믿음의 눈이 청정하고 지혜의 빛이 밝아 경계를 두루 관찰하여 온갖 장애를 벗어났다.

나는 오직 모든 부처님의 경계를 기억하여 지혜의 광명으로 두루 보는 법문을 얻었지만 수많은 대보살들의 끝없는 지혜와 청정한 수행 문이야 어찌 알겠는가. 이른바 자기의 업에 안주하는 염불문이니, 중생들이 쌓은 업대로 영상을 나타내어 깨치게 할

줄을 알아야 하니 어떻게 저의 공덕 행을 알고 말하
겠는가.

선남자여, 남쪽의 해문국에 해운 비구가 계시니
가서 보살도를 여쭈면 광대한 선근을 내는 인연을
분별하여 설하실 것이다."

그 때 선재는 덕운 비구께 절하고 오른쪽으로 돌
면서 관찰하고 물러갔다.

3. 해운 비구 : 제2. 수학하여 마음을 다스리는 주〔治地住〕 선지식

선재가 일심으로 선지식의 가르침을 숙고하며 점
점 남으로 가서 해문국에 도달하고는 해운 비구께
절하고 오른쪽으로 돌며 앞에서 합장하여 보살도를
여쭈니, 해운 비구가 선재에게 말씀하셨다.

"선남자여, 중생들이 선근을 심지 않고는 보리심
을 내지 못하니, 여러 가지 광대한 복을 내야 하며,
선지식을 섬김에 싫증을 내지 말아야 하고, 신명을
아끼지 말아야 한다.

나는 이 해문국에 십이 년을 있으면서 항상 큰 바
다로 경계를 삼았으니, 이른바 광대하고 매우 깊어

서 헤아릴 수 없음을 생각하고, 무한한 보배가 절묘하게 장엄함을 생각하며, 바다는 무한한 중생들의 거처임을 생각하고, 갖가지 엄청나게 몸 큰 중생들을 수용함을 생각하며, 떼구름이 내리는 비를 능히 받음을 생각한다.

이런 생각을 할 때 바다 밑에서 큰 연꽃이 갑자기 나타나 바다를 가득히 덮자 그 때 연꽃 위에서 부처님께서 결가부좌하고 계시면서 오른손을 펴서 나의 머리 위를 만지고 보안 법문을 연설하시면서 부처님의 경계를 가르쳐 보이시고는 온갖 외도의 삿된 논리를 꺾어 악마를 없애며 중생들을 기쁘게 하였다.

내가 그 부처님 처소에서 이 법문을 듣고 수지 독송하며 기억하고 관찰한 것을 가령 누군가 바닷물로 먹을 삼고 수미산으로 붓을 삼더라도 다 쓸 수 없으니 어떤 중생이든지 나에게 오면 이 법문을 가르쳐 보여 풀이하고 찬탄하며 드날려 애호하게 하고, 모든 불·보살행의 광명인 보안 법문에 들어가 안주하게 한다.

나는 다만 이 보안 법문을 알지만 저 보살들은 보

살행에 깊이 들어가는데 많은 중생들에게 들어가 그 마음에 좋아함을 따라 널리 이롭게 하니, 어떻게 저 공덕 행을 능히 알고 말하겠는가.

선남자여, 여기서 남으로 60유순[116]쯤 가면 능가산 도로 변의 해안 마을에 선주 비구가 계시니 가서 보살도를 여쭈어라.”

그 때 선재는 해운 비구께 절하고 오른쪽으로 돌며 우러러 보면서 작별 인사를 하고 떠났다.

4. 선주 비구 : 제3. 수행주(修行住) 선지식

선재는 오직 선지식의 가르침과 넓은 눈 법문을 생각하며, 점점 남으로 가다가 능가산 도로 변의 해안 마을에 이르렀다.

한편 선주 비구는 허공을 오가며 걷는데 무수한 하늘들이 공경히 둘러서서 하늘 꽃을 흩으며 풍류를 짓고 있었다. 선재가 이런 일을 보고 마음이 기뻐 합장 예경하고 보살도를 여쭈니, 이 때 선주 비구께서 선재에게 말씀하셨다.

“훌륭하구나. 선남자여, 그대가 보리심을 내고 또

발심하여 불법과 온갖 것을 아는 지혜의 법과 자연의 법을 묻는구나.

나는 보살의 막힘 없는 해탈 행을 이루었고, 지혜의 광명을 얻었는데 '끝까지 막힘 없음' 이라고 하니, 여러 중생들의 마음씀을 아는 데 막힘 없고, 삶과 죽음을 아는 데 막힘 없으며, 과거·현재·미래사를 아는 데 막힘 없다.

나는 오직 속히 두루 부처님께 공양하고 중생들을 이룸에 막힘 없는 해탈문 만을 알거니와, 저 보살들의 대자 대비한 지계 공덕이야 어떻게 알고 말하겠는가.

여기서 남으로 달리비다국의 자재성에 미가 장자가 계시니 그에게 가서 보살도를 여쭈어라."

그 때 선재는 절하고 오른쪽으로 돌며 우러러 보면서 작별 인사를 하고 떠났다.

5. 미가 장자 : 제4. 바른 가르침에서 존귀함이 생긴 주〔生貴住〕 선지식

선재는 일심으로 법광명 법문을 바로 생각하고 깊고 굳건히 나아 들어가 점점 남으로 가다가 자재성

302

에 이르러 미가를 찾다가 보니, 시장 가운데서 사자좌에 앉아 일만이나 되는 사람들에게 바퀴 륜자 장엄 법문을 연설하고 계셨다.

선재가 절하고 무한히 돌며 앞에서 합장하여 보살도를 여쭈니, 그 때 미가께서 선재에게 말씀하셨다.

"선남자여, 보리심을 내는 이는 불국토를 깨끗이 하고 많은 중생을 성숙시키며 온갖 법성을 깨닫는다.

보살은 많은 중생들의 믿는 데가 되니 낳아 길러 이루기 때문이요, 중생을 건짐이 되니 온갖 고난을 없애기 때문이며, 대지와 같으니 중생들의 선근을 더하게 하기 때문이요, 큰 바다와 같으니 복덕이 충만하여 다함이 없기 때문이며, 청정한 해와 같으니 지혜의 광명으로 두루 비추기 때문이요, 맹렬한 불과 같으니 중생들이 자기란 애착심을 태우기 때문이며, 때 맞춰 내리는 단비와 같으니 믿음의 싹을 키우기 때문이다.

나는 묘음 다라니를 얻어 삼천대천 세계의 온갖 하늘·용·야차·건달바·아수라·가루라·긴나라·마후라가·사람·사람 아닌 이와 범천들의 말을 다 분별하여 아니, 이 삼천대천 세계와 같이 시방 세계와, 내지 말로 할 수 없이 말로 할 수 없는 세계들도 마찬가지다.

나는 다만 이 보살들의 '묘음 다라니 광명의 법문'만을 알지만 저 보살들은 중생들의 다양한 생각·시설·명호·언어에 들어가고 온갖 깊은 뜻의 법구[117]에 두루 들어가니, 이 같은 공덕을 어떻게 알고 설하겠는가.

여기서 남으로 '산림에 머무름'이란 마을에 해탈 장자가 계시니 가서 보살도를 여쭈어라."

선재는 선지식으로 말미암아 온갖 것을 아는 지혜의 법을 깊이 존중하고 깨끗한 신심을 심어 스스로는 더욱더 유익하였다. 그리고 미가께 절하고 눈물을 흘리며 수 없이 돌고 연모하여 우러러 보면서 작별 인사를 하고 떠났다.

6. 해탈 장자 : 제5. 방편을 갖춘 주〔具足方便住〕선지식

선재는 보살의 막힘 없이 이해하는 다라니의 광명으로 장엄한 문을 생각하며, 점점 걸어서 십이 년[118]

동안을 여기저기 돌아다니다가 주림성에 이르러 해
탈 장자를 두루 찾다가 보고는 절하고 일어서서 합
장하여 보살도를 여쭈었다.

해탈 장자는 과거의 선근과 부처님 신력과 문수
동자의 기억력으로써 보살의 삼매문에 들어갔으니,
'모든 불국토를 두루 거두어 끝없이 도는 다라니'
이다. 이 삼매에 들어갔다가 청정한 몸을 얻고 나와
서 선재에게 말씀하셨다.

"선남자여, 나는 부처님의 막힘 없는 장엄 해탈문
에 들어갔다 나왔는데, 안락 세계의 아미타불을 친
견하려 하면 생각하는대로 친견하고, 전단 세계의
금강광명불이나 '보배 사자 장엄 세계'의 비로자나
불을 친견하고자 하면 이런 부처님을 다 친견하게
된다.

그러나 저 부처님께서 여기 오시지도 않고 내 몸
또한 저기에 가지도 않으니, 모든 부처님과 내 마음
이 다 꿈과 같음을 알며, 부처님은 그림자 같고 내
마음은 물 같음을 알고, 부처님의 모습과 내 마음이
환상과 같음을 알며, 메아리 같음을 안다.

나는 이렇게 알고 친견하는 부처님이 모두 자기 마음으로 말미암음을 생각하기에 마땅히 모든 경계에서 제 마음을 깨끗이 다스릴 것이요, 힘써 노력함으로 제 마음을 굳히며, 참음으로써 자기 마음을 너그럽게 할 것이다.

나는 다만 부처님의 막힘 없는 장엄 해탈문에 드는데, 저 여러 보살들은 자기의 몸과 모든 세계가 둘이란 생각을 내지 않으니, 이같은 미묘한 행을 어떻게 알고 말하겠는가.

선남자여, 여기서 남쪽으로 가면 염부제의 경계선인 마리가라국에 해당 비구가 계시니 가서 보살도를 여쭈어라."

7. 해당 비구 : 제6. 찬불·훼불을 듣고도 동요되지 않는 주(正心住) 선지식

선재는 일심으로 저 장자의 가르침을 바르게 유념하며 점점 남으로 가서 염부제의 끝인 마리 마을에 이르러 해당 비구를 두루 찾았다. 문득 보니 가부좌하고 삼매에 들었는데 숨도 쉬지 않은 채 별 생각이 없고 편안히 움직이지 않았다.

선재가 일심으로 해당 비구를 관찰하여 만 하루가 지나고 일주일·보름·한 달·여섯 달이 경과하고 다시 엿새가 지난 뒤에 해당 비구가 삼매에서 나오자, 선재가 찬탄하고는 보살도를 여쭈니, 해당 비구께서 말씀하셨다.

　"이 삼매는 '널리 온갖 것을 관하는 눈으로 얼음을 버림' 이라고도 하고, '반야바라밀 경계의 청정한 광명' 이라고도 하니, 이 삼매에 드는 때에는 모든 세계를 확실히 알거나, 감에 막힘이 없고, 깨끗이 함에 막힘이 없으며, 많은 중생들의 근기를 앎에 막힘이 없다.

　나는 오직 이 한 가지 반야바라밀 삼매의 광명만을 아는데 저 보살들은 지혜에 들어가 법계의 경계를 깨끗이 하며 중생의 의지가 되니 내가 어떻게 그 묘한 행을 알고 공덕을 말하며 행한 것을 깨치겠는가? 또 그 경계를 밝히고 원력을 궁구하며 요긴한 문에 들어가고 깨친 것을 확실히 알겠는가? 또한 그 도의 부분을 설하고 삼매에 머물러 마음의 경계를 보며 소유하고 있는 평등한 지혜를 얻겠는가?

선남자여, 여기서 남으로 가면 해조라는 곳의 보배 장엄 동산에 휴사 우바이가 계시니 가서 보살도를 여쭈어라."

선재는 해당 비구께 견고한 몸과 묘한 법의 재물을 얻고는 작별 인사를 하고 떠났다.

8. 휴사 우바이
: 제7. 부처님의 유무를 듣고도 물러나지 않는 주〔不退住〕선지식

선재가 선지식의 힘을 받아 가르침에 의지하고 말씀을 생각하면서 점점 남으로 가서 해조에 이르자, 휴사 우바이는 '장엄당'이라는 광대한 궁전의 순금 자리에 앉아서 '바다에 간직된 진주 그물 관'을 쓰고, 하늘 것보다 뛰어난 순금 팔찌를 끼었으며, 검푸른 머리카락을 드리우고 계셨다. 백천억 나유타 중생이 허리를 굽혀 공경하였는데, 이 우바이를 보는 이는 온갖 병고가 다 낫고, 번뇌의 더러움을 벗어나 나쁜 소견을 뽑아 버렸다.

"거룩하신 이께서 보리심을 낸 지는 얼마나 되셨습니까?" 하고 선재가 여쭈니, 휴사 우바이께서 대

답하셨다.

"나는 과거 연등불 처소에서 범행을 닦고 공경히 공양하면서 법문을 듣고 수지하였으며 그 전에는 이구불 처소에 출가하여 도를 배우며 정법을 받아 지녔다. 과거의 무한한 겁 동안 수없이 태어나면서 이러한 차례로 삼십 육 항하의 모래 수만큼 많은 부처님 처소에서 공경히 섬기고 공양하며 법을 듣고 수지하여 범행을 닦던 일을 기억하니, 그 이전은 부처님의 지혜로나 알지 나로서는 헤아릴 수 없다.

이 해탈은 '근심을 떠난 안락한 당기'라 하는데, 나는 오직 이 해탈문만을 알거니와, 저 보살들의 마음은 바다 같아서 모든 불법을 수용하고 수미산과 같아 의지가 확고히 움직이지 않으며, 깨끗한 해와 같아서 중생들의 어두운 무명을 깨고 대지와 같아서 여러 중생들의 의지처가 되며, 떼구름과 같아서 중생에게 고요한 법을 비 내리 듯하고, 깨끗한 달과 같아서 중생에게 복덕의 광명을 놓으니 내가 그 공덕의 행을 어떻게 알고 말하겠는가.

선남자여, 여기서 남으로 가면 바다의 조수 이는

곳에 나라소국이 있고 거기 비목구사 선인이 계시니 가서 보살도를 여쭈어라."

9. 비목구사 선인
: 제8. 삼업이 순진한 동자와 같이 되는 주〔童眞住〕 선지식

선재는 보살의 바른 가르침을 생각하면서 점점 다니다가 나라소국에 이르러 비목구사 선인을 찾다가 전단나무 아래 풀밭에 앉아 일만 무리를 거느리고 이끎을 보았다.

그 곳에 나아가서 절하고 땅에서 일어나 무한히 돌며 합장하여 서서 보살도를 여쭈자, 비목 선인이 오른손을 펴서 선재의 머리 위를 만지고 손을 잡았는데, 선재는 자기의 몸이 시방 세계에 가서 수많은 부처님 처소에 이르렀음을 보고는 부처님께서 중생들의 마음에 좋아함을 따라 설법하심을 듣고 구절 구절을 다 통달하였으며 이를 따로 지녀 섞지 않고 보살의 '뛰어난 깃발 해탈의 지혜 광명'이 비추어 '비로자나 광 삼매의 광명'을 얻었다.

비목 선인이 선재의 손을 놓자 선재는 자기의 몸

이 도로 본처에 있음을 보았다.

그 때 비목 선인께서 선재에게 말씀하셨다.

"선남자여, 나는 오직 이 보살의 이길 이 없는 당기 해탈만을 아는데 저 보살은 온갖 수승한 삼매를 이루어 지혜의 몸이 모든 법계에 들어가서 중생심을 따라 앞에 두루 나타나 깨끗한 광명을 놓으니 저의 공덕행과 지혜의 광명을 어떻게 알고 말하겠는가.

선남자여, 여기서 남으로 이사나 마을에 승열 바라문이 계시니 가서 보살도를 여쭈어라."

선재는 뛸듯이 기뻐하면서 절하고 수 없이 돌며 은근히 우러러 보아 작별 인사를 하고 남으로 떠났다.

10. 승열 바라문
: 제9. 모든 법에 막힘 없는 지혜를 얻은 주〔法王子住〕 선지식

선재가 선지식을 생각하면서 점점 가다가 이사나 마을에 이르러 승열 바라문께서 온갖 고행을 닦으며 모든 것을 아는 지혜를 구함을 보니, 사면에 있는 불덩이가 큰 산과 같았다. 그 속에는 칼산이 있어 높고 가파르기 끝없는데 승열 바라문이 산 위에 올라

가서 몸을 날려 불덩이에 들어가는 것이었다.

선재가 절하고 합장하여 서서 보살도를 여쭈니, 바라문께서 말씀하셨다.

"그대가 만약 이 칼산 위에 올라가서 불구덩이에 투신하면 모든 보살행이 다 청정해질 것이다."

선재는 이렇게 생각하였다.

'사람 몸을 받기 어렵고 불법을 얻기 어려우며 선인과 선지식을 만나기 어렵고 이치대로 가르침을 받기 어려우며 바른 생활을 하기 어렵고 법을 따라 행하기 어렵다더니, 이는 악마의 짓이 아닌가? 악마의 험악한 무리들이 짐짓 선지식의 모양을 꾸며 가지고 나쁜 길로 끌고 불법을 막는 것이 아닌가?'

이렇게 생각할 때에 일만의 범천이 허공에서 말했다.

"선남자여, 그렇게 생각하지 마라. 이 거룩하신 이는 금강 불꽃 삼매의 광명을 얻었고, 크게 정진하여 중생을 건지려는 마음이 물러나지 않으며, 삿된 소견의 그물을 끊고 번뇌의 땔나무를 태우며 의혹의 숲을 비추려 한다."

또 무한한 욕심 세계 하늘들이 허공에서 묘한 공

양구로 공경히 공양하고 이렇게 외쳤다.

"선남자여, 이 바라문이 다섯 군데 뜨거움으로 몸을 구울 때에 불의 광명이 아비 지옥 등에 비치어 온갖 수고가 쉬었는데, 우리도 그 불의 광명을 보고 깨끗한 신심을 내고는 명이 다한 뒤 천상에 태어났으며, 그 은혜를 알기에 바라문의 처소에 와서 공경히 우러러 보아 싫증내지 않고 바라문의 설법으로 무한히 보리심을 내었다."

선재는 이런 법을 듣고 크게 기뻐하여 바라문의 처소에서 진실한 선지식이란 마음을 내어 엎드려 절하고 말씀드렸다.

"제가 거룩하신 선지식께 좋지 못한 마음을 내었으니 바라옵건대 거룩하신 이여, 저의 참회를 받아주소서."

바라문은 선재에게 게송으로 말씀하셨다.

어떠한 보살들도
선지식의 가르침 따르면
온갖 의심이 없어지고

안주하여 마음이 흔들리지 않으리.

선재는 즉시 칼산에 올라가서 불구덩이에 투신했는데, 떨어지는 도중에 '보살의 잘 머무는 삼매'를 얻었고 몸이 불꽃에 닿자 또 '보살의 적정락[119]'을 얻었다.

선재가 여쭈었다.

"매우 기이합니다. 거룩하신 이여, 이 칼산과 불무더기에 제 몸이 닿을 때 안락하고 쾌락하였습니다."

이 때 바라문께서 선재에게 말씀하셨다.

"선남자여, 나는 다만 이 보살의 다함이 없는 바퀴 해탈문을 얻었지만 저 보살이 큰 공덕 불꽃으로써 능히 여러 중생들의 잘못된 생각을 태워서 남음이 없게 하는 공덕행이야 어떻게 알고 말하겠는가.

여기서 남으로 가면 사자분신성에 자행 동녀가 계시니 가서 보살도를 여쭈어라."

선재는 절하고 수 없이 돌며 작별 인사를 하고 떠났다.

11. 자행 동녀

: 제10. 관정식으로 왕위에 오름과 같은 지혜 주〔灌頂住〕 선지식

선재는 선지식에게 지극한 존중심을 내며, '내'가 없음을 알고, 온갖 소리는 다 메아리 같음을 알았다.

점점 남으로 가다가 사자분신성에 이르러 널리 자행 동녀를 찾았는데 이 동녀는 사자당왕의 딸로서 오백 동녀로 시종을 삼아 비로자나장 궁전에 금실망을 두르고 하늘옷을 깐 자리에 앉아 설법하고 계셨다.

선재가 앞에 나아가 절하고 수 없이 돌며 합장하여 서서 보살도를 여쭈자, 자행 동녀께서 선재에게 궁전의 장엄을 보라고 말씀하셨다.

선재가 절하고 두루 살펴보니, 낱낱 벽과 기둥 등에 온 법계의 모든 부처님의 초발심부터 등정각을 이루심과 가르침을 설하시다가 열반을 보이심이 영상처럼 나타났는데, 마치 깨끗한 물 속에 해와 달과 별과 온갖 물상이 비치는 듯하니 이런 것은 모두 자행 동녀께서 과거에 심은 선근의 힘이었다.

선재가 부처님들의 여러 가지 모습을 기억하면서 합장하고 자행동녀를 우러러 보니, 자행 동녀께서

말씀하셨다.

"내가 이 반야바라밀로 두루 장엄하는 문에 들어가서 보문 다라니를 얻으니, 백만 아승지 다라니문이 나타났다.

나는 다만 이 반야바라밀로 두루 장엄하는 해탈문을 알지만 저 보살들은 마음이 광대하기 허공계와 같고, 많은 중생들의 마음씀을 두루 알며, 그들에게 알맞게 설법하여 온갖 때에 늘 자재하니 그 공덕 행을 내가 어떻게 알고 말하겠는가.

여기서 남쪽의 삼안국에 선견 비구가 계시니 가서 보살도를 여쭈어라."

선재는 절하고 수 없이 돌며 연모하여 우러러 보면서 작별 인사를 하고 떠났다.

12. 선견 비구 : 제1. 즐거움의 행〔歡喜行〕선지식

선재는 보살의 증득한 법과 갖가지로 심은 업과 행이 심원함을 생각하면서 점점 남으로 갔는데 삼안국에 이르러 도시와 마을의 상점들과 내와 평원과 산골짜기 등을 두루 다니며 선견 비구를 찾다가 숲 속에서 왔다갔다하심을 보았으니, 장년기에 잘 생긴 얼굴이 단정하고 피부는 금색이요, 목에는 세 줄 무늬가 있었다.

선견 비구께 절하고 허리 굽혀 합장하여 보살도를 여쭈자 선견 비구께서 대답하셨다.

"선남자여, 나는 나이도 젊고 출가한 지도 얼마 되지 않으나, 이생에서 무수한 부처님 처소에서 범행을 깨끗이 닦아, 그 동안에 미묘한 법을 듣고 가르침을 받아 실행하며 온갖 원을 장엄하고 증득할 곳에 들어가 온갖 행을 깨끗이 닦아서 육바라밀을 만족히 하였다.

나는 다만 이 보살이 따르는 등불의 해탈문을 알거니와, 저 보살들은 항상 지혜의 등불을 켜서 다하여 없어짐이 없으며, 대 광명을 놓아 시방에 두루 비치고 만약 보는 이가 있으면 온갖 장애의 산을 깨고 광대한 선근을 심으니, 이런 사람은 보기도 어렵고 세상에 나기도 어려운데 내가 그 공덕행을 어떻게 알고 말하겠는가.

여기서 남쪽으로 명문국의 물가에 자재주 동자께

서 계시니 그에게 가서 보살도를 여쭈어라."

선재는 보살의 용맹하고 청정한 행을 끝마치고는 선지식을 항상 보고 듣고 시중들며 공양함에 싫증이 없어서 절하고 무한히 돌며 은근히 우러러 보면서 물러갔다.

13. 자재주 동자 : 제2. 유익한 행〔饒益行〕선지식

선재는 선견 비구의 가르침을 받아 기억하여 수지 독송하면서 깨달아 들어갔는데, 하늘·용·야차· 건달바의 무리들에게 앞뒤로 둘러 싸여 명문국으로 향하면서 자재주 동자를 널리 찾다가 일만 동자에게 둘러 싸여 모래 장난을 하고 있음을 보았다.

선재가 절하고 무한히 돌며 합장하여 한 곁에 물러나 보살도를 여쭈니 자재주 동자께서 말씀하셨다.

"선남자여, 나는 옛날에 문수 동자께 글씨와 산수 등을 배워서 온갖 정교한 신통과 지혜의 법문에 깨쳐 들어갔는데 이 법문으로 인하여 세간의 글씨와 산수 등의 법을 알았으며, 또 풍병과 간질·신병을 치료하고 도시와 시골·누각·궁전과 가옥들을 세우기도 하였으며, 갖가지 특효약을 만들기도 하고, 농사와 상업을 하기도 하며, 취하고 버리고 나아가고 물러남에 다 적당하게 하였다. 또 중생들의 모습을 잘 분별하여 선악을 지어 좋거나 나쁜 길에 태어날 것을 알았고, 또한 보살의 계산법을 알았으니 광대한 모래 더미를 셈하여 그 안에 있는 알맹이 수의 다소를 모두 안다.

나는 다만 정교한 대 신통과 지혜의 광명 법문만을 알지만 저 보살들은 많은 중생들의 수와 이름을 알고, 그 바라고 구함을 말하며 훌륭한 지혜의 광명을 내니 그 공덕행을 어떻게 알고 말하겠는가.

여기서 남쪽의 해주성에 구족 우바이께서 계시니 가서 보살도를 여쭈어라."

선재가 말씀을 듣고는 온 몸에 털이 곤두서며 뛸 듯이 기뻐하여 널리 중생을 이롭게 하려는 마음을 이루고는 절하고 무한히 돌며 은근히 우러러보면서 작별 인사를 하고 떠났다.

14. 구족 우바이 : 제3. 어기지 않는 행〔無違逆行〕 선지식

선재는 선지식의 가르침이 큰 바다와 같아서 떼구름의 비를 거두어도 싫증내지 않음을 관찰하고는 해주성에 이르러 여기저기 다니며 이 우바이를 찾았다. 집이 널찍하고 다양하게 장엄하였으며 온갖 보배 담장이 둘리었고 사면에는 다 보배문이 있었으며, 선재가 들어가니 그 우바이가 보배 자리에 앉아 있었는데 좋은 나이에 형상이 단정하고 거룩한 모습에는 위덕과 광명이 있어 불·보살을 제외하고는 미칠 이가 없었으며, 집안에 옷과 음식이나 생활용품은 없고 앞에 조그만 그릇 하나만 놓여 있었다.

또 일만의 동녀가 둘러 모셨으니 위의와 색상이 천상의 채녀와 같았고 묘한 보배 장엄구로 몸을 장식하였으며 음성이 미묘하여 듣는 이가 좌우로 가까이 모시면서 우러러 보았다. 동녀들의 몸에서는 미묘한 향기가 나서 여러 곳에 풍기니 누군가 향기를 맡으면 물러나지 않고 성냄과 원결이 없어지며, 인색하고 아첨하며 성내고 교만한 마음이 없으며 소리를 듣는 이는 뛸 듯이 기뻐하고 몸을 보는 이는 탐욕이 없어졌다.

보살도를 여쭙는 선재에게 구족 우바이께서 말씀하셨다.

"선남자여, 나는 보살의 다함없는 복덕장 해탈문을 얻었으므로 이런 작은 그릇으로도 중생들의 갖가지 욕구를 따라서 진수성찬을 내어 다 배부르게 하고, 음식처럼 온갖 옷과 꽃·향·보배·생활용품들도 좋게 생각하는대로 다 만족케 한다.

또 동방의 한 세계나 내지 말로 할 수 없이 말로 할 수 없는 세계의 일생 보처 보살이 나의 음식을 먹으면 다 악마를 항복 받고 최상의 깨달음을 이루며 동방과 같이 시방도 다 마찬가지다.

나는 다만 이 다함없는 복덕장 해탈문을 알거니와, 저 보살들의 공덕은 여의주와 같아서 중생들의 소원을 만족시키며, 또한 밝은 등불과 같아서 미혹의 어둠을 깨뜨리고, 높은 일산과 같아서 많은 중생들을 그늘지어 주니 그 공덕을 내가 어떻게 알고 말하겠는가.

남쪽의 대흥성에 명지 거사가 계시니 가서 보살도

를 여쭈어라."

선재는 절하고 무한히 돌며 우러러 보아 싫어할 줄 모르면서 작별 인사를 하고 떠났다.

15. 명지 거사 : 제4. 굽히지 않는 행〔無屈撓行〕 선지식

선재는 다함없이 장엄한 복덕장 해탈의 광명을 얻고, 복덕의 종자를 닦으면서 점점 거닐어 대흥성에 도달하여 명지 거사를 두루 찾았으니, 그 거사는 성 안의 네 거리 칠보 누각 위에서 무수한 보배로 장엄한 자리에 앉아 있었다. 선재가 절하고 무한히 돌며 합장하여 서서 보살도를 여쭈니, 거사께서 말씀하셨다.

"선남자여, 나는 '생각하는대로 복덕을 내는 광 해탈문' 을 얻었으므로 필요한 것은 다 원대로 채워지는데, 이른바 옷과 꽃·향·음식·탕약·집과 온갖 생활용품이 필요한대로 만족하며 진실하고 미묘한 법까지 설한다.

나는 다만 생각하는대로 복덕을 내는 광 해탈문을 알거니와, 저 보살들은 자재력으로 온갖 생활용품을 비 내리듯 하니 많은 중생들의 거처와 부처님의 도량에 가득하여 중생을 성숙시키기도 하고 부처님께 공양하기도 하는데 그 공덕과 자재한 신통력을 내가 어떻게 알고 말하겠는가.

선남자여, 여기서 남으로 사자궁성에 법보계 장자가 계시니 가서 보살도를 여쭈어라."

선재는 뛸 듯이 기뻐하면서 공경히 존중하여 제자의 예를 하고 이 같이 생각하였다.

'이 거사님께서 나를 지켜주시어 내가 온갖 지혜의 길을 보게 되었으니, 선지식에 대한 사랑과 존중심을 무너뜨리지 않고 가르침을 항상 따르리라'고 하면서, 절하고 무한히 돌며 은근히 우러러 보면서 작별 인사를 하고 떠났다.

16. 법보계 장자 : 제5. 어리석음과 산란을 여의는 행〔無癡亂行〕선지식

선재는 명지 거사에게 이 해탈을 듣고 복덕의 기세를 늘리면서, 점점 남으로 사자 성을 향하여 법보계 장자를 두루 찾다가 그 장자가 시장에 있음을 보고는 이르러 공손하게 절하고 무수히 돌며 합장하여 서서 보살도를 여쭈었다.

이 때 장자가 선재의 손을 잡고 집을 보라고 말씀하시어 보니, 청정한 광명의 진금으로 되어 있었는데 무수한 보배 가로수가 널리 있고 집은 너르며 십층에 여덟 문이 있었다.

들어가서 차례로 살펴보니 일층에서는 온갖 음식을 보시하고 이층에서는 보배 옷을 보시하며, 삼층에서는 온갖 보배 장엄구를 보시하고, 사층에서는 많은 채녀와 온갖 최상의 보배를 보시하며, 오층에서는 제 오지의 보살이 구름처럼 모여 설법하여 세간을 유익하게 하며 지혜의 광명을 이루었다.

육층에서는 많은 보살들이 매우 깊은 지혜를 이루어 온갖 법의 성품을 확실히 이해하고, 백만 아승지 반야바라밀문을 분별하여 보였으며, 칠층에서는 보살들이 메아리 같은 지혜를 얻고 방편 지혜로 분별 관찰하여 벗어나며 다 부처님의 정법을 듣고는 기억하였고, 팔층에서는 무한한 보살이 그 가운데 모였는데 다 신통을 얻어 물러나지 않았으며, 한 음성이 시방 국토에 두루하며 몸이 모든 도량에 널리 나타나 온 법계에 두루 하지 않는 곳이 없었고, 구층에서는 일생 보처 보살들이 모였으며, 십층에서는 부처님들께서 가득하신데 초발심부터 보살행을 닦아 생사를 뛰어 넘으며 가르침을 설해 중생을 조복하셨으니, 이러한 모든 것을 다 명확히 보게 하였다.

이러한 과보는 과거 원만히 장엄한 세계의 '끝없는 광명으로 법계를 두루 장엄하시는 왕' 부처님께서 성에 들어오실 때 주악을 울리고 향을 살라 공양한 공덕이니, 그 공덕으로 온갖 가난과 괴로움을 길이 떠나고 부처님과 선지식을 항상 친견하며 정법을 들었기에 이 과보를 얻었다고 하였다.

"나는 다만 보살의 무한한 '복덕 보배 광 해탈문'을 알거니와, 저 보살들은 부사의한 공덕의 보배 광을 얻고 모든 겁에 있으면서도 피곤함이 없으니 그 공덕 행을 내가 어떻게 알고 말하겠는가.

선남자여, 여기서 남쪽으로 등근국의 보문성에 보안 장자가 계시니, 가서 보살도를 여쭈어라."

그 때 선재는 절하고 무수히 돌며 은근히 우러러 보면서 작별 인사를 하고 떠났다.

17. 보안 장자 : 제6. 잘 나타나는 행〔善現行〕 선지식

선재는 법보계 장자에게서 이 해탈문을 듣고 등근국에 이르러서 보문성이 있는 데를 물어 찾았으니 비록 어려움을 당하여도 노고로 생각지 않고 오직 선지식의 가르침을 유념하면서, 늘 가까이 모시고 섬겨 공양하려고 나태함을 물리친 뒤 보문성을 보았는데 백 천 마을이 주위에 둘러져 있고 성위의 담은 높고 도로가 넓으며 평평하였다. 장자를 보고 앞에 나아가 엎드려 절하고 합장하여 서서 보살도를 여쭈자, 장자께서 말씀하셨다.

"훌륭하구나. 선남자여, 그대가 능히 보리심을 내었구나. 나는 많은 중생들의 온갖 병을 아니, 다 방편으로 구원해서 치료하는데 시방의 중생들로 병자들이 다 내게 오면 치료하여 낫게 하며, 향기로운 물로 목욕시켜 좋은 옷을 주고 음식과 재물을 보시하여 조금도 부족하지 않게 한 뒤에 그들에게 각각 알맞게 설법하며, 탐욕이 많은 이는 부정관을 가르치고 분노와 원망이 많은 이는 자비관을 가르치며, 여러 가지 향을 만드는 비법을 아니, 비할 바 없는 향 · 뛰어난 향 · 깨우침의 향 · 모든 감관이 혼란스럽지 않는 향이다.

또 선남자여, 나는 이 향으로 널리 공양하고 부처님을 친견하여 소원이 만족하였으니 많은 중생을 건지는 원과 불국토를 깨끗이 하는 원과 부처님께 공양하는 원이다.

나는 다만 중생들로 하여금 부처님을 널리 친견하고 기뻐하는 법문만을 아나, 저 보살마하살들은 대약왕과 같아서 보거나 듣는 이들이 다 이익을 얻어 헛되이 보내는 이가 없으니, 누군가 잠시 만나더라도 반드시 온갖 번뇌를 없애고 불법에 들어가 괴로움을 떠나며, 모든 생사에 무서움이 아주 없어지고 두려움이 없이 온갖 것을 아는 지혜에 이르니, 그 공덕 행을 어떻게 알고 말하겠는가.

이 남쪽의 다라당성에 무염족왕이 계시니, 그에게 가서 보살도를 여쭈어라."

그 때 선재는 보안 장자께 절하고 무한히 돌며 은근히 우러러 보면서 작별 인사를 하고 떠났다.

18. 무염족왕 : 제7. 집착 없는 행〔無着行〕선지식

선재는 선지식의 가르침을 기억하여 생각하며, 점점 남으로 가면서 나라와 도시와 마을을 지나서 다라당성에 이르렀는데, 무염족왕은 나라연 금강좌에 앉았고 그 앞에는 십만의 용맹스러운 병졸이 있었으니, 다들 용모가 추악하고 의복이 누추하며 무기를 손에 들고 눈을 부릅뜨며 옷소매를 걷어올려 보는 사람들은 다 두려워하였다.

많은 중생들이 남의 물건을 훔치거나 살생을 하였으면 오랏줄에 묶여 왕에게 끌려와 범죄에 따라서 처벌되었으니, 손발을 자르기도 하고 귀와 코를 베기도 하였으며, 눈을 뽑거나 머리를 베고, 살가죽을 벗기며 신체를 토막 내기도 했고, 끓는 물에 삼거나 타는 불에 지지며, 산에 끌고 올라가서 추락시키기도 하였으니, 이렇게 한없는 고통에 부르짖고 통곡하는 모습이 중합 지옥과 같았다.

선재가 보고는 이렇게 생각하였다.

'나는 많은 중생을 이롭게 하려고 보살행을 구하고 보살도를 닦는데 이 왕은 선한 법은 없애고 악업을 지어 중생을 괴롭게 하여 죽이면서도 미래의 나쁜 길을 겁내고 반성하지 않는구나. 내 어찌 이런 데서 법을 구하고 대비심을 내어 중생을 건지겠는가.'

이렇게 생각하다가 공중에서 보안 장자 선지식의 가르침을 기억하라는 어떤 하늘의 말씀을 듣고는 곧 왕에게 가서 절하고 보살도를 여쭈자 '아나라' 왕이 일을 마치고는 선재의 손을 잡아 궁중으로 들어가서 자리에 함께 앉아 말씀하셨다.

"나는 보살의 환상과 같은 해탈을 얻었지만, 나라의 중생들이 살생과 도둑질과 부정한 생각을 많이 하여 다른 방편으로는 그들의 악업을 버리게 할 수 없다. 나는 저런 중생을 다루기 위해 악역을 맡아 온갖 죄악을 지으며 많은 괴로움을 받고, 또 저 나쁜 일만 일삼는 중생들이 보고서 몹시 두려워 싫어하고 멀리하여 그들이 지은 온갖 악업을 끊고 보리심을 내게 한다.

나의 몸이나 말과 뜻으로 짓는 일은 일찍이 한 중생도 협박한 일이 없으니, 내 마음으로는 차라리 미래에 무간 지옥의 고통을 받을지언정 잠깐이라도 모기나 개미 한 마리도 괴롭히려는 생각을 내지 않는데, 하물며 사람이겠는가? 사람은 복전이니 능히 온갖 선한 법을 내기 때문이다.

나는 다만 이 환상 같은 해탈을 얻었으나 저 보살마하살들은 모든 것이 생함이 없음을 인지하는 지혜를 얻고 막힘 없는 지혜로 경계에 행하고 널리 모두가 평등한 삼매에 들어가서 다라니에 자재하니 그 공덕행을 내가 어떻게 알고 말하겠는가.

여기서 남쪽의 묘광성에 대광왕이 계시니, 가서 보살도를 여쭈어라."

이 때 선재는 왕께 절하고 무수히 돌며 작별 인사를 하고 떠났다.

19. 대광왕 : 제8. 얻기 어려운 행〔難得行〕선지식

선재는 일심으로 저 왕이 얻은 환술과 같은 지혜 법문을 유념하면서 점점 남으로 향하여 세상의 도시와 마을에 이르기도 하고 황무지와 절벽과 험한 길을 거치면서도 싫증이 없이 쉬지도 않았다. 그러다가 묘광 성에 들어가 대광 왕 앞에서 절하고 공경히 오른쪽으로 무한히 돌며 합장하여 서서 보살도를 여쭈니, 왕께서 말씀하셨다.

"선남자여, 나는 보살의 크게 인자한 깃발의 행을 닦고 이 법으로 왕이 되어 가르치고 거두며 중생들의 괴로움을 없애기에 쉬려는 마음이 없으니, 결국에는 중생들을 기쁘게 하고 몸에는 괴로움이 없으며 마음은 맑게 하고 또 생사의 애착을 끊으며 정법의 즐거움을 좋아하고, 번뇌의 더러움을 씻으며 악업의 장애를 깨뜨리게 한다. 나는 이 크게 인자한 깃발의 행에 머물러 정법으로써 세상을 교화하니, 누군가 빈궁하고 궁핍하여 내게 와서 구걸하면 창고문을 열어 마음 내키는대로 가져가게 하고 말한다.

'모든 악을 짓지 말고 중생을 해치지 말며 부정한 생각을 일으키지 말고 집착하지 말라. 너희들이 가난하여 혹 필요한 것이 있으면 온갖 물건이 갖추어져 있으니 마음껏 가져가고 조금도 의심하지 말라'고 한다.

이 묘광성의 중생들은 다 보살로서 대승의 뜻을 내었지만 마음의 바람을 따라서 소견이 같지 않으니, 나는 다만 이 보살의 크게 인자함이 으뜸이 되어 세상을 따르는 삼매문을 알지만 저 보살들은 높은 일산이 되어 중생들을 두루 그늘지어 주고, 여의주가 되어 중생들의 소원을 다 만족케 하니 내가 어떻게 그 행을 알고 덕을 말하겠는가.

여기서 남쪽으로 안주성에 부동 우바이가 계시니, 가서 보살도를 여쭈어라.”

선재는 왕께 절하고 수 없이 돌며 은근히 우러러보면서 작별 인사를 하고 떠났다.

20. 부동 우바이 : 제9. 법을 잘 말하는 행〔善法行〕선지식

선재는 묘광 성에서 나와 여기저기 길을 돌아다니고 대광왕의 가르침을 유념하면서, 점점 가다가 안주성에 이르러 부동 우바이의 집에 들어서자, 그 집에서는 금색 광명이 두루 비치어 심신이 맑아지는데 선재도 광명이 몸에 비침에 곧 오백 삼매문을 얻었다.

선재가 공경히 합장하고 일심으로 살펴보니, 용모가 단정하고 아주 뛰어나 시방 세계의 여인들로는 미칠 수도 없는데 하물며 더 뛰어남이겠는가. 다만 부처님과 모든 관정식을 받은 보살은 제외된다.

시방 세계의 모든 중생이 이 우바이에게는 집착심을 일으키는 이가 없으며, 잠깐 보기만 하여도 있던 번뇌가 저절로 없어지니, 마치 백만의 대범천왕은 결정코 욕계의 번뇌가 생기지 않듯이 이 우바이를 보는 이의 번뇌도 마찬가지다. 중생들이 이 여인을 보고는 싫증을 내지 않는데 다만 대 지혜를 갖춘 이는 제외된다.

선재가 보살도를 여쭈자 부동 우바이는 부드럽고 마음 편한 말로 선재를 위로하며 말씀하셨다.

"훌륭하구나. 선남자여, 그대가 능히 보리심을 내었구나. 나는 보살의 꺾을 수 없는 지혜의 광 해탈문을 얻었으며, '온갖 법을 구함에 싫증 없는 삼매문'을 얻었다.

과거 '더러움이 없는' 겁의 수비 부처님 때에, '전수'라는 국왕이 외동딸을 두었으니 바로 나이니라. 음악이 그친 한밤중에 부모 형제와 오백의 동녀들이 모두 자고 있었고, 내가 누각 위에서 별을 우러러 보고 있다가 허공의 부처님을 친견하니 보배 산과 같았으며 무한한 하늘과 용 등의 팔부중[120]과 보살 대중이 둘러 모시고 있었으니, 부처님 몸에서 대 광명 망을 놓아 시방 세계에 두루함에 장애가 없었고 털구멍마다 나오는 미묘한 향에 몸이 부드러워지고 마음이 기뻤다.

선남자여, 나는 그 부처님 처소에서 법을 듣고 온 갖 것을 아는 지혜를 구하여 법을 구함에 싫증 없는 장엄문을 얻었다. 그대는 보겠는가?”

선재가 보기를 원한다고 말씀드리자, 부동 우바이 는 용장 사자좌에 앉아서, 온갖 법을 구함에 싫증 없 는 장엄 삼매문에 들어갔다. 이 때 시방 세계가 여섯 가지로 진동하는데 다 청정한 유리로 이루어졌으 며, 낱낱 세계의 무수한 부처님들께서 각기 광명 그 물을 놓아 법계에 두루하게 미묘한 법륜을 굴려 중 생들을 깨우쳤다.

이 때 부동 우바이께서 삼매에서 나와 이러한 것 을 다 보고 난 선재에게 말씀하셨다.

“나는 다만 이 ‘온갖 법을 구함에 싫증 없는 삼매

의 광명문'을 얻고, 많은 중생에게 미묘한 법을 말하여 기쁘게 하는데, 저 보살마하살들은 금시조처럼 허공을 여기저기 돌아다니다가 막힘 없이 중생 바다에 들어가서 선근이 성숙한 이를 보고는 들어다가 깨달음의 저 언덕에 두니 그 공덕 행을 내가 어떻게 알고 말하겠는가.

여기서 남쪽의 '무량 도살라' 성에 출가 변행 외도가 계시니 가서 보살도를 여쭈어라."

선재는 절하고 무한히 돌며 은근히 우러러 보면서 작별 인사를 하고 떠났다.

21. 변행 외도 : 제10. 진실한 행〔眞實行〕 선지식

선재는 부동 우바이께 법을 듣고 가르침을 일심으로 기억하며 다 받아들여 사유 관찰하면서 점점 나아가 여러 나라와 도시를 지나 도살라성에 이르러 해저뭄에 성에 들어가서 상점과 동네의 네 거리로 다니면서 변행 외도를 찾았다.

한밤중에 성 동쪽으로 선덕산의 정상을 보니 이 외도가 산 위의 넓고 평평한 곳에서 천천히 거닐고 있었으니, 모습이 원만하고 위세가 빛나서 대범천왕이 미칠 수 없으며, 일만의 범천들이 둘러싸고 있었다.

선재가 그 앞에 나아가 엎드려 절하고 무한히 돌며 합장하여 서서 보살도를 여쭈자, 변행 외도께서 대답하셨다.

"훌륭하구나. 선남자여, 나는 모든 곳에 이르는 보살행에 안주하였고 세간을 널리 관찰하는 삼매문을 이루었다.

나는 넓은 세간에서 다양한 장소한 용모와 행과 이해로 온갖 세계에서 나고 죽었으니, 이른바 하늘·용·야차·건달바·아수라·지옥·축생의 세계며 염라왕 세계와 사람인 듯 아닌 듯한 이들의 모든 세계요, 여러 가지 소견에 머물고 이승을 믿고 대승을 좋아하는 이러한 중생들 가운데서 나는 다양한 방편과 지혜의 문으로 이롭게 한다.

나는 다만 이 모든 곳에 이르는 보살행을 알지만 저 보살들은 몸이 중생들 수와 같아서 많은 중생들을 항상 이롭게 하고 늘 함께 머물면서도 집착이 없으며 또 삼세에 두루 평등하여 '내'가 없는 지혜로 널리 비추고 대 자비의 장으로 온갖 것을 관찰하니, 그 공덕 행을 어떻게 알고 말하겠는가.

선남자여, 여기서 남으로 광대국에 향을 파는 육향 장자가 계시니 가서 보살도를 여쭈어라."

선재는 절하고 무한히 돌며 은근히 우러러 보면서 작별 인사를 하고 떠났다.

22. 육향 장자

: 제1. 여러 중생을 구호하되 중생이라는 상을 여읜 회향〔救護一切衆生離衆生相廻向〕 선지식

선재는 선지식의 가르침을 인해 신명도 돌보지 않고 오욕락을 탐내지도 않으며 권속을 그리워하지도 않고, 오직 많은 중생을 교화하여 법의 본성을 알며 공덕을 닦아 물러나지 않고 온갖 법의 지혜 광명을 얻어서 불법을 지키길 원하였다. 이러한 모든 불·보살의 공덕을 일심으로 구하면서 점점 여기저기 돌아다니다가 광대국에 이르러서는 장자의 앞에 절하고 무한히 돌며 합장하여 서서 보살도를 여쭈니 육

향 장자가 말씀하셨다.

"훌륭하구나. 선남자여, 그대가 능히 보리심을 내었구나. 나는 온갖 향을 잘 분별하여 알고 향의 제조법을 아니, 이른바 사르는 향·바르는 향·가루 향이며, 이런 향들의 출처도 알고, 또 병을 고치는 향·온갖 악을 끊는 향·기쁨을 내는 향·번뇌를 키우거나 없애는 향·온갖 뽐냄을 버리는 향·발심하여 염불하는 향·법문을 알고 깨치는 향들을 잘 분별하여 알며, 이러한 향의 모양과 생기는 것과 나타나고 이루는 모든 것을 다 통달했다.

나는 다만 향의 제조법을 알거니와, 저 보살들은 온갖 나쁜 습관을 버려 세상의 욕심에 물들지 않고, 또 번뇌 마의 오랏줄을 길이 끊어 모든 갈래를 초월했으니 그 묘한 행을 내가 어떻게 알고 공덕을 설하겠는가.

여기서 남쪽의 누각성에 바시라 뱃사공이 계시니 가서 보살도를 여쭈어라."

선재는 절하고 무한히 돌며 은근히 우러러보면서 작별 인사를 하고 떠났다.

23. 바시라 선사 : 제2. 멸하지 않는 회향〔不壞廻向〕 선지식

선재가 점점 여기저기 돌아다니다가 누각성에 이르니 그 뱃사공은 성문 밖의 해안 가에 있으면서 많은 상인들과 대중에게 둘러 싸여 큰 바다의 법을 말하고 있었다. 부처님 공덕의 바다를 방편으로 가르쳐 보임을 보고 앞에 나아가 절하고 무한히 돌며 합장하여 보살도를 여쭈니 뱃사공이 말씀하셨다.

"선남자여, 나는 이 성의 해안 도로에서 보살의 크게 가엾이 여기는 깃발의 행을 깨끗이 닦았는데 염부제에 있는 가난한 중생들을 보고 그들을 이롭게 하려고 온갖 고행을 닦아 소원대로 다 만족케 하고, 먼저 세속의 재물을 주어 마음을 충족시키며 다시 불법의 가르침을 베풀어 기쁘게 하고 선근력을 늘려 보리심을 일으키게 한다.

바다에 있는 온갖 보배섬과 종류와 종자를 알며 보배를 깨끗이 연마하여 만들 줄을 알고, 또 소용돌이치거나 깊고 얕음과 파도가 멀고 가까움과 물빛의 좋고 나쁨을 잘 분별하여 알며, 또한 해와 달과 별들이 운행하는 도수와 밤과 낮과 새벽과 썰물의 빠르고 늦음을 잘 분별하여 알고, 또 배의 쇠와 나무가 굳고 연함과 기관이 녹슬거나 매끄러움과 물이 많고 적음과 순풍과 역풍을 알며, 모든 안전과 위험을 분명히 알아 갈만하면 가고 그렇지 않으면 안 간다.

나는 좋은 배로 상인들을 태우고 안전한 길을 가게 하여 다니면서 한번도 침몰된 일이 없으니, 누군가 내 몸이나 법을 보고 들으면 길이 생사의 바다를 두려워하지 않게 하고, 온갖 것을 아는 지혜에 들어가서 애욕의 바다를 말리며 지혜의 광명으로 삼세를 비추고 괴로움을 다하게 한다.

나는 다만 크게 가엾이 여기는 깃발의 행을 얻었기에 혹 나를 보고 들거나 함께 머물거나 기억하는 이는 다 헛되지 않게 하는데 저 보살들은 생사의 바다에 다니면서도 온갖 번뇌에 물들지 않고 잘못된 생각을 버리며, 같은 시간에 있으면서 신통으로 중생들을 건져서 때맞춰 조복하니 그 공덕 행을 내가 어떻게 알고 말하겠는가.

여기서 남쪽의 '가히 즐거움' 성에 무상승 장자가 계시니, 가서 보살도를 여쭈어라."

선재는 절하고 무한히 돌며 은근히 우러러 보고는 슬피 울면서 선지식을 구하는 마음이 싫증낼 줄 모르며 작별 인사를 하고 떠났다.

24. 무상승 장자 : 제3. 모든 부처님과 평등한 회향〔等一切佛廻向〕 선지식

선재는 크게 인자하게 널리 미치는 마음과 연민하여 윤택한 마음을 일으켜 끊임없이 계속하여 보살도를 구하면서 점점 지나가 그 성에 이르렀다.

무상승 장자께서 성 동쪽의 크게 장엄한 깃발의 '근심 없는 숲[121]' 속에 계시어 무한한 상인들과 백천 거사들이 둘러쌌는데, 그 장자께서 대중을 위해 설법하심을 보고는 절하고 잠시 있다가 일어나서 보살도를 여쭈니, 장자께서 선재에게 말씀하셨다.

"훌륭하구나. 선남자여, 그대가 보리심을 잘 내었구나. 나는 온갖 곳에 이르는 보살행의 문과 의지함이 없고 지음이 없는 신력을 이루고 삼천대천 세계 욕계의 많은 중생들 가운데서 설법한다.

지옥을 말하고 지옥의 중생들을 말하며, 지옥으로 향하는 길을 말하고, 축생을 말하며, 축생의 차별을 말하며, 축생의 고통을 말하며, 축생으로 향하는 길을 말하고, 염라왕의 세계를 말하며, 염라왕 세계의 고통을 말하고, 염라왕 세계로 향하는 길을 말한다. 하늘 세계를 말하고, 하늘 세계의 즐거움을 말하며, 하늘 세계로 향하는 길을 말하고, 인간을 말하며, 인간의 희노애락을 말하고, 인간으로 향하는 길을 말한다.

나는 다만 온갖 곳에 이르는 보살행의 청정한 법문인 의지함이 없고 지음이 없는 신통력을 알지만 저 보살들은 온갖 자재한 신통을 갖추어 불국토에 두루 이르고, 넓은 눈의 지위를 얻어 모든 음성과 말을 다 들으니, 그 공덕 행을 내가 어떻게 알고 말하겠는가.

여기서 남으로 수나국의 '가릉가 숲' 성에 사자빈신 비구니가 계시니, 가서 보살도를 여쭈어라."

선재는 절하고 무한히 돌며 은근히 우러러 보면서 작별 인사를 하고 떠났다.

25. 사자빈신 비구니

: 제4. 온갖 곳에 이르는 회향〔至一切處廻向〕 선지식

선재는 점점 다니다가 저 나라에 이르러 사자빈신 비구니를 두루 찾는데 많은 사람들이 말하기를, "그 비구니는 승광왕이 보시한 '해 비치는 동산'에서 설법으로 무한한 중생을 이롭게 한다"고 하였다.

그 동산에 가서 두루 살펴보니 사자빈신 비구니가 보배 나무 아래 놓인 사자좌에 앉아 있었는데 몸매가 우아하고 위의가 평안하며 모든 감관이 조화되어 큰 코끼리 같고 마음에 때가 없음이 맑은 호수와 같았다.

이미 성숙된 이와 조복된 이와 법 그릇이 될 만한 이들은 다 이 동산에 들어와서 제각기 둘러앉아 있는데, 사자빈신 비구니는 그들의 욕구와 이해가 뛰어나거나 못함에 따라서 설법하여 최상의 깨달음에서 물러나지 않게 하였다.

선재가 부사의한 법문을 듣고 광대한 법 구름으로 마음을 윤택하게 하여 무한히 돌고 합장하여 서서 보살도를 여쭈자, 비구니께서 말씀하셨다.

"선남자여, 나는 온갖 것을 아는 지혜를 이루는 해탈을 얻어, 모든 중생을 보아도 중생이란 상에 분별하지 않으니 지혜의 눈으로 보기 때문이요, 온갖 말을 들어도 말이란 상에 분별하지 않으니 마음에 집착이 없기 때문이며, 모든 부처님을 친견하여도 부처님이라는 상에 분별하지 않으니 법신을 깨친 때문이요, 한 생각에 온갖 법을 두루 알면서도 법이란 상에 분별하지 않으니 법이 환상과 같음을 아는 때문이다.

나는 다만 온갖 것을 아는 지혜를 이루는 해탈만을 아는데 저 보살들은 마음에 분별이 없어 모든 법을 널리 알며, 한 몸이 단정하게 앉아서도 법계에 가득하니 그 공덕 행을 내가 어떻게 알고 말하겠는가.

선남자여, 여기서 남으로 험난국의 '보배로 장엄된 성'에 바수밀다 여인이 계시니 가서 보살도를 여쭈어라."

선재는 절하고 수 없이 돌며 은근히 우러러 보면서 작별 인사를 하고 떠났다.

26. 바수밀다 여인

: 제5. 다함이 없는 공덕장 회향〔無盡功德藏廻向〕 선지식

선재는 대 지혜의 광명으로 마음을 비추어 열고는 사유 관찰하여 법의 성품을 보고, 모든 세계를 두루 장엄하는 자재력을 얻었다. 모든 보살의 업을 널리 일으키는 원만한 서원을 얻고서 점점 가다가 험난국의 보배로 장엄된 성에 이르러 여기저기 바수밀다 여인을 찾으니 성중의 사람들은 이 여인의 공덕과 지혜를 알지 못하고 이런 생각을 하였다.

'이 동자는 여러 감관이 평안하고 지혜가 명철하며 미혹하지도 혼란스럽지도 않고 눈을 깜박이지도 마음이 동요되지도 않으며, 큰 바다 같이 매우 깊고 넓어 바수밀다 여인을 탐하거나 뒤바뀐 마음이 없을 것인데 무슨 뜻으로 이 여인을 구하는가?'

그 중에 누군가 이 여인이 지혜가 있는 줄을 알고 선재에게 '바수밀다 여인은 성 안에 있는 상가 북쪽의 자택에 있다' 고 말함을 듣고는 뛸 듯이 기뻐하면서 그 집 문까지 도달해서 집을 보니 넓고 아름답게 장엄되었으며 보배 담장과 나무와 해자가 하나 하

나 열 겹으로 둘러 싸 있었다.

여인을 뵈니 용모는 우아하고 모습이 원만하며, 피부는 금색이요, 눈과 머리카락이 감청색이며 길지도 짧지도 않았고, 크지도 작지도 않아서 욕계의 사람이나 하늘로는 비길 수도 없었으며 음성이 미묘하여 범천 보다도 뛰어나며 많은 중생들의 차별한 음색을 모두 다 갖추어 이해하지 못함이 없고 글과 뜻을 잘 알아 언론이 정교하며 환상과 같은 지혜를 얻어 방편문에 들어갔으며, 보배 영락과 장엄구로 몸을 단정하고 여의주로 보관을 만들어 머리에 썼다.

또 무한한 권속들이 둘러 모였으니, 선근이 같고 행원이 같으며 복덕의 큰 광이 다함없이 갖추어졌는데, 그 때 바수밀다 여인께서 몸에서 광대한 광명을 놓아, 다들 몸이 맑아졌으니 선재가 그 앞에 나아가 절하고 합장하여 서서 보살도를 여쭈자, 바수밀다 여인께서 말씀하셨다.

"선남자여, 나는 보살의 해탈을 얻었으니 '탐욕의 경계를 떠남' 으로 그들의 바람에 따라 몸을 나타내는데, 하늘이 나를 볼 적에 나는 천녀가 되어 용모의 광명이 뛰어나 비길 데 없다. 그와 같이 사람이나 사람 아닌 이가 볼 적에 나도 사람이나 사람 아닌 이의 여인이 되어 그들의 바람대로 나를 보게 하니, 누군가 애욕에 얽매어 나에게 와 내가 설법해주면 탐욕이 없어져 보살의 집착 없는 경계의 삼매를 얻는다.

누군가 잠깐만 나를 보아도 탐욕이 없어지며 보살의 기뻐하는 삼매를 얻고, 잠깐만 대화를 해도 탐욕이 없어져 보살의 막힘 없는 음성 삼매를 얻으며, 누군가 잠깐 내 손을 잡으면 탐욕이 없어지면서 모든 부처님 세계에 두루 가는 삼매를 얻고, 포옹하면 탐욕이 없어지며 많은 중생을 거두어 주어 항상 멀리 하지 않는 삼매를 얻으며, 누군가 입맞춤을 하면 탐욕이 없어지고 모든 중생의 복덕을 키우는 삼매를 얻고, 나를 가까이 하면 온갖 탐욕을 떠난 경계에 머물러 보살의 온갖 것을 아는 지혜가 앞에 드러나는 막힘 없는 해탈에 들어간다.

나는 다만 보살의 탐욕 경계를 여읜 해탈을 얻었지만 저 보살들은 끝없이 정교한 방편의 지혜를 이루어 갖춘 것이 광대하여 경계가 비길 데 없으니 그 공덕 행을 내가 어떻게 알고 말하겠는가.

여기서 남쪽의 선도성에 비실지라 거사가 계시어늘 전단좌 부처님 탑에 공양하시니 가서 보살도를 여쭈어라."

선재는 절하고 무한히 돌며 은근히 우러러 보면서 작별 인사를 하고 떠났다.

27. 비실지라 거사
: 제6. 견고한 온갖 선근을 따르는 회향〔隨順堅固一切善根廻向〕 선지식

선재는 점점 여기저기 돌아다니다가 선도성에 이르러 거사의 집에 나아가 절하고 합장하여 서서 보살도를 여쭈자, 거사께서 말씀하셨다.

"선남자여, 나는 보살의 '열반에 들지 않는 해탈'을 얻어 부처님께서 이미 열반에 드셨거나, 지금 열반에 드시거나, 장차 열반에 드시리라는 생각을 하지 않으니, 시방 모든 세계의 부처님들께서 궁극에 열반에 드시는 이가 없는 줄을 알지만, 중생을 조복하기 위하여 일부러 보임은 제외된다.

나는 다만 이 보살의 '열반에 들지 않는 해탈'을 얻었거니와, 저 보살들은 한 생각의 지혜로 삼세를 널리 아니 그 공덕 행을 내가 어떻게 알고 말하겠는가.

여기서 남쪽의 보타낙가산에 관자재 보살께서 계시니 가서 보살도를 여쭈어라."

이 때 선재는 절하고 무한히 돌며 은근히 우러러 보면서 작별 인사를 하고 떠났다.

28. 관자재 보살
: 제7. 많은 중생을 평등하게 따라주는 회향〔等隨順一切衆生廻向〕 선지식

선재는 일심으로 저 비실지라 거사의 가르침을 생각하며 점점 여기저기 돌아다니다가 보타낙가산에 이르러 이 대 보살을 찾았다.

문득 바라보니, 서쪽 골짜기에 샘이 흘러 굽이치고 수목은 우거져 있으며 향내가 나는 풀이 부드럽게 오른 쪽으로 돌듯이 땅에 깔려 있고 관자재 보살께서 금강 보석 위에서 결가부좌하고 계시니 무한한 보살들이 보석에 앉아서 공경히 에워쌌는데, 대자비의 법을 설하여 그들로 하여금 많은 중생을 거

두어들이게 하고 계셨다.

선재가 이를 보고는 뛸 듯이 기뻐하면서 대 보살이 계신 데로 나아가 관자재 보살께 절하고 수 없이 돌며 합장하여 서서 보살도를 여쭈니, 관자재 보살께서 말씀하셨다.

"훌륭하구나. 선남자여, 그대가 보리심을 내었구나. 나는 보살의 대비행 해탈문을 이루고 이로써 많은 중생들을 평등하게 교화하여 끊이지 않게 하고, 모든 부처님의 처소에 늘 있으며 많은 중생들의 앞에 널리 나타나 베품으로써 중생을 거두기도 하고, 친절한 말로써 하기도 하며, 선행으로써 하기도 하고, 동고동락을 함으로써 중생을 거두어 주기도 하며, 그들 마음을 깨쳐 성숙케 하기도 하고, 같은 종류의 모습으로 변화하여 함께 있으면서 성숙케 하기도 하며, 또 여러 중생이 나를 생각하거나 이름을 부르거나 몸을 보면, 다 모든 두려움을 벗어나길 원한다.

나는 다만 이 보살의 대비행의 문을 얻었거니와, 저 보살들은 많은 중생들의 선을 항상 늘리니 그 공덕 행을 내가 어떻게 알고 말하겠는가."

그 때 동방에 정취 보살께서 계셨는데 공중으로부터 사바 세계의 윤위산 정상에 이르러 발로 땅을 누르니 사바 세계는 여섯 가지로 진동하고 온갖 보배로 장엄되었다.

정취 보살께서 몸에서 광명을 놓아 해와 달과 모든 별들과 번개의 빛을 가리니, 천룡팔부와 제석·범천·호세 사천왕의 광명들은 다 먹과 같아졌고, 그 광명은 모든 지옥·축생·아귀·염라왕의 세계를 널리 비추어 온갖 악도의 고통을 없애 번뇌가 일어나지 않고 근심과 슬픔을 떠나게 하였다.

또 모든 불국토에서 온갖 꽃과 향·영락·옷을 널리 비 내리듯 하며, 이러한 온갖 장엄구로 부처님께 공양하고는 중생들의 좋아함을 따라 모든 궁전에서 널리 몸을 나타내어 보는 이는 다들 기쁘게 한 뒤에 관자재 보살의 거처로 오시니, 관자재 보살께서 선재에게 말씀하셨다.

"선남자여, 그에게 가서 보살도를 여쭈어라."

29. 정취 보살 : 제8. 진정한 모습의 회향〔眞如相廻向〕선지식

선재는 가르침을 공경히 받들고 바로 보살의 거처에 도달하여 절하고 합장하여 서서 보살도를 여쭈니 정취 보살께서 말씀하셨다.

"선남자여, 나는 보살의 '널리 문호를 열고 빨리 행하는 해탈'을 얻어 동방 묘장 세계의 보승생 부처님 계신 곳으로부터 이 땅에 왔고, 그 부처님 처소에서 이 법문을 들었다. 낱낱 불국토마다 다 들어가서 부처님께 미묘한 공양구로 공양하였으니, 모두 지고한 마음으로 이루어진 것이요, 모든 부처님께서 인가하신 것이며, 또 저 세계의 중생들을 보아 그 마음과 근기를 다 알고, 그들의 욕구와 이해를 따라서 몸을 나타내어 설법하였는데, 광명을 놓기도 하고 보배로운 재물을 베풀기도 하여 다양한 방편으로 교화하고 조복하여 조금도 쉬지 않았으니 시방에서도 다 마찬가지다.

나는 다만 이 보살의 '널리 문호를 열고 속히 행하는 해탈'을 얻었기에 빨리 온갖 곳에 도달하지만 저 보살들은 시방에 두루하여 이르지 못함이 없고, 몸

을 잘 나투어 법계에 두루하며 모든 길에 이르고 온
갖 곳에 막힘이 없으니 그 공덕 행을 내가 어떻게 알
고 말하겠는가.

　여기서 남으로 '타라발저' 성에 대천신이 계시니
그에게 가서 보살도를 여쭈어라."

　선재는 절하고 수 없이 돌며 은근히 우러러 보면
서 작별 인사를 하고 떠났다.

30. 대천신
: 제9. 속박도 없고 집착도 없는 해탈의 회향〔無縛無着解脫廻向〕선지식

　선재가 보살의 지혜를 구하면서, 대천신께 절하고
앞에서 합장하여 보살도를 여쭈니, 대천신은 황금
연꽃을 선재에게 뿌리고 말씀하셨다.

　"선남자여, 나는 보살의 '구름 그물' 해탈을 이루
었다."

　선재가 말씀드렸다.

　"거룩하신 이여, 구름 그물 해탈의 경계가 어떻습
니까?"

　이 때 대천은 선재의 앞에서 금은 더미와 여러 가

지의 마니 보배 더미·꽃·화만과 향을 산더미 같이 나타내고 또 무수한 백 천만 억 동녀들을 나타내며, 선재에게 말씀하셨다.

"선남자여, 이 물건들을 가져다가 부처님께 공양하여 복덕을 닦고 온갖 것을 다 베풀어 중생을 거두어 그들로 하여금 보시바라밀을 배워 버리기 어려운 것들을 버리게 하라.

내가 그대를 위해 이런 물건을 보여 보시를 행하게 하듯이 많은 중생을 위해서도 마찬가지로 하니 이 선근으로써 습관 들게 하며 삼보와 선지식께 공경히 공양하고 위없는 보리심을 내게 한다.

누군가 오욕락을 탐하여 스스로 방일하면 부정한 경계를 보이며 혹 성 잘내고 교만하여 언쟁을 일삼으면 나찰 등이 피를 마시고 살을 먹음을 보여서 놀래고 두려워 원한을 버리게 하며 누군가 혼미하고 게으르면 중병을 보여서 두려운 마음을 내고 고통을 알아서 스스로 힘쓰게 한다.

나는 다만 이 구름 그물 해탈을 알지만 저 보살들은 큰 물과 같이 많은 중생들의 번뇌의 불을 끄며,

354

맹렬한 불과 같이 애욕의 물을 말리고, 또 금강과 같이 '나'라는 산을 꺾어 부수니 그 공덕 행을 어떻게 알고 말하겠는가.

선남자여, 이 염부제 마갈타국의 보리장에 '안주'라는 땅 맡은 신이 계시니, 가서 보살도를 여쭈어라."

이 때 선재는 대천의 발에 절하고 수 없이 돌며 작별 인사를 하고 떠났다.

31. 안주신 : 제10. 법계와 동등하여 무한한 회향〔等法界無量廻向〕 선지식

선재가 점점 여기저기 돌아다니다가 마갈타국의 보리장에 있는 안주신의 처소에 갔는데, 백만의 땅 맡은 신들이 함께 계시어 절하고 수 없이 돌며 합장하여 서서 보살도를 여쭈자, 안주신은 발로 땅을 눌러서 백천억의 아승지 보배광이 저절로 땅에서 나게 하고 말씀하셨다.

"선남자여, 이 보배광은 그대를 항상 따라 다니는 것인데, 그대의 옛 선근의 과보며 그대의 복력으로 거둔 것이니 생각대로 자재하게 활용하라.

나는 보살의 해탈을 얻었으니 파괴할 수 없는 지혜광이요, 항상 이 법으로 중생들을 이루는데 이 법문에서 들고나면서 수습하여 키웠으며, 항상 여러 부처님을 친견하여 멀리하지 않았고 이 법문을 처음 얻음으로 현 겁에 이르기까지 그 중간에 말로 할 수 없이 말로 할 수 없는 부처님을 만나 시중 들고 공경히 공양하였다.

나는 다만 이 파괴할 수 없는 지혜의 광 법문을 알지만 저 보살들은 늘 부처님을 따라 다니면서 모든 부처님의 말씀을 잘 지니며, 부처님의 몸과 같고 부처님의 마음을 내며 부처님의 법을 갖추고 불사를 하니 그 공덕행을 내가 어떻게 알고 말하겠는가.

이 염부제 마갈타국의 가비라성에 '바산바연저' 밤의 신이 계시니 가서 보살도를 여쭈어라."

선재는 절하고 무수히 돌며 은근히 우러러 보면서 작별 인사를 하고 떠났다.

32. 바산바연저 주야신

: 제1. 비로소 법의 맛을 알아 환희심을 내는 지[歡喜地] 선지식

선재는 일심으로 안주신의 가르침을 생각하고 보살의 무너뜨릴 수 없는 지혜의 광 해탈을 기억하며, 점점 여기저기 돌아다니다가 가비라성에 이르렀는데 동문으로 들어가서 오래 서 있지 않아 해가 저물었다.

마음으로 보살의 가르침을 따르면서 저 밤의 신을 보려 하며 선지식께 부처님 생각을 내고, 또 지혜의 눈을 얻어 시방 세계를 밝게 비추어 보리라고 생각하니, 이런 중에 그 밤의 신이 허공에 있는 '보배 누각의 향기로운 연화장 사자좌'에 앉은 것을 보고는 매우 기뻐서 절하고 수 없이 돌며 합장하여 보살도를 여쭈자, 밤의 신께서 선재에게 말씀하셨다.

"훌륭하구나. 선남자여, 그대가 깊은 마음으로 선지식을 공경하여 가르침을 수행하니, 결정코 최상의 깨달음을 얻으리다.

나는 '모든 중생들의 어리석은 어둠을 깨뜨리는 법 광명의 해탈'을 얻어 나쁜 꾀를 가진 중생에게는

크게 인자한 마음을 일으키게 하고, 불선한 업을 짓는 중생에게는 크게 가엾이 여기는 마음을 일으키게 하며, 선한 업을 짓는 중생에게는 기쁜 마음을 일으키게 하고, 더러워진 중생에게는 깨끗하게 하는 마음을 일으키게 하며, 부정한 길로 가는 중생에게는 바르게 행하는 마음을 일으키게 하고, 우둔한 중생에게는 크게 이해하는 마음을 일으키게 한다.

나는 이 해탈을 얻었으므로 늘 이런 마음과 함께 상응하니 악천후나 해와 달과 별빛이 어두워 사물을 식별 못할 때에, 누군가 방향 감각을 잃고 길을 헤매는 이를 보고는 다양한 방편으로 건져 주며, 바다에서 조난된 이에게는 뱃사공이 되고 큰 고기와 거북이 혹은 바다의 신이 되어 폭풍우가 멎으며 파도를 그치게 하고, 길을 인도하여 섬이나 언덕을 보여 두려움을 벗어나 안락케 하고는, 또 생각하기를 '이 선근을 중생들에게 회향하여 온갖 괴로움을 멀리하게 하여 지이다' 고 한다.

여러 중생으로서 목숨을 아끼거나 명성을 좋아하며 보배로운 재물을 탐하고 이성에게 애착하거나,

구하는 것이 맞지 않아 근심하고 두려워하면 다 건져 괴로움을 멀리하게 하며, 험한 산행의 조난자에게는 선신이 되어 나타나서 가까이하기도 하고 아름다운 새가 되어 듣기 좋은 소리로 위로하기도 하며, 신약이 되어 빛을 내어 비추기도 하고 과일 나무와 옹달샘·가까운 길·평탄한 땅을 보여 주어 온갖 괴로운 액난을 면하게 하고는, 또 생각하기를 '많은 중생이 삿된 소견의 무성한 숲을 베며 애욕의 그물을 찢고 생사의 벌판을 벗어나며, 또 번뇌의 어둠을 없애고, 온갖 것을 아는 지혜의 평탄한 정도에 들어서서 두려움이 없는 곳에 이르러 끝까지 안락케 하여지이다' 한다.

나는 다만 이 보살의 '많은 중생들의 어둠을 깨뜨리는 법 광명 해탈'을 알지만 저 보살들은 청정한 음성으로 온갖 생사의 집착을 끊으며 지혜의 눈이 청정하여 삼세를 평등하게 보니 그 미묘한 행을 내가 어떻게 알고 공덕을 말하며 경계에 들어가서 자재함을 보이겠는가.

선남자여, 나는 본래 이 염부제 마갈타국 보리장

에 '보덕정광'이란 밤의 신이 계신 곳에서 보리심을 내었는데 늘 미묘한 법으로 나를 깨우쳐 주셨으니 가서 보살도를 여쭈어라."

선재는 절하고 무한히 돌며 은근히 우러러 보면서 작별 인사를 하고 떠났다.

33. 보덕정광 주야신
: 제2. 계를 범한 더러움을 멀리 여읜 지〔離垢地〕 선지식

선재는 보덕정광 밤의 신에게 이르러 절하고 무수히 돌며 합장하여 서서 보살도를 여쭈니, 밤의 신께서 대답하셨다.

"선남자여, 나는 보살의 해탈을 얻었으니 '고요한 선정의 즐거움으로 여기저기 두루 돌아다님'인데 삼세의 모든 부처님을 널리 친견하고 그 부처님들의 청정한 국토와 도량에 모인 대중을 보며, 목숨과 음색과 몸매가 여러 가지로 같지 않음을 다 밝게 보면서도 집착함이 없다.

왜냐하면 모든 부처님은 가고 옴이 없으시니 세간에서 나아감이 길이 없어진 때문이고, 본성이 남이

없는 때문이며, 진실하지 않으니 환상 같은 법에 머무는 때문이고, 헛되지 않으니 중생을 이롭게 하는 때문이니, 내가 이렇게 모든 부처님을 확실히 아는 때에 보살의 고요한 선정의 즐거움으로 두루 다니는 해탈문도 분명히 알고 이루어 자라게 하였다.

나는 다만 이 보살의 고요한 선정의 즐거움으로 널리 여기저기 돌아다니는 해탈문을 얻었으나 저 보살들은 생사의 대단히 어두운 밤중에 온갖 지혜의 광명을 내니 그 공덕행을 내가 어떻게 알고 말하겠는가.

선남자여, 여기서 멀지 않은 보리장의 오른 쪽에 '기쁜 눈으로 중생을 관찰하는 밤의 신' 이 계시니 가서 보살도를 여쭈어라."

이 때 선재는 절하고 무수히 돌며 은근히 우러러 보면서 작별 인사를 하고 떠났다.

34. 희목관찰중생 주야신

: 제3. 지혜의 광명을 내는 지〔發光地〕 선지식

선재는 선지식의 가르침을 공경히 행하면서 '기쁜 눈으로 중생을 관찰하는 밤의 신'에게 가고자 보리심을 내었는데 그 신은 부처님의 도량에서 연화장 사자좌에 앉아 큰 힘으로 널리 기쁘게 하는 깃발 해탈에 들어가서는 몸에 있는 털구멍마다 무한히 변신한 몸 구름을 내어 알맞고 미묘한 음색으로 설법하여 많은 중생들을 널리 거두어 다 기쁘고 이롭게 하였으니, 이른바 중생 수와 같이 변신한 몸 구름을 내어 온갖 괴로움을 참도록 하고, 또 때리고 업신여겨도 태연하게 흔들리지 말며 아만심을 내지 않게 하니, 이런 방편으로 중생들을 성숙케 하였다.

보살도를 여쭙는 선재에게, 기쁜 눈으로 중생을 관찰하는 밤의 신께서 대답하셨다.

"나는 수많은 겁이 지나도록 악도에는 떨어지지 않고 항상 인천에 태어나 온갖 곳에서 늘 부처님을 친견하다가 '묘한 등불 공덕의 깃발' 부처님 처소에서 '큰 힘으로 두루 기쁘게 하는 깃발' 보살 해탈을 얻어 이 같이 많은 중생을 이롭게 하였다.

　나는 다만 이 큰 힘으로 널리 기쁘게 하는 깃발 해탈문을 얻었지만 저 보살들은 시시각각 모든 부처님의 처소에 널리 나아가서 온갖 것을 아는 지혜에 빨리 들어가니 그 공덕 행을 내가 어떻게 알고 말하겠는가.

　선남자여, 이 회상에 '널리 중생을 건지는 미묘한 덕' 밤의 신이 계시니, 가서 보살도를 여쭈어라."

　선재는 절하고 무수히 돌며 은근히 우러러 보면서 작별 인사를 하고 떠났다.

35. 보구중생묘덕 주야신

: 제4. 번뇌의 땔나무를 지혜의 불로 태우는 지〔焰慧地〕 선지식

　그 때 선재는 기쁜 눈으로 중생을 관찰하는 밤의 신에게서 '중생을 널리 건지는 뛰어난 덕 밤의 신'이 있는 데로 나아갔는데 그 밤의 신이 양미간에서 대 광명을 놓으시니 '지혜의 등불로 널리 비추는 청정한 깃발'이며 무한한 광명으로 권속을 삼아 모든 세간을 비추고 선재의 머리 위로 들어가서 몸에 가

득하였다.

"선남자여, 나는 다만 보살이 널리 온갖 세간에 나타나서 중생을 다루는 해탈을 알 뿐인데 저 모든 보살은 다양한 지혜의 문에 들어가니 그 공덕 행을 내가 어떻게 알고 말하겠는가.

여기서 멀지 않은 곳에 '고요한 소리 바다' 라고 하는 밤의 신이 마니 광명의 깃발로 장엄한 연꽃에 앉아 백만 아승지 밤의 신들에게 앞뒤로 둘러싸여 계시니 그대는 가서 보살도를 여쭈어라."

이 때 선재는 절하고 무수히 돌며 은근히 우러러보면서 작별 인사를 하고 떠났다.

36. 적정음해 주야신
: 제5. 지혜가 지극하여 더 수승하기가 어려운 지〔難勝地〕 선지식

선재가 중생을 널리 건지는 뛰어난 덕 밤의 신에게서 보살이 온갖 세간에 널리 나타나서 중생을 다루는 해탈문을 듣고는 '고요한 소리 바다' 밤의 신께 가서 절하고 무수히 돌며 앞에서 합장하여 보살도를 여쭈자, 밤의 신께서 대답하셨다.

"선남자여, 나는 모든 중생들이 고민의 광야를 뛰어 넘게 하려는 마음을 내었으며 부처님의 위없는 법의 즐거움을 이루게 하려는 마음을 내고는 누군가 처자에 집착함을 보면 생사의 애착을 멀리하고 가엾이 여기는 마음을 내어 많은 사람을 똑같이 대하게 하고, 누군가 성을 많이 내면 부처님의 인욕바라밀에 머물게 하고 게으르면 청정한 정진바라밀을 얻게 한다.

나는 다만 시시각각 광대한 기쁨으로 장엄한 해탈을 알지만 저 보살들은 모든 법계에 깊이 들어가서 온갖 겁의 수를 다 알고 세계의 이루어지고 무너짐을 보니 그 공덕 행을 내가 어떻게 알고 말하겠는가.

선남자여, 이 보리장의 부처님 회상에 '모든 성을 지키고 위력을 키움' 이라는 밤의 신이 계시니, 가서 보살도를 여쭈어라."

선재는 일심으로 고요한 소리 바다 밤의 신을 관찰하면서 게송으로 말씀드렸다.

세상은 다 꿈과 같으며

모든 부처님은 그림자 같고
온갖 법은 메아리와 같은 줄 알아
중생들의 집착을 없애게 하네.

선재는 이 게송을 말씀드리고는 절하고 무수히 돌며 은근히 우러러 보면서 작별 인사를 하고 떠났다.

37. 수호일체성 주야신
: 제6. 진리를 관하는 지혜가 앞에 나타나는 지〔現前地〕 선지식

선재는 고요한 소리 바다 밤 신의 가르침을 따르면서 사유 관찰하고 모든 성을 지키는 밤의 신이 있는 곳을 방문했는데, 그 밤의 신은 온갖 보배 광명 마니왕으로 된 사자좌에 앉아 있었다. 무수한 밤의 신들이 둘러쌌는데 많은 중생을 널리 대하는 몸을 나타냄을 보고는 뛸 듯이 기뻐하면서 절하고 무수히 돌며 앞에 서서 합장하여 보살도를 여쭈니, 그 밤의 신께서 선재에게 말씀하셨다.

"선남자여, 나는 보살의 매우 깊고 자재하며 절묘한 음성의 해탈을 얻었고 대 법사가 되어 막힘 없이

모든 불법을 잘 열어 보이고 중생을 이롭게 하는 온 갖 일을 하면서 선근을 쌓아 쉬지 않는다.

선남자여, 나는 지나간 옛적 오랜 동안에 세상에 나타나신 수많은 부처님들께 다 공양하고 그 법을 수행하였는데, 나는 그 때부터 생사의 밤 어두운 무명에서 어리석어 사리를 잘 모르는 중생들 가운데 홀로 깨어 그들로 하여금 마음의 성을 지키고 삼계의 성을 버리게 하며 온갖 것을 아는 지혜의 위없는 법의 성에 머물게 하였다.

나는 다만 이 매우 깊이 자재하고 절묘한 음성의 해탈을 알아 세간 사람들로 하여금 무의미한 말을 여의고 이간질을 못하게 하며, 늘 진실한 말과 청정한 말을 하게 할뿐인데 저 보살들은 모든 말의 본성을 알아 시시각각 많은 중생을 자재하게 깨닫게 하니 그 공덕 행을 내가 어떻게 알고 말하겠는가.

선남자여, 이 부처님 회상에 '모든 나무의 꽃을 피우는 밤의 신' 이 계시니 가서 보살도를 여쭈어라."

선재는 밤의 신께 절하고 수없이 돌며 은근히 우러러 보면서 작별 인사를 하고 떠났다.

38. 개부일체수화 주야신

: 제7. 원대하게 수행하는 지〔遠行地〕선지식

이 때 선재가 보살의 매우 깊고 자재하며 절묘한 음성의 해탈문에 들어가서 수행이 진전되고 모든 나무의 꽃을 피우는 밤의 신께 이르니 그 몸이 온갖 보배 향나무 누각 안의 절묘한 보배 사자좌에 앉았는데, 백만 밤의 신이 함께 둘러싸고 있었다.

선재가 절하고 앞에 서서 합장하여 보살도를 여쭈니, 밤의 신께서 말씀하셨다.

"선남자여, 나는 이 사바 세계에서 해가 지고난 뒤, 연꽃이 다물고 산천과 들판 등지의 유람객들이 거처로 가고자 하면 은밀히 보호하여 바른 길을 찾게 하고 처소에 도달하여 밤새도록 안락케 하며, 누군가 한창 나이에 보기좋은 성년기에 교만하고 나태하여 오욕락에 방자하면 늙고 병들어 죽는 모습을 보여 공포를 내어 온갖 악을 멀리하게 하고, 다시 여러 가지 선근을 칭찬하여 닦아 익히게 한다.

세존께서 옛날 보살로 계실 때에 모든 중생들이 '나'와 '내 것'에 집착하여 무명의 암실에 머물며 생사에 윤회하고 가난에 쪼들려 불·보살들을 만나지 못함을 보시고는 가엾이 여기는 마음을 내어 중생을 이롭게 하셨으니, 이른바 모든 것에 집착을 떠나게 하려는 마음과 경계에 물들지 않는 마음과 모든 인연에 미혹하지 않는 마음이다.

이런 마음을 내고는 보살력을 얻어서 대 신통 변화를 나타내어, 법계와 허공계에 두루하여 여러 중생들의 앞에 생필품을 널리 비 내리듯 하여 그들의 바람대로 뜻을 만족시키고 기쁘게 하며 뉘우치지도 인색치도 않고 끊어짐이 없이 하며 이러한 방편으로 널리 중생들을 거두어 교화하여 성숙시키고 생사의 고난에서 벗어나게 하면서도 대가를 바라지 않았다.

나는 다만 이 보살의 광대하게 기쁜 광명을 내는 해탈문을 알지만 저 보살들은 용맹한 지혜를 얻어 한 보살의 지위에서 모든 보살의 지위에 들어가니 그 공덕 행을 내가 어떻게 알고 말하겠는가.

선남자여, 이 도량 안에 '대원 정진력으로 많은 중생을 건지는 밤의 신'이 계시니 가서 보살도를 여쭈어라."

선재는 절하고 수 없이 돌며 은근히 우러러 보면서 작별 인사를 하고 떠났다.

39. 대원정진력 주야신
: 제8. 온갖 번뇌의 행에 움직이지 않는 지〔不動地〕 선지식

선재가 '대원 정진력으로 많은 중생을 건지는 밤의 신'께 나아가 보살도를 여쭈니, 그 신께서 대답하셨다.

"옛날 수많은 겁 전에 한 겁이 있었으니, '선한 빛'이요, 세계의 이름은 '보배 광명'인데, 그 겁에 일만 부처님께서 세상에 나셨으니 처음은 '법륜 소리 허공의 등불 왕' 부처님으로 십호가 원만하셨다.

그 때 나는 태자로 있으면서 크게 가엾이 여기는 마음을 내어 신명과 재물을 버려 괴로운 중생들을 건지고 크게 베푸는 문을 열어 부처님께 공양하여 이 해탈을 얻었으니, 나는 그 때 다만 많은 중생을 이롭게 했을 뿐이요, 삼계에 집착하지도 않고 과보를 구하지도 않으며 명성을 탐하지도 않고 나를 칭

찬하고 남을 멸시하여 욕하지도 않았으며, 모든 경계에 물들지도 않고 두려움도 없이 다만 대승의 생사윤회를 벗어나는 길을 장엄하고 늘 온갖 것을 아는 지혜의 문을 관찰하기를 좋아하면서 고행을 닦아 이 해탈문을 얻었다.

나는 다만 중생을 교화하여 선근을 내게 하는 해탈문을 알지만 저 보살들은 머무름 없이 반연하여 막힘 없고 온갖 법의 본성을 깨달으며, 많은 중생을 교화하고 조복하되 늘 쉬지 않고, 또 마음은 항상 불이[122]의 이치를 나타내는 법문에 안주하고 모든 언어에 널리 들어가니, 저의 공덕과 용맹한 지혜와 마음씀과 삼매의 경계와 해탈력을 내가 지금 어떻게 알고 말하겠는가.

이 염부제에 '룸비니' 숲이 있고 그 숲에 묘한 덕이 원만한 신이 계시니 저에게 가서 보살도를 여쭈어라."

이 때 선재는 절하고 무한히 돌며 합장하여 우러러 보면서 작별 인사를 하고 떠났다.

40. 룸비니림 신 : 제9. 최고 수승한 지혜지〔善慧地〕선지식

선재는 대 서원과 정진력으로 '많은 중생을 건지는 밤의 신'께 해탈을 얻고는 점점 여기저기 돌아다니다가 룸비니 숲에 이르러 '뛰어난 덕의 신'을 두루 찾았는데 온갖 보배 나무로 장엄한 누각의 보배 연꽃 사자좌에 앉아 이십 억 나유타 하늘들에게 '보살이 생을 받는 경'을 말씀하여 불가에 태어나 보살의 대 공덕을 키우심을 보았다.

선재가 보고는 절하고 합장하여 서서 보살도를 여쭈니, 그 신께서 대답하셨다.

"선남자여, 나는 먼저 발원하되 '모든 보살이 태어날 때에 다 가까이 하고, 비로자나불의 무한히 태어나는 바다에 들어가지이다'고 하였고, 이런 원력으로 이 세계의 염부제에 있는 룸비니 숲에 나서 '보살이 언제 내려오시겠는가?'고 생각하였다. 나는 다만 이 보살의 무한한 겁의 온갖 곳에서 두루 태어나는 자재한 해탈을 알지만 저 보살들은 한 생각에 중생을 건지는 때를 알고 짐짓 태어나서 방편으로 다루고 모든 국토에서 신통 변화를 영상과 같이 나타내니 그 공덕 행을 내가 어떻게 알고 말하겠는가.

이 가비라성에 석가족의 구바 여인이 계시니 가서 보살도를 여쭈어라.”

선재는 절하고 무수히 돌며 은근히 우러러 보면서 작별 인사를 하고 떠났다.

41. 구바 여인

: 제10. 허공처럼 광대한 장애를 덮는 법 구름 지〔法雲地〕 선지식

선재는 가비라성을 향하여 생을 받는 해탈을 생각하고 닦으면서, 점점 여기저기 돌아다니다가 보살들의 집회인 ‘법계에 널리 나타내는 광명 강당’에 이르러 강당으로 들어가 석씨 여인을 두루 찾다가 강당의 보배 연꽃 사자좌에 앉으신 것을 보았는데 팔만 사천의 시녀들이 둘러싸고 있었다. 시녀들도 모두 왕족 출신으로 과거에 보살행을 닦으며 선근을 함께 심고 보시와 친절한 말로 중생들을 거두어 주길 외아들 같이 하였으며, 보살도에 대해 여쭙는 선재에게 구바 아가씨께서 말씀하셨다.

“선남자여, 나는 ‘모든 보살의 삼매를 관찰하는

해탈문' 을 이루어 사바 세계에서 무수한 겁 동안 중생들이 육도에서 헤매면서 여기서 죽어 저기서 태어남과 선과 악을 지어 받는 과보를 다 알고 또 저 겁에 계시던 부처님의 명호와 차례를 다 확실히 알며, 대 신통을 나투어 중생들을 건지시던 것을 모두 안다.

지난 옛날 수많은 겁 전에 '수승한 행' 이라는 겁의 '두려움 없음' 세계에 '안락' 이란 사천하가 있었는데, 그 나라의 '재물 주' 임금께 육만 시녀와 오백 대신과 오백 왕자가 있었으니, 그 왕의 태자는 '위덕' 으로 단정하고 뛰어나 사람들이 호기심을 가졌는데 마침 부왕의 명령을 받고 일만 시녀와 함께 향아원에 가서 놀면서 구경하고 즐겼다. 그 때 선현이라는 어머니에게 한 동녀가 있었는데, '뛰어난 덕을 갖춘 이' 로 얼굴이 단정하고 모습이 깔끔했으니, 보배 수레를 타고 시녀들에게 둘러싸여 어머니와 같이 왕성에서 나와 태자 앞에 가다가 태자의 말씨와 흥얼거리는 소리를 듣고는 마음이 끌려 어머니께 말씀드렸다.

'저는 저 분을 공경히 섬기고자 하며 만약 이루어지지 않으면 자살이라도 하겠습니다.'

어머니가 딸에게 이르셨다.

'그런 생각을 하지 마라. 왜냐하면 이는 매우 어려운 일로, 저 이는 전륜왕의 상호를 갖추었는데 뒷날 왕위를 이어 전륜왕이 되면 보녀가 생겨서 하늘 높이 올라 자재하게 다니게 되리니 우리는 비천하여 그의 짝이 될 수 없다.'

그러나 뛰어난 덕을 갖춘 처녀는 꿈에 부처님을 친견하고 마음이 안락하여 두려움 없이 태자께 청혼을 하니, 그 때 태자는 향아원에 들어가서 뛰어난 덕을 갖춘 아가씨와 선현 여인에게 말씀하셨다.

'선여인이여, 나는 최상의 깨달음을 구하므로 끝없는 보살행을 닦고 온갖 것을 버려서 미래가 다하도록 보시바라밀을 행하여 많은 중생을 만족케 하는데 이러한 때에 그대가 나의 일을 방해하여 재물을 베풀 때 아끼며, 자녀를 내어 줄 때에 괴로워하고, 온 몸을 찢을 때에 번민하며, 그대를 버리고 출가할 때에 한을 품을 것이다.'

태자는 뛰어난 덕을 갖춘 이에게 게송으로 말씀하
셨다.

자녀와 애지중지하는 물건
온갖 것 다 베풀 것이니
그대 내 마음 따르면
나도 그대의 뜻 이루어주리.

아가씨는 태자께 '삼가 말씀대로 받자오리다' 하
고 게송으로 말씀드렸다.

무한한 겁에
지옥 불로 몸을 태우더라도
저를 살펴 받아 주시면
그런 고통 감수하겠나이다.

중생들의 괴로움 불쌍히 여겨
보리심 내셨으니
이왕 중생을 거두신다면
저도 마땅히 받아들이소서.

태자는 승일신 부처님의 명호를 듣고 매우 기뻐서 부처님을 친견하고자 그 아가씨에게 오백 마니 보배를 뿌리고 절묘하게 갈무리한 광명관을 씌우고, 불꽃 마니 옷을 입혔는데 그녀는 마음이 동요되지 않고 희색도 없이 다만 합장하고 공경히 태자를 우러러 보면서 잠깐도 한눈 팔지 않았다.

태자는 묘한 덕 갖춘 아가씨와 일만 시녀와 그 권속들과 함께 향아원에서 나와 법운 광명 도량으로 나아가 도착해서는 수레에서 내려 부처님 계신데 걸어가 친견하고 각각 오백의 보배 연꽃을 뿌리며 공양하고 부처님을 위하여 오백 절을 지었는데, 하나하나 향나무로 짓고 많은 보배로 장엄하였으며 오백의 마니 보배로 사이사이를 꾸몄다.

이 때 부처님께서 '널리 관하는 등불 문 경'을 말씀하셨는데 이 경을 듣고 온갖 법 가운데서 삼매의 바다를 얻었으니, 태자는 묘한 덕 갖춘 아가씨와 권속들과 함께 부처님께 절하고 수 없이 돌며 작별 인사를 드리고는 궁으로 돌아와 부왕께 절하고 여쭈자, 왕이 듣고는 마치 가난한 사람이 숨겨진 보배를 얻은 듯 무한히 기뻐하면서 생각하였다.

'부처님은 뛰어난 의사와 같아서 온갖 번뇌의 병을 치료하시고 모든 생사의 고통을 구원하시는데 부처님은 지도자와 같아서 중생들을 궁극에 안락한 곳으로 이르게 할 것이다.'

이렇게 생각하고 나서는 성주와 뭇 신하·권속·찰제리·바라문의 모든 대중을 모아 놓고, 왕위를 태자에게 물려주는 관정식을 한 뒤 일만 인과 함께 부처님 계신데 나아가 절하고 수 없이 돌며, 권속들과 함께 물러나 앉았는데, 그 때 태자는 전륜왕이 되어 정법으로 세상을 다스리니 백성들이 즐거워하였다.

불자여 어떠한가? 그 때 태자로서 전륜왕이 되어 부처님께 공양한 이는 지금의 석가모니불이시고 재물 주인 왕은 보화불이시며, 그 때 아가씨의 어머니 선현은 지금 우리 어머니 '어진 눈'이시고 그 왕의 권속들은 지금 부처님 회상에 모인 대중들로 다들 보현행을 닦아 대원을 이루었다.

또 뛰어난 덕을 갖춘 아가씨와 위덕 전륜왕이 네 가지로 승일신 부처님께 공양한 이는 바로 나인데,

부처님께서 열반하신 뒤 세상에 나타나신 육십억 백천 나유타 부처님을 내가 왕과 더불어 시중하고 공양하였다.

나는 다만 이 보살의 삼매를 관찰하는 해탈만을 얻었는데 저 보살들은 모든 중생을 위하여 안락함을 따르는 행을 말씀하시니 그 공덕 행을 내가 어떻게 알고 말하겠는가.

선남자여, 이 세계에 부처님의 어머니이신 마야 부인께서 계시니, 가서 보살도를 여쭈어라."

선재는 절하고 무수히 돌며 작별 인사를 하고 떠났다.

42. 마야 부인

: 마야 부인 한 분이 전체적인 뜻이 되고 이하 열 사람은 개별적인 뜻이 된다.

선재는 일심으로 마야 부인 계신 데 나아가 무수한 방편문을 나타내심을 보고는 마야 부인께서 나타내신 몸의 수와 같은 몸을 나타내어 모든 마야 부인의 앞에 공경히 예배한 즉시 무한한 삼매문을 얻어 관찰하고 수행하여 깨쳐 들어갔는데, 삼매에서 나와서는 마야 부인과 그 권속들을 오른쪽으로 돌고 합장하여 서서 보살도를 여쭈자, 마야 부인께서 대답하셨다.

"나는 보살의 '대원과 지혜가 환상과 같은 해탈문'을 이루었으므로 늘 모든 보살의 어머니가 되며, 염부제 가비라 성의 정반 왕가에 오른쪽 옆구리로 싣달타 태자를 낳아 부사의하고 자재한 신통 변화를 나타내듯이, 이 세계의 모든 비로자나불께서 다 내 몸에 들어왔다가 탄생하시면서도 자재한 신통 변화를 나타내신다.

선남자여, 내가 지금 세존께 어머니가 되듯이 옛날의 무한한 모든 부처님들께도 어머니가 되었는데 내가 옛적에 연못을 주관하는 신으로 있을 때에 보살이 연꽃에서 뜻하지 않게 변화로 나시는 것을 받들어 나와서 보살피고 길렀더니 세상에서 나를 보살의 어머니라 불렀으며, 또 옛적에 내가 보리장의 신이 되었을 때에 보살이 나의 품에서 홀연히 변화하여 나셨는데 세상에서는 나를 보살의 어머니라고 하였다.

선남자여, 지나간 옛날 '마지막 몸 받은 보살'[123] 의 신통한 도의 눈으로도 헤아릴 수 없는 겁을 뛰어넘어 '깨끗한 빛'이란 겁에 수미덕(須彌德) 세계가 있었으니, 나는 그 때 발원한 이래로, 부처님께서 시방 세계 온갖 갈래에서 여기저기 탄생하시어 선근을 심고 보살행을 닦아 중생들을 교화하여 이루며, 내지 마지막 몸 받은 보살에 머물러 시시각각 모든 세계에서 보살로 태어나는 신통 변화를 나타내실 적마다 늘 모자지간이 되었다.

나는 다만 보살의 대원과 지혜가 환상과 같은 해탈문을 알지만 저 보살들은 중생을 교화하기에 싫증낼 줄을 모르고 자재력으로 털구멍마다 무한한 부처님의 신통 변화를 나타내니 그 공덕 행을 내가 어떻게 알고 말하겠는가.

이 세계의 삼십삼천에 정념왕이 계시고, 그 왕에게 '천주광'이란 딸이 있으니 가서 보살도를 여쭈어라."

선재는 가르침을 공경히 받들어 절하고 수 없이 돌면서 우러러 사모하고 물러갔다.

43. 천주광녀

선재가 천궁에 가서 천녀께 절하고 돌며 합장하여 서서 보살도를 여쭈자, 하늘 아씨께서 대답하셨다.

"선남자여, 나는 보살의 '막힘 없는 생각으로 깨끗이 장엄하는 해탈'을 얻어, 이 해탈력으로 과거를 기억하는데 과거에 '푸른 연꽃'이란 이름의 가장 뛰어난 겁에서 갠지스강의 모래 수처럼 많은 부처님께 공양하였고, 그 부처님들께서 처음 출가하실 때부터 받들어 지키고 공양하여 절을 짓고 모든 집기를 마련하였으며, 또 저 부처님들께서 보살로서 모태에 계신 때와 탄생하신 때와 일곱 걸음을 걸으신 때를 기억하고, 크게 사자후하신 때와 동자의 지위에 머물러 궁중에 계신 때를 기억하며, 보리수에서 정각을 이루신 때와 가르침을 설하시고 부처님의 신통 변화를 나투어 중생들을 교화하여 다루실 때에 이루시던 일을, 초발심부터 법이 다할 때까지 남김없이 다 분명히 기억한다.

나는 다만 막힘 없는 생각으로 깨끗이 장엄하는 해탈을 알뿐인데 저 보살들은 생사의 밤중에 나서도 명철하고 어리석음을 제거하여 잠깐도 혼미하지 않으며, 또 십력을 이루어 중생들을 깨우치니 그 공덕 행을 내가 어떻게 알고 말하겠는가.

선남자여, 가비라성에 '변우' 동자 스승이 계시니 가서 보살도를 여쭈어라."

선재는 법을 듣고 뛸 듯이 기뻐하면서 부사의한 선근이 저절로 증대하여 절하고 무수히 돌며 작별 인사를 하고 떠났다.

44. 동자사 변우 : 모든 이의 벗 꼬마 선생을 찾다

선재가 천궁[124]에서 내려와 가비라성의 변우 동자에게 나아가 절하고 두루 돌며 공경히 합장하고 한 곁에 서서 보살도를 여쭈자, 변우께서 대답하셨다.

"선남자여, 여기 온갖 예술에 밝은 동자께서 계시는데 보살의 글자 지혜를 배웠으니 가서 여쭈면 마땅히 말씀하여 주리다."

45. 선지중예 동자

선재가 곧 그 곳에 가서 절하고 한 곁에 서서 보살도를 여쭈니, 동자께서 선재에게 말씀하셨다.

"선남자여, 나는 보살의 '온갖 예술에 밝은 해탈'을 얻어 늘 이런 자모를 읊조린다.

아자를 읊조릴 때 반야바라밀 문에 들어가니, '보살의 위력으로 차별이 없는 경계에 들어감' 이요, '타' 자를 읊조릴 때 반야바라밀 문에 들어가니, '끝없이 차별한 문' 이며, '파' 자를 읊조릴 때 반야바라밀문에 들어가니, '법계에 두루 비침' 등이다. …

내가 이런 자모를 읊조릴 때에 반야바라밀문을 머리로 삼아 무수한 반야바라밀문에 들어가니, 나는 다만 '온갖 예술에 밝은 해탈' 을 아는데 저 보살들은 문자와 산수를 깊이 이해하고 의술과 주문으로 온갖 병을 잘 치료하며 또 천문 · 지리와 관상의 길흉과 새와 짐승의 소리를 잘 관찰하고 구름과 안개와 기후로 한 해 곡물 수확의 풍작 · 흉작과 국토의 안위를 짐작하니 그 공덕행을 내가 어떻게 알고 말하겠는가.

이 마갈타국의 한 마을에 바저나성이 있고 거기 현승 우바이가 계시니 가서 보살도를 여쭈어라."

선재는 온갖 예술에 밝은 동자에게 절하고 수 없이 돌며 우러러 사모하면서 작별 인사를 하고 떠났다.

46. 현승 우바이

선재가 바저나성을 향하면서 현승 우바이께 이르러 절하고 두루 돌아 공경히 합장하여 한 곁에 서서 보살도를 여쭈자, 현승 우바이께서 대답하셨다.

"선남자여, 나는 보살의 '구애됨이 없는 도량' 해탈을 얻어 스스로 깨우쳐 알고 또 남을 위해 말하며, 또 다함없는 삼매를 얻었으니 저 삼매의 법이 다함이 있고 없는 것이 아니라 능히 온갖 것을 아는 지혜의 성품의 눈을 냄이 다함없다.

나는 다만 이 구애됨이 없는 도량 해탈을 알 뿐인데 저 보살들의 온갖 것에 집착이 없는 공덕행이야 내가 어떻게 다 알고 말하겠는가.

남쪽의 '기름진 논밭'이라는 성에 견고한 해탈 장자가 계시니, 가서 보살도를 여쭈어라."

이 때 선재는 현승 우바이께 절하고 수 없이 돌며 우러러 보면서 작별 인사를 하고 남으로 떠났다.

47. 견고 장자

그 성에 이르러서 장자께 나아가 절하고 두루 돌며 합장하여 공경히 한 곁에 서서 보살도를 여쭈자 장자께서 대답하셨다.

"선남자여, 나는 보살의 '집착함이 없이 청정히 장엄하는 해탈'을 얻고부터는 시방의 부처님 처소에서 정법을 쉬지 않고 부지런히 구하였다.

나는 다만 집착함이 없이 청정히 장엄하는 해탈을 알 뿐인데 저 보살들은 두려움 없이 크게 사자후를 하며 광대한 복과 지혜 더미에 안주하니 그 공덕행을 내가 어떻게 알고 말하겠는가. 이 성중에 '미묘한 달' 장자가 계시어 그 집에는 항상 광명이 있으니, 가서 보살도를 여쭈어라."

선재는 견고한 장자께 절하고 수 없이 돌며 작별 인사를 하고 떠났다.

48. 묘월 장자

미묘한 달 장자의 처소를 찾아가서 절하고 두루 돌며 공경히 합장하고 한 곁에 서서 보살도를 여쭈니, 미묘한 달 장자께서 대답하셨다.

"선남자여, 나는 보살의 '청정한 지혜 광명' 해탈을 얻어 다만 이 지혜 광명 해탈을 알뿐이고, 저 보살들은 무한한 해탈 법문을 얻었으니 그 공덕행을 내가 어떻게 알고 말하겠는가.

남쪽의 '출생' 성에 '훌륭한 군인'이라는 장자가 계시니 가서 보살도를 여쭈어라."

선재는 미묘한 달 장자께 절하고 수 없이 돌며 우러러 보면서 작별 인사를 하고 떠났다.

49. 무승군 장자

점점 그 성에 나아가 장자의 처소에 이르러 절하고 두루 돌며 공경히 합장하여 한 곁에 서서 보살도를 여쭈니, 장자께서 대답하셨다.

"선남자여, 나는 보살의 '다함없는 모습'의 해탈을 얻어 무한한 부처님을 친견하고, 무진장을 얻었다.

나는 다만 이 다함없는 모습의 해탈을 알 뿐인데, 저 보살들은 무한한 지혜와 막힘 없는 변재를 얻었으니 그 공덕행을 내가 어떻게 알고 말하겠는가.

선남자여, 이 성 남쪽의 '법'이라는 촌락에 '아주 평안함'이라는 바라문께서 계시니 가서 보살도를 여쭈어라."

선재는 '훌륭한 군인' 장자께 절하고 수 없이 돌며 우러러 보면서 작별 인사를 하고 떠났다.

50. 적정 바라문

점점 남으로 가다가 그 촌락에 이르러 아주 평안함 바라문을 뵙고는 절하고 두루 돌아 공경히 합장하여 한 곁에 서서 보살도를 여쭈니, 바라문께서 대답하셨다.

"선남자여, 나는 보살의 해탈을 얻었으니 '성실히 원하는 말'로 과거·현재·미래 보살들이 이 말로 최상의 깨달음에서 물러나지 않으니 이미 물러남도 없었고 지금 물러남도 없으며 장차 물러남도 없을 것이요, 성실히 원하는 말에 머물렀으므로 뜻대로 하는 일에 만족하지 못함이 없다.

나는 다만 이 성실히 원하는 말의 해탈을 알 뿐인데 저 보살들은 성실히 원하는 말과 더불어 행함에 어김이 없으며 말은 필히 성실하여 허망함이 없어서 이로 인해 무한한 공덕이 나니 내가 어떻게 알고 말하겠는가.

남쪽으로 '깊은 뜻의 꽃 문' 성에 덕생 동자와 유덕 동녀가 계시니 가서 보살도를 여쭈어라."

선재는 법을 존중하여 바라문께 절하고 수 없이 돌며 우러러 보면서 떠났다.

51. 덕생 동자와 유덕 동녀

선재가 점점 남으로 가다가 '깊은 뜻의 꽃 문' 성에 이르러 덕생 동자와 유덕 동녀를 뵙고는 절하고 오른쪽으로 돌아 앞에서 합장하여 보살도를 여쭈니, 동자와 동녀께서 선재에게 말씀하셨다.

"선남자여, 우리는 보살의 '환상처럼 머무르는 해탈'을 얻어 모든 세계가 다 환상처럼 머무름을 보니 인연으로 생긴 때문이요, 모든 중생들이 다 환상처럼 머무니 업과 번뇌로 일어난 때문이고, 모든 중생들의 생김과 없어짐·태어남·늙음·병·죽음·근심·슬픔과 괴로움이 다 환상처럼 머무니 허망한 분별로 생긴 때문이다.

선남자여, 환상같은 경계의 본성은 불가사의하여 우리 두 사람은 다만 환상처럼 머무는 해탈을 아는데, 저 보살은 끝없는 온갖 일의 환상 그물에 잘 들어가니 저 공덕행을 우리가 어떻게 알고 말하겠는가."

동자와 동녀가 자기들의 해탈을 설하고는 부사의한 선근력으로써 선재의 몸을 윤이 나고 부드럽게 하여 말씀하셨다.

"선남자여, 이 남쪽 해안국의 대장엄 동산에 '비로자나 장엄장'이라는 광대한 누각이 있는데 미륵보살께서 그 가운데 편안히 거처하시니 본래 태어났던 곳의 부모와 권속과 백성들을 거두어 성숙케 하려는 때문이고, 함께 태어나 같이 수행하던 중생들을 대승 가운데서 견고하게 하려는 때문이니, 그대는 그에게 가서 '보살이 어떻게 보살행을 하고,

보살도를 닦으며, 계를 배우는지, 어떻게 마음을 깨끗이 하고, 발원하며, 보살이 머무는 지위에 들어가는지, 어떻게 바라밀을 원만히 하고, 불생의 진리를 깨달아 알며, 공덕 법을 갖추고, 선지식을 섬기는지' 여쭈어라.

그대는 한 가지 선한 일을 닦으며, 한 가지 법을 비추어 알고, 한 가지 행을 행하며, 한 가지 원을 내고, 한 가지 수기를 얻으며, 한 가지 지혜에 머무름으로써 다했다는 생각을 내지 말 것이며, 마땅히 한정된 마음으로 육바라밀을 행하거나, 십지에 머물며, 불국토를 깨끗이 하고, 선지식을 섬기지 말아야 하니, 왜 그런가하면 보살은 무한한 선근을 심어야 하고, 무한한 보리의 인행을 닦아야 하며, 무한히 정교한 회향을 배워야 하고, 무한한 중생 세계를 교화해야 하기 때문이다.

요점을 들어 말하면 모든 보살행을 널리 닦아야 하고, 중생 세계를 두루 교화해야 하며, 국토를 널리 깨끗이 해야 하고, 모든 소원을 널리 원만케 하여야 하며, 모든 부처님께 널리 공양해야 하고, 모든 선지식을 두루 섬겨야 한다.

선남자여, 선지식은 동정심 깊은 어머니와 같으시니 부처님의 종자를 내는 때문이요, 동정심 깊은 아버지와 같으니 널리 이롭도록 하는 때문이며, 스승과 같으니 보살의 배울 것을 보여주는 때문이요, 선도자와 같으니 바라밀도를 보여주는 때문이며, 훌륭한 의사와 같으니 번뇌의 온갖 병을 치료하는 때문이니, 늘 이렇게 유념하여 선지식을 생각해야 한다.

또 모든 선지식을 섬김에는 대지와 같은 마음을 내야 하니 무거운 짐을 짊어져도 싫증을 내지 않기 때문이요, 금강과 같은 마음을 내야 하니 서원이 견고하여 깰 수 없는 때문이며, 제자와 같은 마음을 내야 하니 훈계를 어기지 않는 때문이요, 어머니 봉양함과 같은 마음을 내야 하니 갖가지 괴로움을 받아도 고달파 하지 않는 때문이며, 청소부와 같은 마음을 내야 하니 교만을 버리는 때문이요, 잘 여문 곡식과 같은 마음을 내야 하니 낮추는 때문이며, 준마와 같은 마음을 내야 하니 악을 여의는 때문이요, 큰 수레와 같은 마음을 내야 하니 무거운 짐을 옮기는 때문이며, 얌전히 따르는 코끼리 같은 마음을 내야 하니 항상 복종하는 때문이요, 수미산 같은 마음을 내야 하니 움직이지 않는 때문이며, 거세한 소와 같은 마음을 내야 하니 성내어 위협함이 없는 때문이다.

또 그대는 병 때문에 괴롭게 산다고 생각하고 선지식은 뛰어난 의사와 같이 생각하며, 설법은 특효약과 같이 생각하고 수행은 병을 없애는 것 같이 생각하며, 자신은 먼 길 떠난 것 같이 생각하고 선지식은 지도자 같이 생각하며, 설법은 올바른 길 같이 생각하고 수행은 생멸을 떠나는 것 같이 생각하고, 자신은 아들 같이 생각하며, 선지식은 부모 같이 생각하고, 설법은 가업 같이 생각하며, 수행은 가업을 이어 받음과 같이 생각해야 할 것이다.

그대는 마땅히 이러한 마음과 뜻으로 선지식을 가까이 해야 하니, 이러한 마음으로 선지식을 가까이 하면 서원이 길이 청정하리다.

또 선지식은 선근을 자라게 하니 마치 설산에서 약초가 자라는 것 같고, 불법의 그릇이니 마치 바다가 많은 강물을 받아들이는 것 같으며, 선지식은 공덕이 나는 곳이니 마치 큰 바다에서 온갖 보배가 나는 것 같고, 보리심을 깨끗이 하니 마치 세차게 타오르는 불이 진금을 단련함과 같으며, 선지식은 세간법에 물들지 않으니 마치 연꽃이 물 묻지 않음과 같고, 온갖 악을 받지 않으니 마치 큰 바다가 시체를 남기지 않음과 같으며, 선지식은 법계를 밝게 비추니 마치 밝은 태양이 사천하를 비춤과 같고, 보살의 몸을 자라게 하니 마치 부모가 아이들을 양육함과 같다."

이 때 선재는 선지식의 이러한 공덕이 무한한 보살의 좋은 행위를 열어 보이고 광대한 불법을 이룸을 듣고 뛸 듯이 기뻐하고는 덕생 동자와 유덕 동녀께 절하고 수 없이 돌며 은근히 우러러 보면서 작별 인사를 하고 떠났다.

52. 미륵 보살

선재는 선지식의 가르침을 듣고 마음이 윤택하여 온갖 보살행을 유념하면서 해안국으로 향하였으니, 과거에 예경하지 않은 것과 심신이 부정하고 온갖

394

악업을 지은 것을 생각하여 즉시 뜻을 내어 스스로 끊고, 망상을 일으킨 것과 닦아온 온갖 행이 자신만을 위한 것을 생각하여 즉시 뜻을 내어 마음을 넓게 가지고 남에게까지 미치게 하였다. 욕심의 대상을 추구하여 스스로 이롭지 못하게 소모하던 일과 과거에 밤낮 힘쓰던 나쁜 짓을 생각하고 즉시 뜻을 내어 크게 정진하여 불법을 이루고자 하였다.

선재는 이러한 존중과 공양·관찰·원력과 무한한 지혜의 경계로써 비로자나 장엄장의 큰 누각 앞에서 절하자 부사의한 선근이 심신에 흘러들어서 맑고 윤이 났으니, 땅에서 일어나 일심으로 우러러보아 잠깐도 한눈 팔지 않고 합장하여 무한히 돌고 이렇게 생각하였다.

'이 큰 누각은 모든 세간에 집착하지 않는 이가 머무는 곳이고 온갖 생각을 떠난 이가 머무는 곳이며, 모든 법이 자성이 없음을 아는 이가 머무는 곳이고, 온갖 분별 업을 끊은 이가 머무는 곳이며, 모든 번뇌의 불을 끈 이가 머무는 곳이고, 마음에 늘 세간을 이롭게 하는 이가 머무는 곳이며, 비록 세간을 이미 벗어났으나 중생을 교화하기 위해 늘 그 가운데 몸을 나타내는 이가 머무는 곳이고, 비록 중생 속에 몸을 나타내나 나와 남에게 둘이란 생각을 내지 않는 이가 머무는 곳이며, 털끝 만한 곳도 여의지 않으면서 모든 세계에 널리 몸을 나타내는 이가 머무는 곳이고, 만나기 어려운 법을 능히 연설하는 이가 머무는 곳이며, 공함을 관하나 공의 소견을 내지 않고, 모습 없음을 아나 늘 모습에 집착하는 중생을 교화하며, 원을 갖지 않음을 아나 보리행의 원을 버리지 않는 이가 머무는 곳이고, 비록 생사가 없으나 중생을 교화하기 위하여 생사를 받으며, 온갖 길을 떠나고도 중생을 교화하기 위하여 모든 길에 일부러 들어가는 이가 머무는 곳이리다'

선재가 게송을 설해 말씀드렸다.

온갖 법이 성품 없고 남도 없으며
의지할 데 없음을 통달하여
허공에 새가 날 듯 자재한
대 지혜 인이 머무시는 곳이리.

중생들이 올바른 길을 잃어 버린 것
맹인이 험한 길을 걷는 듯한데
그들을 인도하여 해탈성에 들게 하는
대 도사께서 머무시는 곳이리.

선재가 비로자나장엄장 큰 누각의 보살을 찬탄하
고는, 허리 굽혀 합장하고 공경히 예배하여 일심으
로 미륵 보살을 뵙고 가까이 공양하기를 원하였는
데, 미륵 보살께서 무한한 대중들에게 앞뒤로 둘러
싸여 장엄장 누각으로 향하심을 보고는 뛸 듯이 기
뻐하면서 절하였다.

미륵 보살께서는 선재를 살펴보고 대중에게 그의
공덕을 찬탄하며 게송으로 말씀하셨다.

온갖 공덕행
다 원으로 나거늘
선재 동자 밝게 깨달아
늘 부지런히 닦네.

선재가 듣고는 뛸 듯이 기뻐하면서 흐느껴 울고 일어서서 합장하여 공경히 우러러 보며 무한히 돌았는데 그 때 문수 보살의 염력으로 온갖 꽃과 보배 영락이 갑자기 손에 가득하거늘 기쁘게 미륵 보살께 받들어 흩고, 공경히 합장하며 다시 미륵 보살께 여쭈었다.

"거룩하신 이여, 제가 보리심을 내었으나 보살이 어떻게 보살행을 배우며 보살도를 닦는지 알지 못하니 부디 말씀하여 주소서."

미륵 보살께서 도량의 대중을 살펴보고 선재를 지시하면서 말씀하셨다.

"여러 어지신 이들이여, 그대들은 이 장자의 아들이 지금 나에게 보살행과 공덕을 묻는 것을 보는가? 이 자는 용맹정진하여 서원이 잡스럽지 않고 깊이 믿는 마음이 견고하여 항상 물러나지 않으며, 수승한 희망을 갖추어 머리에 불붙은 것을 끄듯이 싫증 낼 줄 모르고, 선지식을 좋아하여 가까이 공양하며, 가는 곳마다 찾아다니면서 법을 구한다.

이 자는 지난 날 복성에서 문수 보살의 가르침을

받아 점점 남으로 오면서 선지식을 구하여 백 열 선지식[125]을 경유한 뒤에 내게 왔는데 한 생각도 게으름을 내지 않았으니, 다른 보살들은 무한한 백천만 억 나유타겁을 지나야 비로소 보살의 행원을 만족하고 부처님의 깨달음에 다가가는데 이 자는 일 생만에 불국토를 청정히 하고, 지혜로써 법계에 깊이 들어, 모든 바라밀을 이루었으며, 온갖 행원을 원만히 하고 선지식을 섬겨 보살도를 깨끗이 하였다."

미륵 보살은 이 같이 선재의 갖가지 공덕을 칭찬하여 한없는 중생들이 발심하게 하고 선재에게 말씀하셨다.

"훌륭하구나. 선남자여, 그대가 모든 세간을 이롭게 하고 많은 중생을 건지며 불법을 부지런히 구하려고 보리심을 내어, 좋은 이익을 얻었으며, 사람의 몸을 잘 얻었구나. 여래께서 나타나심을 만났고, 대선지식이신 문수를 뵈었으니 그대의 몸이 좋은 그릇이요, 온갖 선근으로 윤택해졌으며 선지식들께서 함께 거두어 주심이 되었다.

왜 그런가 하면 보리심은 마치 종자와 같으니 능

히 모든 불법을 내며, 기름진 논밭과 같으니 중생들의 희고 깨끗한 법을 자라게 하고, 대지와 같으니 모든 세간을 유지하며, 청정수와 같으니 온갖 번뇌의 더러움을 씻고, 태풍과 같으니 세간에 두루 함에 막힘 없으며, 활활 타는 불과 같으니 온갖 소견의 땔나무를 불사르고, 밝은 해와 같으니 모든 세간을 널리 비추며, 동산과 같으니 그 가운데 노닐면서 법의 즐거움을 받는다.

집과 같으니 많은 중생을 안락케 하고, 동정심 많은 아버지와 같으니 여러 보살을 가르치고 인도하며, 인자하신 어머니와 같으니 보살을 키우고, 연꽃과 같으니 모든 세간법에 물들지 않으며, 잘 길들인 코끼리 같으니 거칠지 않고 유순하고, 특효약과 같으니 번뇌의 병을 치료하며, 예리한 톱과 같으니 온갖 무명의 나무를 절단하고, 보배와 같으니 가난을 없애며, 대 도사와 같으니 생사를 벗어나는 길을 잘 알고, 때맞게 오는 비와 같으니 번뇌의 먼지를 없앤다.

보리심은 이 같이 무한한 공덕을 이뤄 일체 불법의 모든 공덕과 같으니, 왜냐하면 보리심을 인해 온갖 보살행이 나오니 삼세 부처님께서 보리심으로부터 나타나시기 때문이요, 만약 보리심을 내면 무한한 공덕을 얻어서 온갖 것을 아는 지혜를 거두어들이기 때문이다.

선남자여, '생김이 없는 뿌리'라는 약 나무가 있는데 그 힘으로 모든 염부제의 나무를 번성시키듯이 보살의 보리심 나무도 마찬가지로 그 힘으로 배우거나 배울 것 없는 이와 보살들의 선한 법을 향상시키고, 누군가 기억력 증진 약을 먹으면 한 번 들은 것을 기억하여 잊지 않듯이 보살이 보리심으로 기억하는 묘약도 불법을 다 듣고서 기억하여 잊지 않는다.

마치 사람이 몸 가리는 약을 쥐면 사람과 사람 아닌 이들이 다 보지 못하는 것 같이 보살도 마찬가지로 보리심의 몸 가리는 묘약을 잡으면 악마들이 능히 보지 못하며, 마치 물 맑히는 구슬이 능히 흐린 물을 맑히듯이 보리심의 구슬도 마찬가지로 온갖 번뇌의 더러움을 맑힌다.

유리 보배는 백 천년 동안을 진흙탕에 있되 더러워지지 않으니 성품이 원래 깨끗한 때문이듯이 보리심의 보배도 마찬가지로 백천겁을 욕계에 있어도 허물에 물들지 않으니 법계와 같아 성품이 청정한 때문이며, 마치 약한 불이 타는 대로 불꽃이 점점 번지듯 보리심의 불도 마찬가지로 반연하는대로 지혜의 불꽃이 크게 타오른다.

마치 등불이 암실에 들어가면 백천 년 된 어둠이 다 없어지듯 보리심의 등불도 마찬가지로 중생들의 마음 방에 들어가면 무한한 겁의 묵은 업과 번뇌의 갖가지 어둠이 사라지고, 마치 등잔 심지의 크기대로 빛을 낼 때에 기름을 계속 부으면 밝기가 다하지 않듯 보리심의 등불도 마찬가지로 대원으로 심지를 삼아 빛으로 법계를 비추니 대비의 기름을 더하면 중생을 교화하고 국토를 장엄하는 불사를 쉬지 않고 한다.

누군가 소나 양 등의 다양한 젖을 모아서 큰 바다를 이루었더라도 사자 젖을 한 방울 떨어뜨리면 다 허물어져 막힘 없이 바로 통과하게 되듯 보살도 마찬가지로 부처님이신 사자의 보리심 젖을 무한한 겁의 업과 번뇌의 젖 바다에 두면 다 파괴시켜 막힘 없이 바로 통과하고 끝까지 이승의 해탈에 머물지 않는다.

마치 사람이 목숨이 끊어지면 부모와 친족을 돕지 못하듯 보살도 마찬가지로 보리심을 버리면 많은 중생을 이롭게 하지 못하고 부처님의 공덕도 이루지 못하며, 마치 왕자가 유치해도 대신들이 다 공경히 예를 하듯 보살도 마찬가지로 초발심으로 보살행을 닦아도 이승의 고승들이 다 예경한다.

마치 왕자가 신하들 가운데서 자재하지는 못하나 왕의 형상을 갖추었기에 여러 신하들과 같지 않은 것이 태생이 높기 때문이듯 보살도 마찬가지로 온갖 업과 번뇌 가운데서 자재하진 못하나 보리의 모습을 갖추어 모든 이승들과 같지 않으니 혈통이 제일인 때문이다.

마치 금강은 모든 불이 태우지 못하고 달구지도 못하듯이 보리심도 마찬가지로 생사 번뇌의 불이 태우지 못하고 달구지도 못하며, 마치 삼천대천 세계에서 금강좌만이 부처님께서 도량에 앉으시어 악마를 항복 받고 등정각을 이루심을 유지하지 다른 자리로는 지킬 수 없듯이 보리심의 자리도 마찬가지로 모든 보살의 행원과 바라밀과 부처님께 공양하고 법을 듣고 행함을 능히 돕지 다른 마음으로는 지키지 못하니 보리심은 이렇게 한없이 수승한 공덕을 이뤄 누군가 보리심을 내면 곧 이렇게 뛰어난 공덕 법을 얻는다.

선남자여, 그대가 묻기를 보살이 어떻게 보살행을 배우며 보살도를 닦느냐고 하니, 이 비로자나 장엄장 큰 누각에 들어가서 널리 관찰하면 능히 보살행을 배움을 확실히 알 것이고 무한한 공덕을 이루리다."

선재가 누각에 들어가 보니 무한히 크고 넓어 허공과 같고 아승지 보배들로 장엄되었으며 그 가운데에도 무한한 백 천의 절묘한 누각이 있는데 서로 걸리지 않았으니, 선재가 한 곳에서 온갖 곳을 보듯이 모든 곳에서도 다 이렇게 보았다.

선재는 비로자나 장엄장 누각의 부사의하게 자재한 경계를 보고 뛸 듯이 기뻐하고 심신이 부드러워져서 온갖 상념을 떠나고 장애를 제거하며 미혹을 없앴으며, 또 본 것은 잊지 않고 들은 것은 기억하여 생각이 산란하지 않게 막힘 없는 해탈문에 들어가서 두루 예경하였다.

잠깐 머리를 조아림에 미륵 보살의 위신력으로 자신을 보니, 자신이 모든 누각 속에 두루 있으면서 갖가지로 불가사의하게 자재한 경계를 다 보고 있었는데, 미륵 보살께서 처음에 위없는 보리심을 낼 때 이러한 이름과 이러한 종족과 이러한 선지식으로 인해 깨우침과 이러한 선근을 심던 일을 보았다.

미륵 보살께서 최초에 자비로운 삼매를 얻으신 이래로 '자씨'라고 하던 일과 미륵 보살이 절묘한 행을 닦으며 모든 바라밀을 원만히 하던 일을 보기도 하고 땅에 머물어 청정한 국토를 이룸을 보기도 하였으며, 불법을 지키며 대 법사가 되어 불생의 이치를 인지하여 어느 때 아무 곳의 모 부처님 처소에서 위없는 보리의 수기를 받음을 보기도 하였다.

또 누각 안에 있는 온갖 보배 그물과 풍경과 악기에서 불가사의하게 미묘한 법음을 내어 갖가지로 설법함을 들었으니, 어느 곳 아무 보살은 누구의 법문을 듣고 어느 선지식의 인도로 보리심을 내었으며 어느 곳에 아무 보살이 법을 구하고자 왕위와 온갖 보배와 처자와 권속과 신체발부를 아끼지 않는다는 말을 들었다.

또한 모든 누각의 사방 벽은 온갖 보배로 장엄하였는데 낱낱 보배가 나타내는 것을 모두 보니, 미륵 보살께서 지난 옛날 보살도를 수행하실 때 신체발부를 다 보시하고 처자와 왕위를 바라는대로 주기도 하였고 수감자는 풀리게 하였으며 환자는 치료하여 주고 잘못된 길을 든 이에게는 바른 길을 보여 주었다.

마치 누군가 꿈속에서 갖가지 물건을 봄과 같으니, 자신의 부모 형제와 친인척을 보기도 하고, 하늘 궁전과 염부제 등 사천하의 일을 보다가 깨고는 꿈인 줄 아나 본 일을 확실히 기억하듯 선재도 마찬가지로 미륵 보살의 가피력으로 이러한 자재한 경계를 보았다.

마치 누군가 명이 마칠 때 업의 과보를 받는 모습을 보니 못된 업을 지은 자는 지옥·아귀·축생들의 온갖 괴로운 경계를 보는데, 혹 옥졸이 병장기를 들고 성내어 잡아가거나 부르짖고 슬피 탄식하며, 잿물 강과 끓는 가마와 칼 산과 갖은 핍박으로 온갖 고통을 받음을 본다.

착한 업을 지은 이는 모든 하늘의 궁전과 대중과 채녀와 갖가지 옷과 장엄과 동산이 다 절묘하고 아름다움을 보니, 아직 죽지 않아도 업력으로 이런 것을 보듯 선재도 마찬가지로 보살 업의 부사의력으로 온갖 장엄한 경계를 보는 것이며, 마치 누군가 신이 내리면 갖가지 일을 보기도 하고 묻는대로 대답하듯 선재도 마찬가지로 보살의 지혜로 온갖 장엄한 일을 보기도 하고 누군가 물어도 대답치 못함이 없는 것이다.

그 때 미륵 보살께서 위신력을 거두고 누각으로 들어가 손가락을 튕겨 소리를 내고 선재에게 말씀하셨다.

"선남자여, 일어나라. 법의 성품이 이러한 것이니, 이는 보살의 온갖 법을 아는 지혜로 인연이 모여서 나타나는 모습인데 이러한 자성이 환상과 꿈·그림자·영상 같아서 다 이루지 못한다."

선재가 손가락 튕기는 소리를 듣고 삼매에서 나오니 미륵 보살께서 말씀하셨다.

"이 해탈문은 '삼세의 모든 경계에 들어가서 잊지 않는 지혜로 장엄한 광'으로 이 해탈문에 말로 할 수 없이 말로 할 수 없는 해탈문이 있으니, 일생 보처 보살이라야 얻을 수 있다."

선재가 여쭈었다.

"이 장엄한 것이 어디로 갔습니까?"

미륵 보살께서 대답하셨다.

"온 데로 갔다."

"어디서 왔습니까"

"보살 지혜의 신력으로부터 와서 보살 지혜의 신력에 의해 머무나 간 곳도 머문 곳도 없고 모인 것도 항상한 것도 아니어서 온갖 것을 멀리 떠났다.

비유하면 마술사가 마술을 할 때 오고 감이 없는데 비록 오고 감이 없으나 마술의 힘으로 분명히 본 듯이 저 장엄한 일도 마찬가지로 오고 감이 없으니, 비록 오고 감이 없으나 관습으로 불가사의한 환상 같은 지혜의 힘과 옛 대원력으로 이렇게 나타난다."

선재가 여쭈었다.

"성인께서는 어디로부터 오셨습니까?"

미륵 보살께서 대답하셨다.

"보살은 오고 감이 없이 오며, 다니고 머물고 함이 없이 온다. 나는 옛날 함께 수행하다가 지금은 보리심에서 물러난 이를 제도하고 또 부모와 친속들을 교화하여 불가에 태어나게 하기 위하여 이 염부제의 말라제국 구타 마을 바라문가에 태어났다.

나는 이 큰 누각에 머물러 중생들의 좋아함을 따라 다양한 방편으로 교화하고 조복시키니 나의 원이 만족하여 온갖 것을 아는 지혜를 이루어 보리를 얻을 때에는 그대와 문수 보살이 같이 나를 보게 되리다.

그대는 문수사리[126] 선지식께 가서 '보살이 어떻게 보살행을 배우며, 어떻게 보현행문에 들어가고, 어떻게 이루며, 어떻게 광대하게 하고, 어떻게 따르며, 어떻게 청정하게 하고, 어떻게 원만케 합니까?' 라고 여쭈어라.

왜냐하면 문수의 대원을 다른 수많은 보살들은 갖

지 못하였으나, 문수 동자는 그 행이 광대하며 원이 끝없어서 모든 보살 공덕을 쉬지 않고 내고, 늘 무한한 백천억 나유타 부처님의 어머니가 되시며, 보살의 스승이 되시고, 많은 중생을 교화 성숙시켜 명칭이 널리 시방 세계에 알려졌으며, 그대의 선지식으로 그대를 불가에 태어나게 하였고 모든 선근을 증대시켰으며 진실한 선지식을 만나게 하였으므로 그대는 마땅히 문수 보살께 가야 할지니 싫증을 내지 말라. 문수는 마땅히 그대에게 모든 공덕을 말할 것이니, 왜냐하면 그대가 먼저 선지식을 만나 보살행을 듣고 해탈문에 들어가 대원을 만족한 것이 다 문수의 위신력때문인데, 문수는 온갖 곳에서 다 끝까지 얻게 하신다."

선재는 절하고 무수히 돌며 은근히 우러러 보면서 작별하고 물러갔다.

* 문수 보살

선재가 미륵 보살의 가르침에 의지하여 점점 나아가 백 십여 성을 경유하고는 보문국의 소마나성에 도달하여 문수를 생각하고 두루 찾아 뵙기를 바라니, 문수께서는 멀리서 오른 손을 펴서 백 십 유순을 지나와 선재의 머리 위를 만지면서 말씀하셨다.

"훌륭하구나. 선남자여, 만약 믿음의 뿌리를 여의었던들 못난 마음에 근심하고 후회하며, 정근에서 물러나고, 한 선근과 적은 공덕에도 만족하며, 선지식의 거두어 주심이 되지 못하였을 것이다."

문수는 이 법을 보여 가르쳐서 기쁘게 하며 보현 도량에 들어가게 하였다가 선재를 도로 자기가 있는 곳에 두고는 더 이상 나타나지 않았으니, 이에 선재는 사유하고 관찰하면서 일심으로 문수를 뵈려고 원하다가 수많은 선지식을 보고 다 가까이하여 공경히 받들어 섬기며 그들의 가르침을 받아 거역하지 않았고, 온갖 장애를 겪었으며, 막힘 없는 법에 들어가고, 법계의 평등한 경지에 머무르며, 보현의 해탈 경계를 관찰하였고, 곧 보현 보살의 이름자와 행원을 듣고 흠모하여 보현 보살을 뵈려 하였다.

53. 보현 보살

선재는 이렇게 생각하였다.

'나는 지금 반드시 보현 보살을 뵈어서 선근을 증가시킬 것이며, 모든 부처님을 친견하고 여러 보살의 광대한 경계에 결정한 이해를 내어 온갖 것을 아는 지혜를 얻을 것이다.'

이 때 선재는 모든 감관을 거두어 일심으로 보현 보살을 뵈려고 크게 정진하여 물러나지 않았는데 곧 널리 관하는 눈으로 시방의 모든 불·보살을 관찰하면서 보이는 것마다 보현 보살을 뵙는 생각을 내었으며, 지혜의 눈으로 보현의 도를 보니 마음이 넓기가 허공과 같았으니, 대자비가 금강과 같이 견고하고 미래가 다하도록 보현 보살을 따라다니면서 시시각각 보현행을 따르면서 닦으려 하였다.

선재가 보니, 보현 보살이 부처님 회상의 보배 연꽃 사자좌에 앉았는데 많은 보살들이 함께 둘러 모셨다.

이 때 보현 보살께서 선재에게 말씀하셨다.

"선남자여, 선근을 심지 못했거나 선근이 적은 성

문이나 보살들로는 나의 이름도 듣지 못하는데 하물며 몸을 볼 수 있겠는가.

만약 누군가 내 이름을 들으면 최상의 깨달음에서 다시는 물러나지 않으며, 보거나 접촉하거나 마중하거나 배웅하거나 잠깐 따르거나 꿈에서 나를 보거나 들은 이도 다 마찬가지다.”

이 때 선재 동자가 보현 보살의 몸을 보니 상호와 사지 골절의 하나 하나 털구멍에 말로 할 수 없이 말로 할 수 없는 불국토가 있고 낱낱 불국토에 다 부처님께서 세상에 나타나시는데 대 보살들이 둘러 모이셔서 다시 보니, 모든 불국토가 갖가지로 건립되고 갖가지 형상과 장엄과 큰 산들이 두루 에워쌌으나, 다양한 색의 구름이 허공에 두루 덮이고 여러 부처님께서 나시어 갖가지 법을 연설하시는 이 같은 일들이 각기 같지 않았다.

또 보니 보현 보살께서 낱낱 불국토에서 모든 불국토의 무수한 변화신의 구름을 내어 시방 세계에 두루하고 중생들을 교화하여 최상의 깨달음으로 향하게 하셨으니, 이 때에 선재 동자는 또 자신이 보현

보살의 몸 안에 있는 시방 세계에 있으면서 중생을
교화함을 보았다.

　　세계의 먼지 수 같은 마음 헤아려 알고
　　큰 바다 물이라도 다 마시며
　　허공을 헤아리고 바람을 맬지라도
　　부처님의 공덕은 다 말로 할 수 없네.

40. 보현행원품

1️⃣ 이름 풀이

보현은 사람과 법을 일컫는다. 사람에 의하면 보현 보살의 행원인 때문이고, 법에 의하면 보편적인 법인 때문이다. **현**은 지극히 순하여 유연하며, 또한 진실로 선함을 이르니 이치에 잘 계합하는 때문이다.

행과 **원**은 새의 두 날개와 같고 수레의 두 바퀴와 같아서 갖추어져야 비로소 멀리 갈 수 있다.

2️⃣ 설하는 까닭

모든 부처님께서 법이 마땅히 그러하여 다함없는 몸을 나투시어 원교를 설하신 때문이고, 옛적 인행 중의 원력에 의해 행을 일으킴이 다만 중생을 위한 때문에 이제 응답하고 두루 설하여 널리 이롭게 하신다.

3️⃣ 주제와 취지

법계의 연기에 들어가는 보현행원으로 주제를 삼는다.

보현 보살께서 부처님의 수승한 공덕을 찬탄하시고는 여러 보살과 선재에게 말씀하셨다.

"선남자여, 부처님의 공덕은 가령 시방 모든 부처님들께서 무수한 겁 동안 계속 연설하셔도 다할 수 없으신데 만약 이러한 공덕을 이루고자 하면 마땅히 열 가지 광대한 행원을 닦아야 하니, 그 열 가지는 첫째, 모든 부처님께 예경함이요 둘째, 부처님을 칭송함이며 셋째, 널리 공양함이요 넷째, 업장을 참회함이며 다섯째, 남의 공덕을 따라 기뻐함이요 여섯째, 법륜을 굴리시길 청함이며 일곱째, 부처님께서 세상에 머무르시길 청함이요 여덟째, 늘 부처님을 따라 배움이며 아홉째, 항상 중생을 따름이요 열째, 두루 다 회향하는 것이다."

선재가 여쭈었다.

"거룩하신이여, 어떻게 예경하며 회향합니까?"

보현 보살께서 선재에게 말씀하셨다.

"선남자여, 첫째, '부처님께 예경함'은 보현행과 원력으로 깊이 믿고 이해하여 목전에 대한 듯이 하고 청정한 몸과 말과 뜻으로 항상 예경하는 것이요, 한 분 한 분의 부처님께 수많은 몸을 나타내어 그 낱낱의 몸이 무수한 부처님께 두루 절하는 것이다.

허공계가 다하면 나의 예경도 다할 것이지만 허공계가 다할 수 없기에 나의 예경도 다함이 없으니, 이같이 중생계가 다하고 중생들의 업이 다하고 중생들의 번뇌가 다하면 나의 예경도 다할 것이나, 중생계와 번뇌가 다할 수 없기에 나의 예경도 다함이 없으며, 시시각각 끊임없이 계속하여도 몸과 말과 뜻에 싫증이 없다.

선남자여, 둘째, '부처님을 칭송함'은 시방 삼세

모든 불국토의 부처님 처소마다 보살 대중이 둘러싸 모시는 것이니 마땅히 깊고 수승한 이해로 눈앞에 나타나신 듯 알아보며 변재 천녀[127]의 미묘한 혀보다 더 뛰어난 혀로 부처님들의 공덕을 찬탄하는 것으로, 이를 미래가 다 하도록 끊어지지 않고 계속하며 법계가 다하도록 두루 하지 않음이 없다.

이 같이 허공계와 중생계가 다하여야 나의 찬탄도 끝날 것이지만 다할 수 없기에 나의 찬탄도 다함이 없으며, 시시각각 끊임없이 계속하여도 몸과 말과 뜻에 싫증이 없다.

선남자여, 셋째, '널리 공양함'은 수많은 부처님 회상에 나의 보현행과 원력으로 깊이 믿고 이해하여 눈앞에 나타나신 듯 알아보며 미묘한 공양구로 공양하는 것이니, 이른바 꽃과 하늘의 음악과 옷 · 향 등이 산더미와 같으며, 갖가지 켜는 등불은 우유등 · 기름등 · 향유등 같은 것이 심지는 수미산이요, 기름은 바닷물 같은 온갖 공양구로 항상 공양한다.

선남자여, 모든 공양 가운데는 법 공양이 최고인데 부처님 말씀같이 수행하는 공양과 중생에게 유익한 공양과 중생들의 괴로움을 대신하는 공양과 보살의 할 일과 보리심을 떠나지 않는 공양이 그것이다.

선남자여, 앞서 공양의 무한한 공덕으로 일념의 법 공양 공덕에 비하면, 그 백분의 일 내지 우바니사타분의 일에도 못 미치니, 왜 그런가 하면 말씀대로 수행하면 부처님을 이루기 때문이요, 만약 보살들이 법 공양을 하면 이것이 바로 부처님께 공양함이니 이 같은 수행이 참다운 공양이다.

이는 광대하고 최고 수승한 공양이니 허공계와 중생계가 다하면 나의 공양도 끝날 것이지만, 다할 수 없기에 나의 공양도 다함이 없으며, 시시각각 끊임없이 계속하여도 몸과 말과 뜻에 싫증이 없다.

선남자여, 넷째, '업장을 참회함'은 보살이 스스로 생각하되 '내가 과거에 탐내고 성내며 어리석어 몸과 말과 뜻으로 악업을 지은 것이 무한한데 만약 이 악업이 본체가 있다면 온 허공계로도 다 수용할 수 없을 것이니, 내 이제 청정한 삼업으로 모든 불·보살 앞에 성심으로 참회하고 다시는 짓지 않으며,

청정한 계율의 공덕에 항상 머물겠습니다' 고 하는 마음이다.

이 같이 허공계와 중생계가 다하여야 나의 참회도 다 하지만, 다할 수 없기에 나의 참회도 다함이 없으며 시시각각 끊임없이 계속하여도 몸과 말과 뜻에 싫증이 없다.

선남자여, 다섯째, '남의 공덕을 따라 기뻐함' 은 모든 부처님들께서 초발심으로부터 모든 지혜를 위해 복덕을 부지런히 닦아 신명을 아끼지 않고 무수한 겁을 지나는 동안 셀 수 없는 신체발부를 버리시어, 이 같이 온갖 행하기 어려운 고행으로 갖가지 바라밀문을 원만히 하시고 보살의 지혜 경지에 깨쳐 들어가 모든 부처님의 위없는 보리를 이루시고 열반에 드신 뒤에 사리를 분포한 선근을 나도 따라 기뻐하며, 또 시방 세계의 생명들이 갖고 있는 공덕의 한 먼지만큼이라도 내가 다 따라서 기뻐하고, 시방 삼세 모든 성문과 벽지불의 배우는 이와 배울 것 없는 이의 공덕을 한 먼지만큼이라도 내가 다 따라서 기뻐하며, 모든 보살들이 무한히 행하기 어려운 고

행을 닦으면서 최상의 보리를 구하던 광대한 공덕을 내가 다 따라서 기뻐하니, 이 같이 허공계와 중생계가 다하여도 나의 따라 기뻐함은 다함이 없으며, 시시각각 끊임없이 계속하여도 몸과 말과 뜻에 싫증이 없다.

선남자여, 여섯째, '법륜을 굴리시길 청함'은 수많은 부처님 회상에서 내가 몸과 말과 뜻으로 하는 여러 가지의 방편으로써 부처님의 설법을 은근히 권청하는 것이니, 이 같이 허공계와 중생계가 다하여도 내가 늘 모든 부처님께 법륜을 굴리시길 권청함은 다함이 없으며, 시시각각 끊임없이 계속하여도 몸과 말과 뜻에 싫증이 없다.

선남자여, 일곱째, '부처님께서 세상에 머무시길 청함'은 수많은 부처님과 보살·성문·연각의 배우는 이와 배울 것 없는 이와 모든 선지식들께 내가 다 권청하여 열반에 들지 말고 무수한 겁을 지나도록 많은 중생을 유익하게 해 달라고 청하는 것이니, 이 같이 허공계와 중생계가 다하여도 나의 권청은 다함이 없으며, 시시각각 끊임없이 계속하여도 몸과 말과 뜻에 싫증이 없다.

선남자여, 여덟째, '늘 부처님을 따라서 배움'은 비로자나불께서 초발심부터 정진하여 물러섬이 없으시고 말로 할 수 없이 말로 할 수 없는 신명으로 보시하시어 가죽으로 종이를 삼고 뼈로 붓을 삼으며, 피로 먹물을 삼아서 사경을 수미산 같이 쌓아 올려 법을 존중하여 신명도 아끼지 않으셨는데 하물며 왕위나 온갖 물건과 행하기 어려운 고행이겠는가. 보리수 아래서 큰 깨달음을 이루시어 여러 가지 신통 변화를 일으키며, 갖가지 부처님 몸을 나타내어 많은 대중들이 모인 곳에 계실 적에 원만한 음성을 우레 소리 같이 하여 그들이 하고자 함에 따라 중생들을 성숙시키던 일과 내지는 열반을 보이신, 이 같은 일체를 내가 다 따라 배우고, 지금의 비로자나불과 같이 일체 불국토의 부처님들께도 다 마찬가지로 하여 시시각각 내가 모두 따라 배우는 것이니, 이 같이 하여 허공계와 중생계가 다하여도 나의 따라 배움은 다함이 없으며, 시시각각 끊임없이 계속하여도 몸과 말과 뜻에 싫증이 없다.

선남자여, 아홉째, '항상 중생들에 따름' 은 시방 세계의 중생들이 다양한 차별이 있어 알에서 나고, 태에서 나며, 습기로 나고, 변화로 나기도 하며, 땅과 물과 불과 바람을 의지하여 존재하고 허공이나 초목을 의지하여 존재하기도 한다.

여러 가지 종류와 몸·형상·수명·종족·이름·성질·소견·욕망·뜻·위의·옷과 음식으로 다양하게 촌 마을이나 도심지 대궐 같은 집에 사는 온갖 중생들에게 수순하여 갖가지로 시봉 들고 공양하며, 부모 같이 공경하고 스승과 아라한과 내지 부처님처럼 받들며, 병자에게는 좋은 의사가 되고, 길 잃은 이에게는 바른 길을 보이며, 캄캄한 밤에는 광명이 되고, 가난한 이에게는 숨긴 재물을 얻게 하니 보살이 이 같이 많은 중생을 평등히 이롭게 함을 말한다. 왜냐하면 보살이 중생을 따라줌은 곧 부처님을 따르고 공양함이 되며, 중생을 존중하여 섬김은 곧 부처님을 존중하여 시중드는 것이기 때문인데, 그 까닭은 부처님은 대비심으로 몸을 삼으시고, 중생으로 인해 대비심을 일으키며 대비로 인해 보리심을 내며 보리심으로 인해 정각을 이루시기 때문으로, 마치 광야에 있는 큰 나무의 뿌리가 물을 얻으면 가지와 잎과 꽃과 열매가 다 무성해짐과 같으니, 생사의 광야 보리수도 마찬가지다.

모든 중생은 나무 뿌리가 되고 불·보살들은 꽃과 열매가 되어, 대비의 물로 중생들을 유익하게 하면 모든 불·보살들의 지혜 꽃과 열매를 이루니, 왜 그런가 하면 보살들이 대비의 물로 중생들을 이롭게 하면 최상의 깨달음을 이루기 때문으로, 보리는 중생에게 속하니 중생이 없으면 모든 보살들이 끝내 최상의 깨달음을 이루지 못한다.

선남자여, 그대는 이 뜻을 마땅히 '중생에게 마음을 평등히 함으로써 원만한 대비를 이루고 대비심으로 중생들을 따라줌으로써 부처님께 공양함을 이루는 것이다' 고 알 것이다.

보살은 이 같이 중생을 따라 주니 허공계와 중생계가 다하여도 나의 따라줌은 다함이 없으며, 시시각각 끊임없이 계속하여도 몸과 말과 뜻에 싫증이 없다.

선남자여, 열째, '두루 다 회향함'은 처음 예경함으로부터 따라줌에 이르기까지, 공덕을 다 모든 중생에게 회향하여 중생들이 항상 안락하여 병고가 없게 하기를 원하는 것으로, 하고자 하는 잘못된 생활은 다 이루지 못하고 착한 행위는 빨리 이루어지며, 온갖 나쁜 곳의 문은 닫고 인천과 열반에 이르는 바른 길은 열어 보이길 원하며, 중생들이 쌓은 온갖 악업으로 인하여 받게 되는 극심한 고초의 과보를 내가 대신 받아, 중생들이 다 해탈하게 하고 끝내는 최상의 깨달음을 이루기를 원하는 것이다.

보살은 이 같이 회향하니 허공계와 중생계가 다하여도 나의 이 회향은 다함이 없으며, 시시각각 끊임없이 계속하여도 몸과 말과 뜻에 싫증이 없다.

선남자여, 이것이 보살의 열 가지 대원이 원만히 갖추어진 것으로, 만약 모든 보살들이 이 대원을 따라 들어가면 능히 중생을 성숙시키고 최상의 깨달음을 수순하게 하며, 보현 보살행과 원력을 원만히 하게 될 것이므로 선남자여, 그대는 이 뜻을 마땅히 이 같이 알아야 할 것이다.

만약 선남자 선여인이 시방에 가득히 무한하고 끝없으며 이루 다 말로 할 수 없이 말로 할 수 없는 불국토에서 최상의 칠보와 또 인천의 최고 수승한 안락으로써 이러한 모든 세계의 중생들에게 보시한다 하자. 또 불·보살들께 공양하되 수많은 겁 동안 끊임없이 계속한 공덕을 누군가 이 열 가지 원을 한 번 들은 공덕과 비교하면, 앞의 공덕은 백분의 일 내지 우바니사타분의 일에도 미치지 못하며, 또 누군가 깊은 신심으로 이 대원을 수지 독송하거나 사구게만이라도 옮겨 쓴다면 오무간 지옥의 업이라도 속히 없어지고, 또 세간에서 얻은 심신의 병이나 온갖 고뇌 내지 수많은 악업이 다 제거될 것이며, 모든 악귀가 모두 멀리 떠나거나, 혹은 발심하여 가까이서 지킬 것이다.

그러므로 이 원을 암송하는 이는 세간에 다니되 공중의 달이 구름의 가림을 벗어나듯 장애가 없을 것이며, 불·보살들이 칭찬하고 모든 인천이 다 예경하고 공양하니 이 선남자는 사람의 몸을 잘 얻어 보현 보살의 공덕을 원만히 하여 오래지 않아 보현 보살과 같이 미묘한 몸을 이루어 32대장부상을 갖출 것이요, 인천에 나면 있는 곳마다 항상 명가에 태어나 악한 곳을 깨뜨리고 나쁜 친구를 끊을 것이요, 또 외도를 누르고 온갖 번뇌에서 다 해탈하여 마치 사자 우두머리가 뭇 짐승들을 굴복시키듯 하여 많은 중생들의 공양을 받을 것이다.

또 이 사람이 임종하는 최후 찰나에 육신은 모두 다 여기저기 흩어지고 어느 하나도 따라오지 않되 이 열 가지 원은 서로 멀리하지 않고 아무 때에나 선도하여 순간에 극락 세계에 왕생하며 도달하고는 곧 아미타불과 문수·보현·관자재·미륵 보살 등을 친견하리니 이 보살들은 모습이 우아하고 공덕을 갖추어 함께 둘러앉을 것이요, 그 사람은 스스로 연꽃 가운데 나서 부처님의 수기 받음을 볼 것이다.

수기를 받고는 무수한 백천만억 나유타겁을 지나도록 두루 시방의 말로 할 수 없이 말로 할 수 없는 세계에 지혜의 힘으로 중생심을 따라 유익하게 할 것이요, 오래지 않아서 보리 도량에 앉아 악마를 항복 받고 정각을 이루며, 가르침을 설해 능히 수많은 중생들로 하여금 보리심을 내게 하니 그 근기에 따라 교화하여 성숙시키며, 미래가 다하도록 일체 중생을 널리 유익하게 할 것이다.

선남자여, 저 중생들이 이 열 가지 원을 듣고 믿고 수지 독송하여 남을 위해 연설하면 그 공덕이 부처님을 제하고는 알 이가 없으므로 그대들은 이 원을 듣거든 의심하지 말고 마땅히 자세히 받고, 받아서는 읽고, 읽고는 외우며, 외우고는 능히 지니며, 내지 옮겨 쓰고, 널리 남을 위해 설할 것이니, 이런 자는 일념에 소유한 행원을 다 이룰 것이며, 얻는 복덕은 무한하고 끝이 없어 번뇌의 괴로움에서 중생들을 건져서 벗어나게 하고는 다 아미타불의 극락 세계에 왕생할 것이다."

이 때 보현 보살께서 이 뜻을 다시 펴고자 하여 시방을 두루 살피시고는 게송으로 설하셨다.

보현행원의 신력으로
모든 부처님 앞에 나타나니
한 몸으로 수많은 몸을 나타내

무수한 부처님께 낱낱이 두루 예배합니다.

지난날 지은 모든 악업
성내고 욕심 부려 어리석은 탓
몸과 말과 뜻으로 지었으니
제가 지금 다 참회합니다.

부처님께 공양하고 예찬한 것과
머무시어 설법하시길 청한 것과
함께 기뻐하고 참회한 모든 선근
중생과 불도에 회향합니다.

온갖 번뇌와 악마의 경지와
세간사에 해탈 얻어
마치 연꽃이 물들지 않듯
또한 해와 달이 허공에 머물지 않듯 하네.

저의 명이 다할 때에
온갖 장애 다 없애고

아미타불 친견하여
그대로 극락정토 태어나길 원합니다.

지난날 지혜의 힘이 없어서
극악한 오무간죄를 지었더라도
보현 보살 서원을 외우면
일념에 속히 소멸되리.

날 적마다 가문과 용모가 좋고
상호와 지혜가 다 원만하며
악마와 외도가 꺾을 수 없어
삼계의 공양을 받으리.

혹 누군가 보현 보살 서원
수지 독송하고 연설하면
부처님께서 그 과보 아시리니
결정코 수승한 보리도 얻으리.

혹 누군가 보현행원을 외우면

그 선근의 일부조차도
일념에 온갖 것을 다 원만히 하며
중생들의 청정한 원 이루리.

바라건대 보현 보살 수승한 행의
끝없이 뛰어난 공덕 다 회향하여
미혹에 빠진 모든 중생들
아미타불 극락 세계로 어서 가지이다.

이 때 보현 보살께서 부처님 전에서 이 보현의 광대한 원과 청정한 게송을 설하자 선재는 아주 뛸 듯이 기뻐했고 보살들도 크게 환희했으며 부처님께서는 "훌륭하도다" 하며 찬탄하셨다.

부처님께서 이 같이 불가사의한 해탈 경계의 수승한 법문을 연설하실 때, 모든 대중들은 부처님의 설하심을 듣고 다 기뻐하며 믿고 받아들여 행하였다.

주해설

1) 의보 : 의과라고도 하는데 우리의 심신이 의지할 곳, 숙업에 의한 보답인 환경 세계를 말한다.

2) 정보 : 정과라고도 하는데 과거 업으로 받은 우리의 심신을 말한다.

3) 급고독 : 자비심이 많아 고독한 이에게 베풀기를 좋아하였기에 이같이 일컫는다. 기타 태자의 정원을 사서 기원정사를 지어 부처님께 바쳤다.

4) 아란야 : 마을에서 적절한 거리의 삼림 속 수행처로 절ㆍ암자ㆍ산사와 같은 표현이다.

5) 보리장 : 붓다가야의 보리수 밑 금강좌를 말한다. 석존께서 깨달음을 얻으신 도량이다.

6) 최상의 깨달음 : 위없이 높고 바른 깨달음인 '아뇩다라삼먁삼보리'를 바꾸어 표현했다.

7) 삼세 : 시간을 과거ㆍ현재ㆍ미래의 변화 과정으로 임시 구별하고 실체로 보지 않는다.

8) 선근 : 좋은 보답을 가져오는 착한 행위로 선을 나무의 뿌리에 비유했다.

9) 업장 : 악한 행위에 의해서 생겨난 장애를 말한다.

10) 결가부좌 : 오른 발을 왼쪽 넓적다리 위에 올린 뒤 왼쪽 발을 오른쪽 넓적 다리 위에 두는 항마좌와 그 반대로 부처님 세계를 표시하는 오른 발로 중생계를 나타내는 왼발을 누르는 길상좌가 있다.

11) 화장장엄 세계 : 연화장장엄 세계해의 준말로 석가모니불의 진신인 비로자나불의 정토다. 제일 아래는 풍륜이 있고, 풍륜 위에 향수 바다가 있으며, 향수 바다 가운데 큰 연꽃이 있는데 이 연꽃 안에 무수한 세계가 있다고 한다.

12) 백호상 : 부처님의 32상의 하나로 양 눈썹 사이에 털이 있다.

13) 이지(理智) : 지혜로 진여에 그윽히 부합하는 것이다.

14) 본원력 : 보살이 과거 수행 때 세웠던 원래의 서원이다. 불과를 얻은 공덕은 다 본래의 원력이다. 예로 아미타불께서 과거 법장 보살로 계실 때 세웠던 48원이 있다.

15) 향수 바다 : 수미산을 에워싼 바다로 8공덕수(달고, 차고, 부드럽고, 가볍고, 맑고, 냄새가 없고, 마실 때 목을 손상시키지 않으며, 다 마시고 나서는 배가 아프지 않음)로 채워

져 있다.

16) 깃발 : 큰 뜻이 뛰어나기에 '깃발' 이란 이름을 붙인다고 한다.

17) 겁 : 인도의 시간 단위로 무한한 시간이다. 반석겁과 개자겁이 있는데 개자겁은 상하 사유 일 유순의 성에 개자를 가득 채우고 백년에 한 알씩 없애길 그 개자 전부를 다 해 도 일 겁이 끝나지 않는다고 한다.

18) 수다라 : 경(날실)으로 가르침을 꿰는 요점이다. 부처님의 가르침이 진리를 꿰어 흩어 지지 않도록 함이 얽어매는 끈과 같은 것이다.

19) 일생 보처 : 보살의 최고 자리로 다음 생애는 부처님이 될 수 있는 지위이다.

20) 무수한 불국토를 눈앞에 펼쳐 보이고 거기서 또 무한한 불·보살들이 쏟아져 나오게 하였는데 각자 고유한 이름이 있었다. 동방과 같이 시방세계의 불·보살들이 소개되 었다.

21) 부처님이 많은 이유이다. 부처님은 지혜와 자비심으로 수많은 세계 중생들의 요구와 뜻에 맞게 각기 다른 이름의 화신으로 나타나서 교화하여 구제하신다고 한다.

22) 발바닥 : 제2 보광명전회는 부처님 발 밑의 그물 무늬〔족륜〕에서 광명을 놓으신다.

23) 열반 : 부처님의 팔상성도를 나타낸다.

24) 염부제 : 수미산을 중심으로 한 사천하 중 남섬부주로 우리가 살고 있는 세계이다.

25) 육근 : 눈과 귀·코·혀·몸·의식 등 여섯 가지의 인식 기관이다.

26) 사대 : 모든 물질을 구성하는 지·수·화·풍의 사대 원소이다.

27) 복전 : 복을 생성하는 근원이니, 행복을 낳는다는 뜻으로 밭에 비유되었다.

28) 제2 도사 : 제1은 오직 부처님 한 분이시다. 이제 겨우 발심하여 도가 부처님보다는 뒤 떨어지기에 '제2 도사' 라고 하였다.

29) 불종자 : 부처님이 될 수 있는 소질을 말한다.

30) 경장 : 불경을 총괄해서 말하는데, 경은 진리를 함축하므로 장(藏 : 광)이라고 했다.

31) 삼독 : 욕심과 성냄과 어리석음은 선근을 해치는 세 가지 독이다.

32) 법약 : 세인들의 병을 고치는 가르침의 약이다.

33) 제석 : 신들의 제왕으로 수미산 정상에 있는 도리천〔33 천〕의 주인이다.

34) 연등불 : 과거불로 석존의 성불을 예언한 부처님이시다. 정광불이라고도 한다.

35) 명호 : '명' 은 개별적이고, '호' 는 통하는 것이다. 모든 부처님께서 다 십호를 갖추시 는데 '석가' 는 명이요, '여래' 는 십호 중 하나이다. 부모에게서 태어나 어려서 덕이 없

을 때 이름은 '명(名)'이 되고, 덕에 의해 명명하면 존칭이므로 '호(號)'라고 한다. '명'은 아랫사람이 부를 수 없지만, '호'는 아랫사람이 호칭할 수 있다.

36) '내'가 없으며 : 사비상게(四非常偈), 또는 사무상게(四無常偈)로 모든 것은 영원함이 없으며, 괴롭고, 인연으로 생겨 일어나 고정적 실체가 없이 공하고, 나와 내 것이라고 할 만한 것이 없다.

37) 무생법인 : 모든 것이 불생불멸인 이치를 철저히 깨달아 인지하는 것이다.

38) 관정식 : 원래 인도에서 국왕의 즉위나 태자를 세울 때 행하던 의식이다. 사대해의 물을 머리 위에 붓고 축의를 표현했다. 보살이 최종 십지에 들어갈 때 모든 부처님께서 지혜의 물을 머리 위에 부어 법왕의 지위를 받을 것을 증명하신다고 한다.

39) 경계 : 환경으로써 인식되는 대상이다.

40) 수미산정 : 승수미산정·수미정상게찬·십주·범행·초발심공덕·명법 등의 6품은 수미산정[도리천]에서 설하신다.

41) 방일: 마음이 산만하고 선행에 전심하지 않는 것이다.

42) 바르게 마음을 챙긴 : 팔정도 중의 정념을 기존의 '바른 생각'에서 '바르게 마음을 챙김'으로 고쳤다.

43) 서원력 : 부처님의 뛰어난 공덕은 과거 보살 인행시 서원의 힘에 의한다.

44) 선우 : 바른 도리를 가르쳐 주는 사람으로 선지식, 또는 좋은 친구라고도 한다.

45) 오욕락 : 색·소리·향·맛·감촉 등 오관의 욕망 대상으로, 세속적인 인간의 욕망이다.

46) 전도 : 옳음을 그르다 하고, 그릇된 것을 옳다고 하는 뒤바뀐 생각이다.

47) 구경 : 최후의 점까지 다다라 '궁극에는', '필경에는'이라는 뜻이다.

48) 팔난 : 부처님을 친견하지 못하고 불법을 들을 수 없는 여덟 경계이다. 이른바 고통이 극심한 지옥·아귀·축생과 장수를 즐겨 구도심이 나지 않는 장수천, 즐거움이 과다한 변지(극락의 한 구석인데 의혹심으로 온갖 공덕을 닦은 이가 태어나 500세 동안 삼보를 친견할 수 없다)·감각 기관이 결함 있는 맹인·농아·벙어리와 세간의 지혜가 뛰어나 정도를 따르지 않는 이·부처님께서 세상에 안 계신 때이다.

49) 언덕 : 미혹의 이 쪽 언덕에 대하여 피안·깨달음의 언덕·열반의 경지를 말한다.

50) 외도 : 불교 이외의 여러 교를 외도라 하고, 불교는 내도라 한다. 또 불교 이외의 서적을 외전이라 하고, 불교 서적을 내전이라 한다.

51) 부처님 회상 : 대중이 모인 법회를 말한다.

52) 유위 : 인과 연의 화합에 의해 만들어진 생멸변화하는 것이다. 어떠한 것도 하나의 인연에 의해 생겨나는 것은 결코 없다.

53) 단바라밀 : '단' 은 '단나' 로 보시의 완성이다. 열반에 가는 수행이므로 단바라밀이라고 한다.

54) 시라바라밀 : 계를 지킴을 완전히 이룬 것이다.

55) 찬제바라밀 : 인내의 완성이다. 인욕행은 생사의 바다를 건너, 열반에 이르기 때문에 바라밀이라고 한다.

56) 정진바라밀 : 정진의 완성으로 정진에 의해 훌륭한 공덕을 몸에 익히는 것이다.

57) 선바라밀 : 마음 통일의 완성이다.

58) 반야바라밀 : 최고 지혜의 완성이다.

59) 진여 : 모든 존재의 참된 모습이며, 만유에 두루하는 상주 불변의 본체이다.

60) 십력 : 부처님의 특유한 열 가지 지혜의 힘인데, 십력을 갖춘 부처님이시다.

61) 사섭법 : 고난 중생을 건지는 네 방법으로 보시와 친절과 선행과 동고동락이다.

62) 무차대회 : 국왕이 시주가 되어, 누구나 제한 없이 공양하고 보시하는 대회를 말한다.

63) 조어장부 : 남을 잘 다스리는 자로 부처님의 칭호이다.

64) 도업 : 불도의 수행, 진실의 실천을 말한다.

65) 법행 : 이치에 맞는 행위를 말한다.

66) 염부제 : 수미산 남쪽의 남섬부주로 현실의 인간 세계이다.

67) 십악 : 몸으로 짓는 살생·도둑질·사음과, 입으로 짓는 거짓말·아첨하는 말·이간질하는 말·악한 말, 마음으로 짓는 욕심과 성냄과 어리석음 등이 있다.

68) 십선 : 십악을 행하지 않음이 십선이 된다.

69) 칠보 : 주로 금·은·유리·파려(수정)·차거(산호)·적주·마노 등을 말한다.

70) 미세한 마음 : 각관(覺觀)을 풀이한 것인데, 각(覺)은 사물을 헤아리는 마음의 조악한 작용이요, 관(觀)은 미세한 작용의 의미로 함께 선정의 마음을 방해한다.

71) 현성 : 현(賢)은 미혹에 굴복하는 지위이고, 성(聖)은 미혹을 끊은 지위이다. 십주·십행·십회향 지위를 삼현이라 하고, 초지부터 십지까지를 십성이라고 한다.

72) 사무량심 : 자(자애)·비(동정)·희(기쁨)·사(평등심)의 네 가지 한없는 이타심이다.

73) 사무색정 : 공무변처·식무변처·무소유처·비상비비상처인데, 선정 수행에 있어서

모든 물질적인 속박을 받지 않게 된 경계를 4 단계로 나눈 것이다.

74) 해탈문 : 공·무상(無相 : 실체적 모습이 없는 것)·무원(無願 : 욕망을 떠난 상태)의 삼 해탈문은 깨달음에 드는 문이다.

75) 삼계 : 욕계·색계·무색계로 중생이 생사 윤회하는 세 가지 미혹한 세계이다.

76) 반연 : 휘감겨 걸리는 것으로 모든 상관 관계를 말한다.

77) 보리분법 : 삼십칠도품이라고도 한다. 깨달음을 얻기 위한 실천 수행법인 4념처·4정근·4신족·5근·5력·7각지·8정도의 37가지이다.

78) 공용 : 결과를 낳는 작용을 말한다.

79) 멸정 : 멸진정(滅盡定) 혹은 무심정(無心定)이라고도 하는데 모든 정신 작용을 멸한 선정이다.

80) 조도법 : 본연의 자세를 돕는 수행 방법을 말한다.

81) 불공불법 : 부처님만 갖추고 계시는 뛰어난 성질이다. 십팔 불공법으로 십력·사무소외·삼염주와 대비가 있다.

82) 여여지 : 지혜로, 진여의 이치에 맞는 것이다.

83) 대범천왕 : 범왕이라고도 하는데, 부처님께서 세상에 오실 때마다 반드시 맨 처음에 와서 불법을 청하고 제석천과 함께 부처님의 좌우에서 모신다고 한다.

84) 묘법장 : 묘법인 진리를 안에 넣는 것이니, 자연의 이치가 만유의 진리 그 자체이다.

85) 백법 : 외도의 삿된 법인 흑법에 대해 부처님께서 설하신 정법을 백법이라고 한다.

86) 동행 : 마음을 함께하여 불도를 닦는 자이다.

87) 십선도 : 살생하지 않고, 도둑질하지 않으며…등의 십선과 같다.

88) 육통 : 신족통·천안통·천이통·타심통·숙명통·누진통 등 여섯 가지 불가사의한 작용이다. 이 가운데 천안통·숙명통·누진통의 셋을 특히 삼명이라고 한다.

89) 두타 : 번뇌의 때를 벗고 의·식·주를 탐하지 않으며 오로지 불도를 행하는 것이다.

90) 명철 : 사리가 분명하고 투철한 것이다.

91) 수습 : 몸에 익숙할 때까지 수행하는 것이다.

92) 마갈타국 : 중인도의 옛 왕궁인데, 석존은 이 곳의 니련선하 강가에서 성도하셨다.

93) 우슬착지 : 오른 무릎과 발끝을 땅에 붙이고, 왼 무릎을 세워 경례하는 인도의 예법이다.

94) 세속제 : 일반적인 진리로 세속 입장에서의 진리다.

95) 제일의제 : 완전한 진리로 승의제·진제라고도 한다.

96) 삼십삼천 : 수미산 정상에 있는 하늘이다. 수미산 중턱 동·서·남·북의 둑에 각기 팔보천중이 있어 32천이 되고 정상의 제석천을 합하면 33천이 된다.

97) 여기에 재차 : '여기에 재차'라는 말로 한 말로 할 수 없이 말로 할 수 없음'을 대체한 것이다.

98) 수기 : 수행자가 미래에 최고의 깨달음을 얻음을 부처님께서 약속하시는 것이다.

99) 풍채 : 부처님의 32상을 가리키는 '상(相)'을 '풍채'로 바꾸었다.

100) 32대인상 : 부처님과 전륜성왕이 몸에 갖추고 있는 32가지 뛰어난 용모와 형상이다.

101) 미로 : 음역으로 수미산이다.

102) 감포 : 과일로 세 줄의 무늬가 있는데 부처님의 목에 있는 삼도와 비슷하다.

103) 보장 : 보물 창고를 이른다.

104) 해장 : 바다와 같은 모태의 뜻으로, 부처님의 설법을 말한다.

105) 음경(陰莖) : 부처님의 음경은 뱃속에 숨어있어 다른 이가 보지못한다고 한다.

106) 보왕 : 부처님의 존칭인데 온갖 공덕을 닦아 장엄하시므로 보왕이라 한다.

107) 미세한 풍채 : 부처님의 '80종호'를 가리키는 '호'를 '미세한 풍채'로 바꾸었다.

108) 하늘 북 : 도리천의 선법당에 있는 북으로 치지 않아도 저절로 묘음을 낸다고 한다.

109) 법성 : 모든 것의 진실한 모습으로 진여와 같다.

110) 천안 : 초인적인 눈으로, 모든 것을 꿰뚫어 보는 능력이다.

111) 본행 : 부처님의 지혜를 얻기 위한 근본이 되는 행위이다.

112) 위의 : 본래 예법에 맞는 태도를 말한다. 행·주·좌·와의 4위의가 있다.

113) 총림 : 스님들이 화합하여 모여 사는 것을 수목이 군집한 숲에 비유했다.

114) 약왕수 : 약수왕이라고도 하며 이 나무를 가지고 사람을 비추면, 뱃속의 것이 전부 보인다고 한다.

115) 잘 머무름 : 자비와 지혜로 머무름 없음이 곧 잘 머무름이다.

116) 60유순 : 고대 인도의 거리 단위로 대유순은 80리, 중유순은 60리, 소유순은 40리이다.

117) 법구 : 진리의 말씀으로 불경의 글귀이다.

118) 십이 년 : 자분과 승진에 각각 육바라밀을 닦는 때문이며, 또한 십이연에 머물지 않음을 나타내기에 여기저기 돌아 다녔다고 했다.

119) 보살의 적정락 : 제2선(기쁨과 잔잔한 쾌락을 동반하는 색계 선정)천의 즐거움이다.

120) 팔부중 : 천·용·야차·건달바·아수라·가루라·긴나라·마후라가로 불법을 지

킨다.

121) 근심 없는 숲 : 빨간 꽃이 피는 무우수로 칠불 중 비바시불께서 이 나무 밑에서 성도하셨다.

122) 불이 : 상대의 차별을 초월한 절대 평등의 경지이다.

123) 마지막 몸 받은 보살 : 다음에 태어날 때는 부처님이 된다고 하는 위치로 일생 보처 보살과 같다.

124) 천궁 : 선재는 43번째 천주광녀께 보살도를 여쭈기 위해 삼십삼천궁을 방문했었다.

125) 백 열 선지식 : 51번째(덕생 동자와 유덕 동녀 2인) 선지식까지는 각각 주도자(교관)와 동반(조교) 선지식을 갖추니 102인이다. 여기다 변우와 동반 선지식 일곱 명을 더하면 110이다.〔변우(한마디 가르침도 없이 중에 동자를 소개만 하니 동반 선지식 한 명으로만 친다)·무염족왕처에서 공중의 어떤 하늘, 석녀 구바처소에서 무우덕신, 마야부인 처소에서 연화법덕 신중신·묘화광명 신중신·법당을 지키는 나찰 귀왕, 부동 우바이 처소에서 깨우침의 보살·여래의 하늘 심부름꾼)〕110이란 수를 지났다고 함은 부처님 지위를 제하고 십지와 등각에 깨달아 들어감을 취한 것이다.

126) 문수사리: 문수 보살로 문수는 묘(妙)의 뜻이고, 사리는 덕(德)이나 길상의 뜻이다.

127) 변재 천녀: 베다에서 숭배되던 강의 여신으로 음악과 변재·재복·지혜의 덕이 있다. 불교에 들어와 금강명최승왕경 대변재천녀품에 상술되어 온다.

찾아보기

후 기

【부처님 선발 도량】
지원 자격 : 보리심을 내고 기량과 의욕을 가진 천진난만한 동자 같은 성격의 소유자로 법을 위하여
　　　　 는 칼산에 올라 불구덩이에도 투신하는 믿음이 있어야 한다.

　인간으로 태어나 가장 잘 사는 길은 무엇일까? 정행품에서는 "마음을 잘 쓰면 온갖 빼어
난 공덕을 얻고 제2도사가 되리라"고 했습니다. 부처님은 인생의 모범 답안이고, 〈화엄경〉
은 부처님께서 깨치신 부사의한 정신 세계를 보여 사람들이 최선의 길을 갈 수 있도록 선
도하신 가르침입니다.
　〈화엄경〉을 보노라면 방거사가 "마음을 깨쳐 급제하고 본래 고향에 돌아가리라"고 한
'선불장(選佛場)'이 떠오릅니다. 아마 석가모니 부처님께서 부처님을 양성하는 선불장을
열고 선발 요강을 낸다면 위와 같이 쓰시지 않았을까. 그러면 부처님을 선발하는 요강을
살펴볼까요?
　보리심은 최상의 깨달음을 구해 중생을 건지려는 마음으로 입법계품에서 "목숨이 끊어
지면 부모와 친족을 돕지 못하듯 보리심을 버리면 중생을 이롭게 하지 못하고 부처님의 공
덕도 이루지 못한다"고 했습니다. 아직 업과 번뇌에 자유자재하진 못해도 보리심을 내면
이승들과 달리 혈통이 뛰어나게 됩니다. "부처님의 상수 제자들이 귀먹은 벙어리마냥 한
마디도 이해할 수 없었다"고 한 것이 바로 이런 점과 대조가 되니 화엄경은 자기 수행에만
치중하는 이승을 키우지 않고 대승 보살을 양성하는 법문이기 때문입니다.
　또 만일 의욕만 있고 기량이 없으면 비록 들어도 이해하지 못하고, 기량만 있고 의욕이
없으면 설사 들어도 수용하지 못한다고 했습니다. 기량이 없음은 소 발자국으로 바다를
거둘 수 없는 것과 같고, 의욕이 없음은 허유가 천하를 맡으라는 소리에 냇가에서 귀를 씻
은 것과 같습니다. 목마른 이 냉수를 생각하고 아픈 이 특효약을 생각하듯 감로 법을 듣길
간절히 원할 때 법문이 진가를 발휘합니다. 《현담》에 어느 수행자가 비전을 전수할 때가

되어 기량이 딱 맞는 전수자를 오랜 기간에 찾았는데 그만 그 사람이 처자에 정신이 팔려 아무런 의욕을 내지 못함을 보고 탄식한 얘기가 있습니다. 수행뿐만 아니라 어떤 것이라도 하기 위해서는 기량과 의욕이 새의 두 날개와 같이 갖추어져야 합니다.

또 해탈 장자를 방문하려고 12년을 돌아다녀 벌써 청년이 됐음직한 선재나 문수 보살을 동자라고 한 이유가 있습니다. 동자는 생각이 복잡하지 않고 천진난만합니다. 뭐든지 처음 낸 마음은 순수하고 깨끗합니다. 힘이 들어도 처음에 불교 공부를 위해 가졌던 마음을 그대로 유지하는 것이 좋습니다.

마치 비옥한 밭에 / 심은 것은 잘 자라듯이
깨끗한 마음 밭에서 / 불법이 나오네.

마지막으로 선재가 승열 바라문께서 칼산에 올라 불구덩이에 뛰어들라고 할 적에는 '뭐 저런 사람이 다 있는가?' 하고 오히려 악마의 짓이라고 의심했지만 하늘의 깨우침을 듣고는 바로 믿어 깨달음을 얻었습니다.

먼 길 떠날 때 준비물 챙기듯 이 다섯 가지를 잘 다듬어 나가면 인생 여정 뒤에 따뜻한 물에 목욕하는 개운함을 맛볼 수 있을 것입니다. 사람에 따라 과거에 자기가 닦아온 만큼 기량의 차이가 있으나 보리심을 내어 의욕을 가지는 것은 누구나 할 수 있습니다. 처음부터 끝까지 애써서 읽으려고 억지로 하실 것은 없습니다. 그저 손에 닿는대로 한 품씩 순서에 구애받지 말고 읽으시다가 보면 어느새 선재가 되어 있는 자신을 느끼게 될 것입니다.

이 독송집은 역자의 자매책인《화엄경 개요》에 나오는 지엄이나 현수·청량·통현 같은 화엄의 선지식들이 인용하신 경문 구절과 의식문이나 불자들이 애용하는 글귀를 넣어 앞뒤 문맥을 연결하고, 장황한 내용들은 요지를 간추리거나 초역(抄譯) 했습니다. 해주 스님의《화엄경 독송》이 좋은 지남이 되었으며 원문을 번역하는 데는 탄허 스님의 교본과 여천 무비 스님의 현토본·한글본 화엄경의 도움을 많이 받았습니다.

끝으로 책이 출판되기까지 후원해 주신 고마운 분들과 선뜻 출판을 허락해 주신 우리출판사에 감사의 마음을 표하며, 젊은 나이에 세연을 달리하신 어머니 이우근 영가의 왕생극락을 발원합니다.

불기 2545년 4월
지리산 실상사에서
현 석 삼가 씀

참고문헌

金芿石, 華嚴學槪論, 法輪社, 1986.

無比스님, 華嚴經 懸吐科目, 서울 民族社, 1997.

無比스님, 화엄경, 민족사, 1998.

지엄스님, 수현기.

청량국사, 화엄현담, 교림, 1995.

청량국사, 화엄경소초.

통현장자, 합론.

현석, 화엄경 개요, 우리출판사, 근간.

현수스님, 탐현기.

해주스님, 지송한글화엄경, 불광출판부, 1993.

대일본속장경(3·4·5·6·7卷), 國書刊行會.

불광대사전, 불광출판사.

불교대사전, 홍법원.

북한불교해제본, 사회과학출판사, 1992.

신수대장경(9·10·35·36卷), 大藏出版株式會社.

華嚴經疏鈔, 臺灣 新文豊刊.

華嚴經疏科文表解, 高雄 文殊講堂.

〔한글대장경〕

42 화엄경 1 (60권본), 동국역경원   43 화엄경 2 (60권본), 동국역경원

44 화엄경 3 (60권본), 동국역경원   45 화엄경 1 (80권본), 동국역경원

46 화엄경 2 (80권본), 동국역경원   47 화엄경 3 (80권본), 동국역경원

141 화엄경 탐현기 1, 동국역경원   142 화엄경 탐현기 2, 동국역경원

143 화엄경 탐현기 3, 동국역경원   274 화엄경 수현기, 동국역경원

211 신화엄경론 1, 동국역경원   212 신화엄경론 2, 동국역경원

무비스님은
1958년 범어사에서 여환(如幻)스님을 은사로 출가, 해인사 강원을
졸업하였으며, 해인사 · 통도사 등 여러 선원에서 10여 년 동안 안거하였다.
그 후 오대산 월정사에서 탄허 스님을 모시고 경전을 공부한 스님은
탄허 스님의 법맥을 이은 강백으로 통도사 · 범어사 강주를 역임했으며,
최근에는 〈화엄경〉을 완역해 내는 등 많은 집필 활동과 전국 각지의
법회 법사로 불자들의 눈을 열어 주고 있다.
현재는 범어사에서 수행 중이다.
저서와 역서로 『금강경강의』(불광출판사), 『보현행원품강의』(민족사),
『화엄경강의』(불광출판사), 『화엄경』(민족사) 등이 있다.

현석스님은
해인사로 출가하여, 동국대학교 경주캠퍼스 불교학과와
실상사 화엄학림을 졸업한 뒤 1998년 10월 종립 승가대학원에
입학하여 경전 연찬(研鑽)에 힘을 쏟았다.
현재는 실상사 화엄학림의 강사로 있다.
번역서 『화엄경 개요』(우리출판사)가 있다.

알기쉬운 우리말
화 엄 경 독 송

초판 1쇄 발행 / 2001년 5월 12일
초판 7쇄 발행 / 2022년 12월 5일

감 수 · 무 비
역 주 · 현 석
펴낸이 · 김 동 금
펴낸곳 · 우리출판사

서울시 서대문구 경기대로9길 62
☎ 313-5047, 313-5056
FAX. 393-9696
등록 : 제9-139호
wooribooks@hanmail.net
www.wooribooks.com

ISBN 89-7561-149-3 03220

＊잘못 제작된 책은 교환해 드립니다.

정가 30,000원